GESTIONE DEI PROGETTI

Una guida approfondita per aiutarti a padroneggiare e innovare i progetti con il metodo Lean, incluso come dominare Agile, Scrum, Kanban e Six Sigma.

PETER BROWN

Nessuna parte di questo libro può essere riprodotta o trasmessa in qualsiasi forma o con qualsiasi mezzo, elettronico o meccanico, compresa la fotocopiatura, la registrazione o con qualsiasi sistema di archiviazione e recupero delle informazioni, senza il permesso scritto dell'autore, tranne che per l'inclusione di brevi citazioni in una recensione.

Limite di responsabilità ed esclusione di garanzia: L'editore ha fatto del suo meglio per preparare questo libro, e le informazioni qui fornite sono fornite "così come sono". Questo libro è progettato per fornire informazioni e motivazioni ai lettori. Viene venduto con la consapevolezza che l'editore non è impegnato a rendere alcun tipo di consulenza psicologica, legale o qualsiasi altro tipo di consulenza professionale. Il contenuto di ogni articolo è la sola espressione e opinione del suo autore, e non necessariamente quella dell'editore. Nessuna garanzia è espressa o implicita nella scelta dell'editore di includere qualsiasi contenuto in questo volume. Né l'editore né i singoli autori sono responsabili per qualsiasi danno fisico, psicologico, emotivo, finanziario o commerciale, compresi, ma non limitati a, danni speciali, incidentali, consequenziali o altri. Le nostre opinioni e i nostri diritti sono gli stessi: siete responsabili delle vostre scelte, azioni e risultati.

Copyright 2021©di Peter Brown. Tutti i diritti riservati.

Tabella dei contenuti

- COS'È IL PENSIERO LEAN? 6
- IL SISTEMA DI PRODUZIONE TOYOTA 13
- GESTIONE DELLA QUALITÀ TOTALE 18
- VANTAGGI E BENEFICI 24
- STRUMENTI E METODOLOGIE 31
- COMPRENDERE I PRINCIPI DEL LEAN 37
- PROCESSO 43
- KAIZEN 49
- SEI SIGMA 55
- KANBAN 62
- ANALYTICS 70
- CONSIGLI PER IL SUCCESSO 76
- CICLI DI ANALISI LEAN 81
- TIPI DI SISTEMI KANBAN 90
- GESTIRE UN PROGETTO CON KANBAN 98
- COSTRUIRE UNA SQUADRA LEAN 107
- EVENTI KAIZEN 115
- SCALA SIX SIGMA 128

SUGGERIMENTI PER FAR FUNZIONARE SIX SIGMA PER TE 132

KANBAN COMBINATO CON LA PRODUZIONE LEAN 139

KAIZEN E LE CAPACITÀ DELL'ORGANIZZAZIONE 148

TECNICHE DI ANALISI DEL BUSINESS 157

LE METRICHE CHE CONTANO PER IL TUO BUSINESS 164

CONCLUSIONI SU LEAN 170

COS'È LA GESTIONE AGILE DEI PROGETTI 174

VANTAGGI E BENEFICI 179

COMPRENDERE I PRINCIPI DI AGILE 192

STRUMENTI E METODOLOGIE 207

COMPETENZE E SVILUPPO DI SOFTWARE 221

MONITORAGGIO E SUGGERIMENTI PER IL SUCCESSO 236

IL PROCESSO AGILE.. 246

QUALI SONO I MOTIVI PER CUI LA GESTIONE AGILE DEI PROGETTI POTREBBE FALLIRE? 253

STRUMENTI PER UNA MAGGIORE EFFICACIA DEL TEAM NELLA GESTIONE DI PROGETTI AGILI 261

- IL PROCESSO DI SVILUPPO AGILE 267
- VANTAGGI DELLA METODOLOGIA AGILE 282
- SVANTAGGI DELLA METODOLOGIA AGILE........ 290
- COME AGILE: L'ETICA DEL LAVORO E I VALORI 299
- L'AUTENTICITÀ DELLA GESTIONE AGILE.......... 308
- CONCLUSIONI SU AGILE.. 312
- COS'È SCRUM?... 315
- VANTAGGI E BENEFICI 319
- CAPIRE SCRUM 324
- CICLO DI SPRINT.. 329
- STRUMENTI E METODOLOGIE 340
- MONITORAGGIO 355
- SISTEMI DI CONTROLLO IN SCRUM 369
- APPLICAZIONI DI SCRUM 376
- METRICHE IN SCRUM 391
- COME COSTRUIRE UN TEAM SCRUM 404
- RUOLI NON CENTRALI IN SCRUM 418
- ERRORI DI GESTIONE DI SCRUM DA EVITARE... 421
- RISORSE UTILI 425
- CONCLUSIONI SU SCRUM 432

Cos'è il Lean Thinking?

Il pensiero lean è una pratica che promuove l'idea che dovremmo essere sempre alla ricerca di cose che possano fornire più benefici e valore alla società e agli individui, riducendo se non eliminando del tutto gli sprechi.

Kanban è una pratica fondamentale nel pensiero Lean perché permette di identificare dove si verifica lo spreco nel flusso di lavoro per prevenire ulteriori costi inutili e l'uso di risorse. Permette ai dipendenti di essere consapevoli di quali progetti devono essere fatti subito, evitando la sovrapproduzione. L'implementazione di Kanban è un ottimo modo per praticare il pensiero Lean, permettendo ai dipendenti di soddisfare i cambiamenti nel comportamento del mercato.

Il termine è stato coniato da Daniel T. Jones e James P. Womack come rappresentazione delle intuizioni che hanno ottenuto dopo un'analisi approfondita del Toyota Production

System.

Il modo in cui Toyota ha formato i suoi manager nel corso degli anni si è concentrato sullo sviluppo delle capacità di ragionamento dei suoi dipendenti invece di spingerli a seguire sistemi sviluppati da specialisti. L'azienda ha anche un gruppo di anziani e coordinatori che si dedicano ad aiutare e insegnare ai loro manager come pensare in modo diverso e come fare meglio il loro lavoro concentrandosi sugli aspetti fondamentali.

Storia del Lean

La metodologia Lean ha avuto origine dal Toyota Production System negli anni 50. Dopo la seconda guerra mondiale, Kiichiro Toyoda e Taiichi Ohno della Toyota hanno rivisitato le tecniche di produzione di Henry Ford e i processi di controllo statistico della qualità di Edwards Deming per porre le basi del Toyota Production System (TPS).

Il Toyota Production System ha spostato l'attenzione dal miglioramento di singoli prodotti o macchine all'ottimizzazione dell'intero flusso di valore. Questo sistema è stato stabilito basato su due concetti principali - Jidoka e Just-in-Time. Il termine 'Jidoka' significa 'automazione con intelligenza umana' o 'autonomia'. Con Jidoka, l'attrezzatura si ferma quando un sorge un problema che costringe i lavoratori a risolvere il problema per avviare la linea di produzione. Il concetto 'Just-in-Time' consiste nel produrre solo ciò che è necessario, quando è necessario e nelle quantità necessarie.

Fondamenti di Lean

Il posto di lavoro

Concentrarsi sul posto di lavoro implica fare visite regolari al luogo in cui si svolgono compiti specifici. Essere sul posto e sperimentare in prima persona ciò che vi accade dà ai dirigenti e agli altri dipendenti l'idea di ciò che vi accade. Questo permette anche al management di avere una visione a volo d'uccello del progetto. Di conseguenza, acquisiscono la capacità di valutare i lavori in corso e determinare se c'è margine di miglioramento.

Inoltre, essere presenti dà agli impiegati un modo per esprimere le loro preoccupazioni riguardo al lavoro in corso e altre cose alla direzione. Il fatto che queste preoccupazioni vengano affrontate dà l'impressione ai dipendenti di avere sostegno e rispetto da parte della direzione.

Visitare il posto di lavoro e coinvolgere le persone dà loro l'impressione che voi vi preoccupate sinceramente, le apprezzate e vi fidate di loro. Questo aumenta anche il morale, perché dà ai dipendenti più fiducia. Avere dipendenti fiduciosi e dedicati è un bene per il vostro business.

Valore

Il valore si riferisce a ciò che un cliente è disposto a pagare per acquisire certi prodotti o servizi. Affinché un'azienda sia redditizia, deve creare qualcosa di valore al minor costo possibile. Questo richiede un approccio su due fronti.

Per prima cosa, dovete capire i vostri clienti. In questo modo, potete creare qualcosa che loro riterrebbero utile. Dovete implementare un sistema che vi aiuti a prevenire la produzione e la consegna di lavori difettosi. Questo è un modo per prevenire la probabilità che i clienti spendano soldi per i vostri prodotti e ne siano insoddisfatti. I praticanti del Lean management si riferiscono a questa pratica come costruzione di valore attraverso la qualità incorporata è legata a questo.

Dovreste rimuovere quanti più rifiuti possibile. Assicuratevi di conservare lo sforzo, il tempo, l'energia e le risorse dell'azienda. Questo significa porre fine a qualcosa nel processo una volta che si vede che c'è qualcosa di sbagliato o dubbio nel processo di produzione dell'articolo.

Flussi di valore

Un flusso di valore si riferisce all'intero ciclo di vita del prodotto, che va dalla raccolta delle materie prime, al periodo in cui il prodotto finito è in uso e, infine, allo smaltimento del prodotto. Questo significa che avrete bisogno di una buona comprensione di

il vostro tempo "takt". Si noti che nei sistemi di gestione come il Lean, il Takt time si riferisce alla velocità con cui un team di produzione

dovrebbe completare un prodotto per soddisfare la domanda. Il ritmo del takt time porta alla creazione di flussi di valore stabili in cui i team stabili sono incaricati di lavorare su serie stabili di prodotti con determinate attrezzature stabili invece di ottimizzare l'uso di macchine o processi specifici.

Il pensiero lean deve essere praticato studiando questo flusso in dettaglio. Tutti i processi devono essere esaminati per verificare se aggiungono valore al prodotto. Si noti che qualsiasi parte del flusso di valore può essere uno di questi tre:

1. ***Creerà chiaramente valore***
2. ***Non creerà valore ma lo spreco è inevitabile a causa della tecnologia attuale***
3. ***Non creerà valore ed è facilmente e immediatamente evitabile***

Flusso

Un altro aspetto essenziale per l'eliminazione dei rifiuti nel processo è la completa comprensione del flusso dei processi. Se il flusso sembra essersi fermato ad un certo punto, significa che verranno o sono stati prodotti rifiuti. A volte, questo è inevitabile.

Sfortunatamente, quasi tutti i business tradizionali sono assuefatti ai processi a lotti, dove i processi sono finalizzati a produrre il maggior numero di articoli possibile con l'obiettivo di ridurre i costi unitari

ad un valore minimo. Il pensiero Lean affronta la questione in un altro modo, in cui l'attenzione è sull'ottimizzazione del

flusso di lavoro che il costo generale del business è ridotto ad un tasso drammatico attraverso l'eliminazione della necessità di trasporto, uso di subappaltatori, sistemi e magazzini.

Tirare

Il pensiero lean ha l'obiettivo di assicurare che ogni passo del processo sia eseguito perché è necessario in un preciso momento. Nessun passo sarà eseguito con largo anticipo, evitando l'accumulo di scorte di Work-In-Progress e colli di bottiglia. Il flusso sincronizzato sarà mantenuto come risultato. Questo significa che i decisori hanno bisogno di immaginare le differenze tra gli scenari ideali e quelli reali in qualsiasi momento sul posto di lavoro. È qui che l'uso di strumenti di visualizzazione come le schede Kanban sarà utile. Con una tavola di questo tipo, si può tirare il lavoro a monte a seconda di ciò che detta il tempo di prelievo.

I fornitori di Six Sigma propongono una resa venture dei suoi articoli, che potrebbe essere instillata in tutta la struttura dell'associazione. Non dovreste essere sconcertati dal costo di una grande struttura aziendale, alla luce del fatto che un volume di compensazione totale che porta ne vale estremamente la pena. Inoltre, non dovreste stressarvi, poiché la preparazione Lean Six Sigma vi darà tutti i dati importanti di cui avete bisogno per avanzare un altro quadro e come rimanere in contatto con i dati più recenti su Lean Six Sigma.

Inoltre, richiede anche modi efficienti di esprimere ciò che è richiesto in ogni fase della catena del valore. Certo, c'è tensione perché avere un sistema pull richiede flessibilità e brevi periodi di ciclo design-to-delivery.

Ciononostante, tirare permetterà alla squadra di avvicinarsi ad un unico cottimo. La squadra può identificare i problemi man mano che si presentano, il che può portare alla prevenzione di problemi più grandi. Questo può anche contribuire a risolvere situazioni complesse nel tempo.

Eccellenza

Infine, il pensiero Lean consiste nell'instillare lo spirito kaizen in ogni dipendente della vostra azienda. Kaizen si riferisce alla nozione di cambiare in meglio, anche se in modi piccoli e sostenibili. Lo spirito kaizen significa cercare l'1% di cambiamento per cento volte da ogni membro del team invece di un cambiamento istantaneo del 100%. Attraverso la pratica del kaizen, si sviluppano la fiducia in se stessi e quella collettiva per affrontare sfide più grandi.

L'obiettivo finale del Lean Thinking non è l'applicazione degli strumenti a tutti i processi, ma cercare la perfezione cambiando in meglio. I sistemi intelligenti o le persone "go-it-alone" non sono i principali contributori alla perfezione e non sono ricercati. Ciò che conta è la dedizione di tutti nell'azienda per migliorare le cose mano a mano. Applicando il pensiero Lean nel flusso di lavoro generale, il controllo e la riduzione degli sprechi saranno assicurati.

Il sistema di produzione Toyota

Il Toyota Production System (TPS) è il Lean Thinking 1.0 perché nel 1988 uno studente laureato, John Krafcik al MIT, disse che lo era nominando il TPS "Lean Thinking". La pubblicazione nel 1990 di The Machine That Changed the World di James Womack e Daniel Jones lanciò il termine nel mainstream della produzione americana.

I produttori hanno cercato l'efficienza per cinquecento anni, se non di più. Ma la nostra breve storia Lean inizia nel 1913 con Henry Ford e il suo stabilimento di Highland Park, Michigan, dove la sua catena di montaggio mobile e le parti, le macchine e il lavoro standard crearono una produzione a flusso. Anche se questo metodo limitava le alterazioni nel processo di produzione e quindi la varietà dei prodotti - si poteva avere qualsiasi macchina in qualsiasi colore, purché fosse una Model T, ed era nera - fu un inizio per aumentare l'efficienza nei processi di produzione. Questo approccio funzionava meglio quando erano richiesti grandi volumi dello stesso prodotto. Ford controllava e minimizzava le variazioni fino al più piccolo dettaglio. Ma quando le opzioni del prodotto divennero importanti, Ford scrollò le spalle. Fino ad allora, però, il suo genio e la sua ossessione per l'efficienza la facevano da padrone. Un altro elemento sovradimensionato nello sviluppo del Lean Thinking 1.0 fu il telaio automatico per la tessitura inventato da Sakichi Toyoda, la prima macchina che reagiva come un uomo (automazione) fermandosi automaticamente se un filo si rompeva.

Così, minimizzando il tessuto difettoso e riducendo il numero di lavoratori necessari per controllare il funzionamento della macchina. Le entrate derivanti dalle licenze del brevetto del telaio permisero all'azienda di entrare nel mondo della produzione automobilistica nel 1935. Circa quindici anni dopo, Eiji Toyoda studiò la produzione americana e con Taiichi Ohno, che era entrato nell'azienda durante la seconda guerra mondiale, iniziò i molti passi per creare il Toyota Production System. A metà degli anni 50, l'ingegnere consulente Shigeo Shingo si unì allo sforzo di ridurre gli sprechi e divenne un contributo significativo ai processi Lean e alla gestione Lean.

Womack e Jones hanno identificato cinque principi del processo Lean Thinking:

1. *Il valore è definito dal cliente*
2. *Identificare il flusso di valore necessario per creare il prodotto ed eliminare lo spreco che contiene*
3. *Permettere al processo di produzione del prodotto di fluire senza intoppi*
4. *Creare un flusso pull piuttosto che push*
5. *La meta, mai raggiunta, è la perfezione*

All'inizio del suo sviluppo, il TPS aveva due pilastri fondamentali: just in time e autonomia. Oggi, i due pilastri sono il miglioramento continuo e il rispetto delle persone. Rispetto per le persone significa ascoltare i suggerimenti delle persone che fanno il lavoro e assicurarsi che siano ben addestrate e fiduciose - con l'intento di migliorare i processi di produzione, non le interazioni tra le persone.

Attraverso gli anni e fino ad oggi, il Toyota Production System (Lean Thinking 1.0) ha creato o enfatizzato molti strumenti e concetti ormai standard. Essi includono lo scambio di stampi in un solo minuto, i flussi di valore, le Cinque S, il poka-yoke (a prova di errore), la manutenzione produttiva totale, il Kanban (segnalazione di informazioni), il caricamento a livello, il controllo visivo e l'eliminazione incessante degli sprechi (lavoro senza valore aggiunto, sovraccarico e irregolarità). Gli strumenti e i concetti sono solo dei rimedi fino a quando non si raggiunge il flusso ideale.

Taiichi Ohno, il spesso descritto come "padre del Lean", ha elencato sette sprechi da eliminare in tutti i processi di produzione:

- **Trasporto**
- **Inventario**
- **Movimento**
- **In attesa**
- **Sovrapproduzione**
- **Elaborazione eccessiva**
- **Difetti**

I manager e gli impiegati identificavano e facevano tutto il necessario per ridurre o eliminare ogni spreco. C'era un po' di sovrapposizione nel definire gli sprechi, ma nominarli non era importante; scoprire lo spreco e liberarsene lo era. Lo spreco peggiore è la sovrapproduzione perché include tutti gli altri sprechi.

In "Decoding the DNA of the Toyota Production System" (Harvard Business Appraisal, settembre 1999), Spear e Bowen hanno elencato quattro regole del TPS, che sono parafrasate qui sotto:

- *Tutto il lavoro è specificato nel contenuto, nella sequenza, nei tempi e nei risultati*
- *La connessione cliente-fornitore deve essere chiara e diretta*
- *Il percorso dei prodotti deve essere semplice e diretto*
- *Il metodo scientifico sarà applicato ai potenziali miglioramenti*

Queste quattro regole nascondono il vero genio dell'approccio. Toyota si concentrava sul trovare la risposta più efficace ai problemi reali, senza essere vincolata da un approccio filosofico o standardizzato, usando solo ciò che funzionava meglio, e aggiustava tutto ciò che era necessario per raggiungere risultati predefiniti. Il TPS ha spostato l'attenzione dalle grandi macchine stazionarie al flusso di prodotti attraverso l'assemblaggio. Toyota ha ridimensionato le macchine in base alla domanda, le ha spostate per una sequenza corretta e ha posizionato gli operatori in modo ottimale, e ha esternalizzato l'allestimento per abbassare i costi, migliorare la qualità e rispondere ai mutevoli interessi dei clienti.

Qui sotto c'è un grafico di ciò che fa il Lean Thinking.

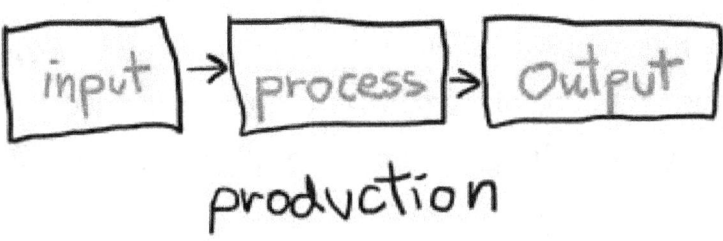

Assicura che l'input sia quello che serve quando serve. Il processo aggiunge valore al materiale senza sprechi, e il prodotto è quello che il cliente vuole.

Toyota continua a migliorare ed espandere il Lean Thinking 1.0 ed è diventata la casa automobilistica di maggior successo al mondo.

Gestione della qualità totale

La gestione lean è uno dei modi in cui potete approcciare la vostra startup o organizzazione. Si tratta di prendere tutti i principi che abbiamo visto e applicarli a livello di gestione per permettervi di raggiungere meglio i piccoli cambiamenti incrementali che sarebbero necessari per migliorare la qualità e l'efficienza della vostra startup.

Se volete gestire un'azienda lean, questo è uno dei punti di partenza più importanti per voi: dovete essere in grado di garantire che il vostro sistema funzioni correttamente, e per farlo dovrete implementare i principi lean da cima a fondo. Mentre potreste iniziare a lavorare duramente sull'uso della lean analytics per migliorare i dati e i profitti che avete, potete anche ottimizzare ulteriormente con l'uso del lean management. Ricordate, i sistemi snelli si preoccupano di più della loro linea di fondo: cercano di creare una cultura dell'efficienza che può essere raggiunta solo fornendo tutto ciò di cui tutti hanno bisogno. Questo significa che anche il management deve essere aiutato in questo processo.

All'interno di questa parte, affronteremo la gestione lean e come può essere un valore importante per la vostra azienda e la vostra impostazione. Applicando la gestione lean, prenderete il tempo e lo sforzo per permettere alla vostra startup di prosperare.

Cos'è la gestione lean?

La gestione lean è un po' l'altro lato della lean analytics quando si considera una startup. Quando si lavora con il lean management, si lavora con il lato personale. Piuttosto che concentrarsi sui numeri, ci si concentra anche sulle persone. Si sta cercando una migliore leadership, facilitandola per permettere all'intero processo di funzionare in primo luogo.

È praticamente impossibile avere una startup lean se non si impiega anche una gestione lean. Vorrai assicurarti che la tua gestione lean permetta la condivisione e la distribuzione delle responsabilità, mettendo anche una grande enfasi sulla capacità di farlo mentre ti muovi verso il miglioramento continuo.

Molti dei principi della gestione lean sono gli stessi che avete visto finora. I manager all'interno dell'organizzazione applicheranno ancora una volta quegli stessi cinque principi in modi che permetteranno di facilitare l'efficienza.

Questi principi nella gestione lean appaiono come i seguenti:

Identificare il valore: Questo passo riguarda ancora una volta la ricerca del problema che deve essere risolto. Il lean manager cercherà il problema che il cliente ha bisogno di risolvere e poi troverà un prodotto da commercializzare come soluzione.

Il prodotto deve essere qualcosa che fa parte della soluzione, e deve essere qualcosa che aggiunge valore.

Mappatura del flusso di valore: Questo è ancora una volta il processo di pulizia del sistema per trovare qualsiasi spreco. I manager ne fanno grande uso - permette loro di vedere quali squadre stanno facendo cosa e come possono ottimizzare i processi e la squadra, permettendo loro di facilitare la costruzione di cui avranno bisogno. Li aiuterà a vedere dove hanno bisogno di concentrarsi per portare le persone alla velocità, o come potrebbero eventualmente permettere ai loro processi di fluire più facilmente che mai.

Creare un flusso di lavoro continuo: Il lavoro del manager è quello di facilitare questo flusso di lavoro. Se vedono un qualsiasi tipo di collo di bottiglia - un'area all'interno della linea di produzione che si blocca o si restringe, causando un accumulo di lavoro - devono capire come risolverlo. Questo è spesso fatto con Kanban - l'uso di spunti visivi per innescare azioni quando sorgono problemi. Il manager sarà colui che ha la responsabilità di scomporre il lavoro e visualizzare il flusso corretto per consentire la rimozione di qualsiasi interruzione che altrimenti si verificherebbe.

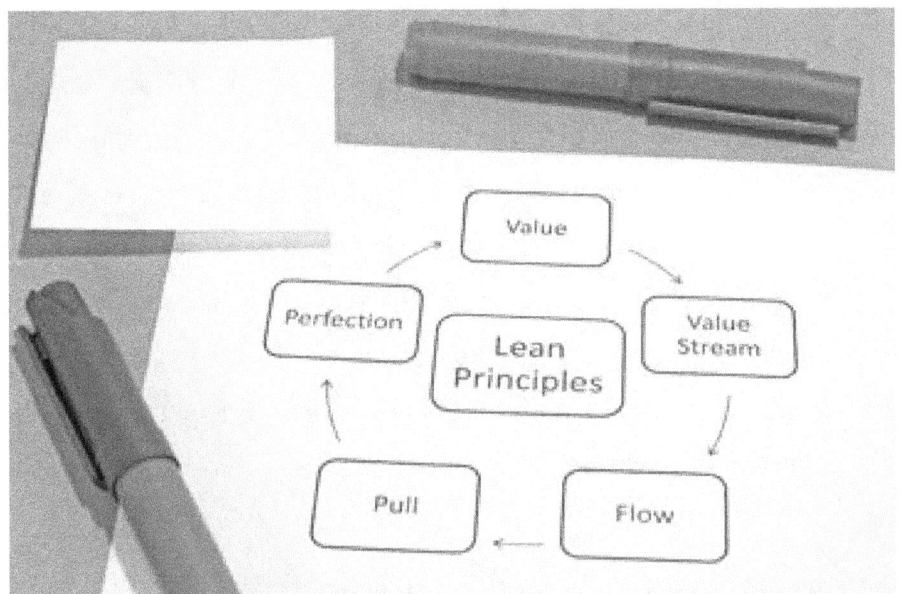

Usare un sistema pull: Questo è assicurarsi che il flusso di lavoro sia costantemente stabile. Questo sarà fatto determinando con precisione quanto lavoro deve essere fatto e poi capire come possono facilitare il lavoro. Quando si vede questo, si sta andando a diminuire lo spreco di qualsiasi processo che si presenta. Assicura che il lavoro che si sta facendo sarà ristretto e processato di conseguenza per minimizzare le spese generali.

Facilitare il miglioramento continuo: Poiché il manager sarà il responsabile di tutto, è naturalmente responsabile di assicurare che il miglioramento continuo avvenga sempre.

Lo fanno mettendo insieme tecniche e lavori che aiutano il sistema a funzionare efficacemente.

State andando a guardare come le persone sono in grado di essere organizzate. Si tratta di dare un'occhiata alle aree che potrebbero essere migliorate e applicare i guadagni derivanti dall'ottimizzazione di alcune aree e applicarli anche ad altre. Questi sono aspetti molto importanti che il manager deve applicare. Devono essere in grado di assicurare che tutti i dipendenti contribuiscano attivamente a quel miglioramento costante che è all'interno del flusso di lavoro. Con questo atteggiamento, l'organizzazione è poi in grado di essere abbastanza agile da affrontare qualsiasi blocco stradale che può sorgere in vari punti.

Applicare la gestione lean

In definitiva, la gestione lean sosterrà tre questioni aziendali fondamentali. Concentrandosi su tutti e tre, si è in grado di garantire che l'intera organizzazione sia trasformata allo stesso tempo in qualcosa che sarà più efficiente in generale. Questi tre focus sono lo scopo, il processo e le persone.
Quando ti concentri sullo scopo, stai considerando cos'è che stai facendo. Cosa risolverà il problema che vedete fare? Sarete in grado di aumentare l'offerta per soddisfare la domanda? Aumentare l'offerta non ha importanza se non c'è una domanda in primo luogo, quindi non è sempre il posto migliore in cui guardare. Qui dovrete considerare se state risolvendo o meno i problemi dei clienti o i problemi interni. Quando si è in grado di alleviare i problemi a portata di mano, si può poi fare in modo che il processo sia più efficiente in generale.

Il processo si riferisce alla capacità di organizzare tutto ciò che deve essere fatto. State guardando il valore principale che servite assicurandovi che tutto il flusso sia valido, capace e disponibile. C'è tutto? Il lavoro scorre correttamente?

Infine, le persone si concentrano su tutti coloro che sono coinvolti nel processo. Come può la vostra organizzazione attuale permettere che per ogni processo che deve avvenire, ci sia anche qualcuno in grado di gestirlo? È mettere le persone a capo di certe aree per assicurarsi che possano mantenere tutto fluido regolarmente. Si tratta di fare in modo che tutti coloro che sono coinvolti possano affermare, con verità, che sono in grado di impegnarsi a far funzionare correttamente il sistema e allo stesso tempo continuare a migliorarlo, senza pestare i piedi a nessun altro.

Ci sono molti modi diversi in cui è possibile facilitare questi punti, e qui li prenderemo in considerazione tutti. Alcune delle implementazioni più semplici per facilitare la gestione lean in modo significativo includono tutti i tipi di strategie per assicurare che il vostro business continui a funzionare bene. Ora esamineremo queste strategie e tattiche.

Vantaggi e benefici

Diventare lean come individuo può fare una grande differenza nei tuoi compiti come dipendente. Quando applichi i suoi concetti con sufficiente costanza, sono destinati a influenzare positivamente gli altri aspetti della tua vita. Con il tempo, scoprirai che sei in grado di elaborare le decisioni in modo più sistematico. Se i concetti lean possono avere un effetto così profondo a livello personale, si possono solo immaginare le possibilità se si scala la leaness fino a un'impresa.

Passare al Lean: cosa ci guadagna?

Il pensiero lean incoraggia le persone ad applicare cambiamenti fattibili in piccoli incrementi. L'obiettivo finale è quello di accelerare tutti i flussi di lavoro all'interno di un sistema senza compromettere la qualità del prodotto o del servizio. Lean non è certamente una soluzione rapida per eliminare gli sprechi aziendali. Implica un impegno a lungo termine con una crescita e un miglioramento continui.

Anche se una particolare tecnica lean è stata dimostrata efficace da molte aziende, i cambiamenti non sono certamente avvenuti entro pochi mesi dall'applicazione dei metodi. Di solito ci vuole molto più tempo perché si noti qualcosa di significativo. Naturalmente, è anche comprensibile come le persone possano sentirsi scoraggiate ad attenersi ai nuovi metodi se i benefici non sono così evidenti. Per aiutarti a rimanere magro quando sei tentato di pensare che non funziona, ecco una lista dei suoi benefici a breve e lungo termine:

Benefici a breve termine

Gestione migliorata: Anche se i problemi sorgeranno ancora di tanto in tanto, il lean rende l'ambiente di lavoro più comodo da gestire se sei un manager. Con migliori standard di attività in atto, sarà più facile per te individuare qualsiasi cosa che sta interrompendo il flusso del valore. La maggior parte delle volte, sarete in grado di capire che qualcosa non va bene semplicemente osservando la configurazione o il layout di un'area.

Maggiore efficienza e produttività: Come risultato della standardizzazione di ogni pezzo del flusso di lavoro, diventa automatico per i dipendenti sapere esattamente cosa devono fare - e quando devono farlo. Si riduce un sacco di ridondanza e sovrapposizioni che derivano dalla confusione dei compiti.

Assicura anche che stiano facendo il loro lavoro correttamente ogni singola volta. Non devono più chiedere costantemente se un particolare compito è sotto la loro responsabilità. Possono semplicemente concentrarsi sulla loro lista di compiti senza preoccuparsi di nient'altro.

Layout più sicuri e convenienti: Dal momento che gli scarti letterali saranno declutterati, la trasformazione lean dà alla vostra azienda più spazio per muoversi. Questo renderà immediatamente i movimenti dei compiti molto più convenienti. Inoltre, fornirà al vostro personale uno spazio più sicuro per lavorare quando il layout è riorganizzato per eliminare i pericoli.

Coinvolgimento di tutta l'azienda: Il Lean è qualcosa che non viene applicato solo ad un team o ad un dipartimento. Quando un'azienda decide di diventare lean, ogni livello della gerarchia è coinvolto - da quelli in alto fino a quelli in basso. Dopo tutto, i sistemi snelli dipendono dalla cooperazione di tutte le persone coinvolte.

Benefici a medio e lungo termine

Flusso di cassa migliorato: una volta che vi siete sbarazzati del DOWNTIME, ora potete concentrare le vostre energie sull'assicurare che le fasi di valore aggiunto del vostro flusso di valore fluiscano il più agevolmente possibile. In assenza di blocchi stradali, colli di bottiglia del flusso di lavoro e ritardi, non solo sarete in grado di consegnare i prodotti in modo just-in-time, ma migliorerete anche il flusso di cassa della vostra azienda.

Soddisfazione e fedeltà del cliente: La soddisfazione dei clienti è uno dei risultati più immediati dell'applicazione del lean, quindi diventano più propensi a fidarsi di nuovo del vostro marchio in futuro. Se continui a fare ciò che funziona, sei destinato a guadagnare la loro fedeltà a lungo termine.

Soddisfazione e lealtà dei dipendenti: Mentre i sistemi lean sono principalmente focalizzati sui desideri del cliente, promuovono anche un migliore umore e morale tra i dipendenti. I cambiamenti possono essere accolti con resistenza all'inizio, ma una volta che vedono che ci vuole molto meno tempo per completare i compiti rispetto a prima, diventano più aperti all'idea generale del lean. Inoltre, dato che il lean è tutto incentrato sul miglioramento costante e sulla collaborazione, tendono a sentirsi meglio con se stessi perché fanno parte di una squadra che si preoccupa davvero degli altri. I sistemi Lean danno loro uno spazio sicuro per esprimere le loro preoccupazioni e fornire suggerimenti per ulteriori miglioramenti.

Vendibilità per la collaborazione: Cosa rende qualcosa commerciabile? In termini di aziende, le aziende commerciabili sono di solito quelle senza problemi. Devi essere quell'azienda se vuoi far parte di un'impresa lean. Dopo tutto, lean è tutta una questione di efficienza, e tu devi essere un giocatore di squadra efficiente per assicurarti di non interrompere il flusso dell'intero sistema.

Il Lean non è semplicemente un esercizio di taglio dei costi. È piuttosto un'opportunità a lungo termine per una crescita costante. Una volta che avete appianato i vostri processi snelli all'interno dell'azienda, alla fine diventerete i fornitori preferiti di particolari prodotti e servizi.

Questo perché la vostra coerenza e i vostri standard si traducono bene nei vostri prodotti - qualcosa che fa sapere sia ai clienti che ai collaboratori che siete un'azienda di cui si possono fidare.

Principio principale

Mentre il processo Lean è stato originariamente sviluppato per aiutare l'industria manifatturiera e la produzione, Lean è stato così efficace che molte altre imprese e industrie hanno trovato il modo di adattarlo alle loro esigenze. Ogni azienda vuole aumentare i profitti, ridurre gli sprechi, migliorare l'esperienza del cliente e semplicemente diventare più efficiente. Il processo Lean può lavorare per far sì che questo accada.

Prima di adottare uno qualsiasi dei processi Lean, è necessario comprendere i due principi fondamentali. Il primo è concentrarsi sull'importanza del miglioramento incrementale. Il secondo è che l'azienda deve avere un alto livello di rispetto per le persone, sia quelle che acquistano il prodotto, sia i propri dipendenti.

Per quanto riguarda l'attenzione delle imprese sui suoi miglioramenti incrementali, i miglioramenti non devono essere fatti dall'oggi al domani. Tuttavia, l'azienda deve sforzarsi di migliorare costantemente ed efficacemente i suoi processi in modo che ci siano meno sprechi. È necessario dare un'occhiata ai processi che si utilizzano attualmente e vedere dove le cose possono essere migliorate. C'è troppo tempo di attesa in un'area? I fornitori non arrivano in tempo? C'è molto movimento per una parte, come ad esempio una carta che ha bisogno dell'approvazione di tre aree diverse prima di iniziare? Alcuni dei dipartimenti che dovrebbero lavorare insieme sono su lati diversi del business?

Tutte queste cose possono portare a maggiori sprechi nella vostra azienda, ed è importante evitarle il più possibile. Quando si fa un passo indietro e si guarda obiettivamente al sistema che si ha in atto, è probabile che si vedano diversi punti in cui è possibile apportare miglioramenti. Anche se si tratta di cambiamenti piccoli o incrementali, sarete stupiti di ciò che possono fare per eliminare gli sprechi, accelerare il processo e persino aiutare i clienti a godere di un'esperienza migliore.

Ma quando si lavora sulla metodologia Lean, non possiamo dimenticare che ci deve essere un alto livello di rispetto per le persone. Questo inquilino deve essere applicato non solo ai vostri clienti, ma anche alle vostre stesse persone, i dipendenti. Quando mostriamo rispetto ai clienti, significa che facciamo il passo più lungo della gamba ogni volta che c'è un problema. Li ascoltiamo e poi lavoriamo per migliorare l'esperienza. Aiutiamo a risolvere il problema, e forse anche a fare qualcosa in più per aiutarli a risolverlo.

Questa stessa idea deve essere applicata ai dipendenti quando si lavora nel processo Lean. Quando un'azienda vuole rispettare il proprio team, lavorerà per creare una forte cultura interna che sia dedicata al lavoro di squadra e al trattamento equo dei dipendenti.

I dipendenti impareranno che sono apprezzati e che la loro opinione significa qualcosa e che non sono solo un altro numero che porta soldi.

Qualsiasi azienda che vuole implementare il processo Lean avrà bisogno di migliorare il morale dei dipendenti, il lavoro di squadra e altro ancora, perché si rendono conto che migliorando la squadra, sono in grado di migliorare efficacemente anche l'azienda.

Strumenti e metodologie

Molte tecniche e il semplice pensiero creativo sono fatti per sviluppare strumenti che aiutano a rendere il processo e il business lean. Gli strumenti Lean, fondamentalmente, sono solo un'applicazione pratica del buon senso nella gestione aziendale per renderla più incisiva, efficiente e redditizia.

Alcuni strumenti di lean sono elencati qui sotto:

- Il 5S
- A prova di errore
- Kanban
- SMED
- Andon
- Analisi del collo di bottiglia
- Flusso continuo
- Muda (rifiuti)
- Analisi delle cause
- Obiettivi SMART
- Jidoka
- KPI
- Livellamento della produzione

- Gamba

- Hoshin Kanri

- Mappatura del flusso del valore

La descrizione dettagliata e l'analisi degli strumenti utilizzati nella metodologia lean potrebbe richiedere un volume a parte, tuttavia, una breve discussione su alcuni degli strumenti più importanti e ampiamente utilizzati del lean è fatta nei paragrafi seguenti.

Per comprendere meglio il pensiero Lean, dobbiamo esaminare gli strumenti e i termini usati nel Toyota Production System giapponese. La metodologia TPS è essenzialmente orientata a capire come funzionano i processi, identificare i modi per migliorarli e rendere i processi più fluidi e veloci. Se qualche attività nel processo è inutile, allora deve essere eliminata.

D'altra parte, ogni azienda che adotta l'approccio TPS deve rendersi conto che non è una panacea per tutti i problemi all'interno dell'organizzazione. Non si tratta degli elementi da soli, ma di come sono tutti riuniti per creare un sistema che viene messo in pratica quotidianamente in modo coerente. I principi devono essere incorporati nel pensiero di tutti all'interno dell'organizzazione. Ci deve essere azione e implementazione.

Utilizzare il potenziale umano

Le persone costituiscono il nucleo dell'approccio TPS. Per ottenere risultati organizzativi eccellenti, i dipendenti devono essere formati su come adottare valori e credenze che porteranno ad una cultura organizzativa forte e stabile. L'azienda deve fare uno sforzo per rinforzare costantemente questa nuova cultura in modo che diventi una caratteristica permanente del suo panorama aziendale.

Ogni organizzazione deve sempre ricordare che sono le persone a creare valore. Sono le persone che implementano i processi e usano le attrezzature e la tecnologia. Per sradicare gli sprechi dall'interno è necessario stabilire la cultura e l'ambiente giusti, dove i dipendenti sono innovativi, impegnati e svolgono un lavoro significativo.

La filosofia Lean è spesso scambiata come un insieme di strumenti e tecniche. Tuttavia, il Lean riguarda prima di tutto le persone. Ci sono aziende che non hanno afferrato questa semplice idea e ne hanno subito le conseguenze. Il Lean richiede che tutti nell'organizzazione cambino la loro mentalità e poi usino gli strumenti per eliminare gli sprechi e migliorare il valore del cliente. L'organizzazione deve rispettare le sue persone, educandole, formandole, sfidandole e responsabilizzandole continuamente. Qualsiasi organizzazione che si ritenga Lean deve vedere le sue persone come il suo bene più prezioso, e questo bene deve essere stimolato, celebrato e compensato adeguatamente.

Introduciamo ora alcuni termini che è necessario conoscere.

Heijunka

Heijunka significa "livellamento" in giapponese ed è il fondamento del modello TPS. È progettato per aiutare le organizzazioni a soddisfare la domanda dei clienti con il minimo spreco nel processo di produzione. La maggior parte degli esperti concorda sul fatto che l'heijunka dovrebbe essere considerato durante le ultime fasi di implementazione di una strategia Lean. Funziona meglio dopo che l'organizzazione ha identificato, solidificato e raffinato i suoi flussi di valore e la filosofia Lean è già radicata nella cultura organizzativa. Coinvolge tre idee:

- **Livellamento** - Questo si riferisce alla minimizzazione delle variazioni nel volume della produzione in modo da rendere più facile la pianificazione. Ha lo scopo di assicurare che la produzione sia un processo prevedibile per tutto il mese piuttosto che un affare di "picco" e "depressione". In altre parole, un'azienda dovrebbe produrre lo stesso numero medio di un prodotto ogni giorno piuttosto che variare i suoi numeri di produzione.

- **Sequenziamento** - Questo si riferisce alla combinazione del tipo di lavoro svolto. L'obiettivo è quello di creare un processo in cui la produzione corrisponde alla domanda dei consumatori. Ogni prodotto è prodotto secondo una sequenza particolare, e questa sequenza è un sottoprodotto della domanda del cliente. I compiti sono processati secondo la data in modo che la domanda del cliente sia soddisfatta.

- **Standardizzazione e stabilità** - Questo si riferisce ad assicurare che gli standard di lavoro siano mantenuti ad un livello costante. Implica la riduzione della variazione negli standard dei processi e l'impiego continuo delle migliori pratiche. Una volta che la standardizzazione è stata realizzata all'interno di un'organizzazione, i processi aziendali possono essere stabilizzati e infine migliorati.

Jidoka

Jidoka significa automazione umanizzata e comporta la prevenzione dei difetti nei prodotti e l'arresto del lavoro se ne viene rilevato qualcuno. Fermando il processo di lavoro nel momento in cui si verifica un problema, la causa del problema può essere identificata immediatamente. Le cause profonde possono quindi essere eliminate e il processo migliorato. Jidoka è uno dei due pilastri del sistema TPS e ha due elementi principali:

- **Automazione** - Questo significa automazione con intelligenza umana. L'attrezzatura utilizzata nel processo di produzione è progettata per differenziare automaticamente i prodotti buoni da quelli difettosi. Non c'è bisogno di un operatore umano che stia a sorvegliare la macchina, permettendo così a una persona di supervisionare diverse macchine contemporaneamente. Questa forma di innovazione può essere vista con le macchine da stampa che smettono automaticamente di stampare quando l'inchiostro si esaurisce.

- **Fermarsi ad ogni anomalia** - Se viene individuato un difetto, un dipendente può fermare l'intera linea di produzione in modo che il problema possa essere risolto immediatamente. Questa può sembrare una misura estrema, ma se l'azienda sta lavorando un prodotto a lotti, il potenziale di difetti massicci viene evitato fissando la causa principale il più presto possibile.

Il pensiero lean fornisce a un'organizzazione modi efficaci per aumentare il valore per i clienti eliminando gli sprechi e rendendo più fluido il flusso del processo.

Comprendere i principi del Lean

La filosofia Lean è un gruppo di metodi, strategie e pratiche commerciali che si concentrano principalmente sul miglioramento continuo e sull'eliminazione degli sprechi all'interno di un'azienda. Nonostante la credenza popolare che il modello Lean sia appannaggio dell'industria manifatturiera e produttiva, è un concetto che può essere adattato a qualsiasi tipo di business. Lean comprende i vari aspetti delle operazioni, come le funzioni interne, le reti di fornitura e le catene di valore del consumatore.

A causa delle sue origini, la filosofia Lean tende a fare molti riferimenti a situazioni di produzione. In realtà, però, l'approccio Lean è un approccio che ogni tipo di organizzazione aziendale può trovare utile grazie ai suoi metodi vigili e rigorosi per ridurre gli sprechi e migliorare l'efficienza. Il Lean è ora utilizzato in quasi tutti i settori, tra cui l'edilizia, la sanità, l'aerospaziale, la vendita al dettaglio, le banche e il governo.

Per apprezzare pienamente la filosofia Lean, è importante guardare alle sue origini. Questa filosofia di gestione è nata dal Toyota Production System (TPS), che aveva un sistema di produzione e operazioni automobilistiche di grande successo. L'aspetto centrale della filosofia Lean era cercare di ridurre tre tipi di variazione nella produzione: *muda, mura e muri*.

Muda è una parola giapponese che significa inutilità o futilità. Nel mondo degli affari, questo rappresenterebbe lo spreco. Per ridurre ed eliminare gli sprechi, è necessario prima separare chiaramente le attività che sono considerate a valore aggiunto da quelle che sono state identificate come inutili.

Mura si riferisce a disomogeneità nei processi del flusso di lavoro aziendale. Questa forma di spreco può causare inutili tempi di inattività o fasi di stress inutile per i dipendenti, i processi e le attrezzature. Da una prospettiva manageriale, la disomogeneità porta a una delle più grandi sfide per le imprese: l'incertezza. È difficile pianificare in anticipo e gestire un business di successo se i livelli di incertezza sono troppo alti. Qualsiasi tipo di interruzione nel processo del flusso di lavoro può facilmente portare a una riduzione della capacità di un'organizzazione di rispondere alle esigenze dei clienti. Se un cliente ordina un prodotto e l'aspettativa è che la consegna avvenga entro una data stabilita, gettare l'incertezza nel mix causa improvvisamente caos e ritardi. Affinché un'organizzazione manifatturiera possa superare le mura, deve considerare seriamente il layout delle sue strutture e il protocollo di assemblaggio. Per qualsiasi altro tipo di business, ci deve essere una metodologia per capire meglio i processi e migliorare la capacità di prevedere i potenziali problemi.

Muri si riferisce allo spreco risultante dal sovraccarico di un sistema o dalla mancanza di comprensione delle sue capacità.

Se un sistema di produzione o un processo aziendale viene sovraccaricato, è inevitabile che si verifichi l'usura, sia delle macchine che del personale.

Un carico di lavoro estremamente elevato può portare a guasti del sistema e alla produzione di un alto numero di prodotti difettosi. Quando mura e muri si combinano, i colli di bottiglia spuntano in tutta l'organizzazione. Il modo migliore per evitare di sforzare le macchine o i dipendenti è assicurarsi che l'attenzione rimanga solo su quelle attività che aggiungono valore. L'organizzazione deve anche minimizzare gli sprechi in altre aree rilevanti.

Un altro concetto Lean che va di pari passo con l'identificazione e la riduzione degli sprechi è Kaizen. Kaizen si riferisce al miglioramento continuo. Implica la creazione di una cultura in cui un individuo o un'organizzazione sceglie di migliorarsi su una base costante. Questo è un concetto che è stato adottato da quasi tutte le industrie, dalle multinazionali globali ai personal trainer.

La filosofia Lean incorpora numerosi strumenti, ma il fattore principale che influenza il suo impatto su un'organizzazione è una mentalità attenta. Tutti nell'organizzazione, dall'amministratore delegato al capo officina, devono essere vigili quando si tratta di eliminare gli sprechi, migliorare continuamente ed effettuare un cambiamento positivo.

Attuare il Lean

Ecco cosa dovete chiarire con loro:
- Quali sono i cambiamenti che attuerete?
- Perché li state implementando?
- Come potranno beneficiare di questi cambiamenti?
- In che modo ne beneficerà l'intera azienda?

Il pensiero lean suona bene in teoria, e può essere eccitante continuare ad applicarlo una volta che si è visto quanto può essere fantastico nella pratica. Tuttavia, i compiti tra i team o le entità non possono essere sempre eseguiti così comodamente come andare dal punto A al punto B in una linea retta e pulita. Il loro coinvolgimento reciproco va avanti e indietro, il che sottolinea come ogni componente deve essere privo di sprechi per garantire un flusso regolare.

Naturalmente, il passaggio al lean ha la sua serie di problemi e sfide. Come qualsiasi altra forma di cambiamento, dovreste resistere alla speranza che faccia la sua "magia" in poche settimane o mesi.

Tecnicamente parlando, quando tutti i fattori sono stati appianati fin dall'inizio, può essere possibile avere tutto risolto in poco tempo. Ma questo vale solo quando lo scenario è ideale. L'esperienza vi dirà che raramente le situazioni sono ideali, soprattutto quando si tratta di transizioni.

Ecco alcuni problemi che potreste dover affrontare sulla vostra strada verso l'implementazione del lean:

Resistenza culturale

Questo può essere il più grande ostacolo da superare quando si passa dallo spreco al lean. Quando uno status quo è già stato fissato, la maggior parte delle persone sono resistenti a qualsiasi cambiamento nella cultura aziendale.

Questo è di solito il risultato di rimanere nella loro zona di comfort abbastanza a lungo. Sentono che il cambiamento non è necessario, dato che gli piace già il flusso di lavoro attuale.

Per facilitare gradualmente la forza lavoro nel sistema lean, la formazione (o riqualificazione) delle persone deve essere prioritaria.

Anche se tutte e quattro queste considerazioni sono importanti, probabilmente saranno più preoccupati per il terzo punto, dato che questo coinvolge il loro ruolo nell'azienda. Tuttavia, se si riesce a spiegare chiaramente gli aspetti positivi di questi cambiamenti, allora le persone saranno più inclini ad accettarli.

Costi e manutenzione

A livello personale, ci sono casi in cui è necessario spendere soldi oggi per essere in grado di guadagnare o risparmiare più soldi in futuro.

Diventare snelli richiede la stessa cosa. Eliminare gli sprechi avrà bisogno di denaro perché andare per la correzione a lungo termine richiede denaro. Alla fine, però, il denaro che avete speso vi tornerà indietro sotto forma di aumento dei profitti grazie alla riduzione al minimo dei difetti.

E, proprio come la vostra casa ha bisogno di manutenzione annuale, anche la magra richiede manutenzione. Una pianificazione e un'esecuzione adeguate vi assicureranno che non dovrete preoccuparvi di esaurire alcune parti o di avere sistemi obsoleti.

Lacune di talento

Dato che i processi snelli possono ora richiedere tecnologie aggiornate, le aziende che stanno diventando snelle devono colmare il divario di talento. Questo significa che potrebbero dover lasciare andare i dipendenti generici in favore di quelli che hanno licenze e certificazioni per operare con le attrezzature del sistema lean. Questi dipendenti sono abili non solo a gestire questi sistemi, ma sono anche in grado di eseguire la manutenzione, le ispezioni, le riparazioni e i progetti.

Processo

Questa è un'altra parte divertente del processo a cui possiamo dedicare un po' del nostro tempo. Scoprirete che ci sono molti strumenti e opzioni che possiamo usare quando tiriamo fuori il Lean e cerchiamo di utilizzarlo per alcune delle nostre necessità. Questo è un processo semplice che può funzionare insieme a molte altre parti di cui abbiamo bisogno per migliorare il nostro business e ridurre gli sprechi.

Quando è il momento di determinare ciò che è considerato un processo dispendioso nel nostro business, vogliamo essere sicuri che stiamo andando con alcune delle cose giuste e che non stiamo buttando via processi che sono buoni per noi, o mantenendo quelli di cui dobbiamo sbarazzarci nel processo. Mentre lavoriamo su tutto questo, è così importante che ricontrolliamo e guardiamo se l'ambiente di lavoro che usiamo è nella forma ottimale che può essere.

5S è considerato un componente fondamentale del Toyota Production System, perché ha aiutato a mantenere il posto di lavoro ordinato e altamente organizzato. Questa metodologia è stata messa in atto perché sapevano quanto fosse difficile produrre risultati coerenti quando un luogo è completamente disordinato.

Il ciclo 5S per l'ordine sistematico sul posto di lavoro.

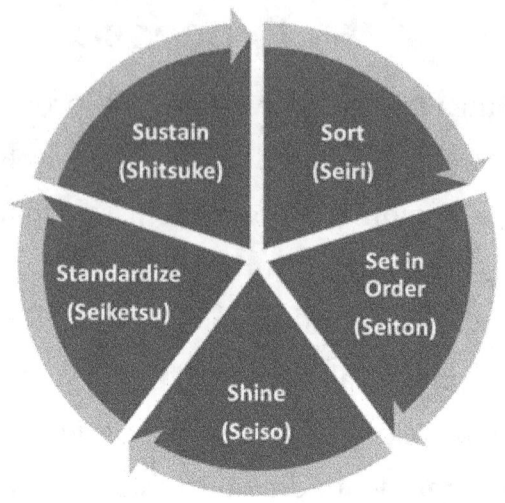

Questo è esattamente ciò a cui serve il processo 5S. Ogni S del ciclo mira a organizzare gli spazi di lavoro in modo che tutti i compiti possano essere eseguiti in modo sicuro ed efficiente. Si basa sull'idea che se il posto di lavoro è tenuto pulito e le cose sono dove dovrebbero essere, sarà più facile per i dipendenti portare a termine i loro compiti senza perdere tempo in passi che non aggiungono valore o esporsi a rischi per la sicurezza.

Come Kanban, just-in-time e jidoka, 5S è un concetto che è iniziato come uno strumento al piano di produzione Toyota.

Errori, ritardi e incidenti probabilmente non vengono immediatamente imputati a tutto il disordine sul posto di lavoro. Tuttavia, se ci si pensa davvero, tutto il disordine di solito impedisce alle persone di concentrarsi sul loro lavoro. Di conseguenza, questo impedisce solo il flusso ed è solo una questione di tempo prima che tutti si blocchino sullo stesso punto.

Quindi, per assicurare la funzionalità di uno spazio di lavoro, le 5S possono essere usate come standard per mantenere l'ordine e la struttura. I termini erano originariamente in giapponese, ma per la traduzione in inglese sono stati usati equivalenti vicini. Ecco cosa significano:

Ordina (Seiri / Tidiness)

La prima fase comporta l'esame di tutti gli strumenti e le attrezzature che sono attualmente presenti nell'area. L'obiettivo è quello di determinare quali di essi dovrebbero rimanere e quali dovrebbero essere rimossi per liberare un po' di spazio. Alla fine di questo processo, solo gli strumenti necessari dovrebbero essere lasciati.

Quindi, vale la pena chiedere:

- *Qual è lo scopo di questo particolare oggetto?*
- *Chi lo usa?*
- *Quando è stata usata l'ultima volta?*
- *Quanto spesso la gente lo usa?*
- *È davvero una necessità in questo spazio di lavoro?*

Le persone migliori a cui chiedere del valore degli oggetti sarebbero le persone che lavorano effettivamente in quell'area. Per gli articoli che sono stati etichettati come "non necessari", questi possono essere dati ad un altro dipartimento, riciclati, venduti, buttati via o messi in magazzino.

Mettere in ordine (Seiton / Ordine)

Ora che avete stabilito quali strumenti o attrezzature rimarranno, potete procedere all'organizzazione degli oggetti in base a ciò che riduce maggiormente gli sprechi di movimento. La chiave è ricordare la frase: "Un posto per ogni cosa; ogni cosa al suo posto".

Questo significa che le cose non dovrebbero solo essere raggruppate in modo logico, ma dovrebbero anche essere collocate in una posizione logica. Per esempio, se un oggetto è usato frequentemente, dovrebbe essere collocato in un posto dove è facile da estrarre.

Brillare (Seiso / Pulizia)

Naturalmente, mantenere un'area pulita e organizzata richiede lavoro. Anche se sembra molto banale, la pulizia generale è abbastanza importante da essere effettivamente coinvolta come un passo cruciale in questo processo.

Questa fase enfatizza la pulizia regolare delle aree di lavoro, che include mettere gli oggetti nel loro deposito, spazzare, passare lo straccio, asciugare, ecc. Questo include anche la manutenzione regolare delle attrezzature. La pulizia assicura che i problemi non vengano nascosti dal disordine, mentre la manutenzione prolunga la durata di vita dei vostri strumenti e attrezzature.

Standardizzare (Seiketsu / Standardizzazione)

Per sapere quali strategie stanno davvero funzionando per voi, è necessario condurre una documentazione dettagliata. Questo vi aiuta a stabilire degli standard che servono come riferimento immediato per come le 5S possono essere mantenute nella vostra azienda.

Spesso il posto di lavoro si trasforma immediatamente quando si sono completate le prime tre fasi delle 5S. Rendere i cambiamenti permanenti è di solito la sfida successiva. Per trasformare le nuove abitudini in uno stile di vita, devono essere messi in atto degli standard. Questi possono essere sotto forma di fissare degli orari o assegnare delle routine. Gli standard assicurano che tutti i vostri sforzi verso l'ordine non vadano sprecati.

Sostenere (Shitsuke / Disciplina)

Quando il processo di pulizia è stato finalmente standardizzato, si deve poi fare il lavoro necessario per mantenere le nuove routine e aggiornarle quando la situazione lo ritiene opportuno. Questa fase finale consiste nel mantenere le 5S con l'aiuto di tutta la forza lavoro, dai manager ai dipendenti.

L'obiettivo è rendere le 5S un impegno a lungo termine, e non solo una soluzione a breve termine per l'efficienza del flusso di lavoro. Quando le persone sono abbastanza disciplinate da attenersi alle 5S, di solito si ottengono miglioramenti notevoli.

Anche se le 5S sono relativamente amichevoli in termini di budget, la loro piena efficacia dipende ancora dalle risorse disponibili. Come minimo, comporterà delle spese durante il processo di pulizia. Inoltre, sarà necessario addestrare regolarmente i dipendenti e acquistare forniture come etichette, scaffalature, marcature sul pavimento, ecc. per sostenere la nuova pratica.

In teoria, la metodologia 5S è molto simile a una pulizia generale della casa. Sul posto di lavoro, tuttavia, c'è questa considerazione aggiunta sul fatto che la collocazione degli oggetti aiuta in qualche modo il movimento e la comodità dei dipendenti. Il consenso generale è che più è conveniente per tutti ottenere ciò di cui hanno veramente bisogno, meglio è.

Naturalmente, iniziare l'intero processo può essere scoraggiante all'inizio, soprattutto se i vostri spazi di lavoro non sono stati puliti per un po' di tempo. Fortunatamente, l'implementazione delle 5S può iniziare in piccolo, e basta assegnare solo pochi individui - o un team alla volta - per iniziare il processo. Un modulo di formazione è altamente raccomandato per mostrare tutti i benefici delle 5S a lungo termine.

In definitiva, la metodologia 5S crede che uno spazio di lavoro pulito sia uno spazio di lavoro produttivo. Se le persone non devono mai più perdere tempo a cercare le cose, allora una pulizia generale è davvero un grande investimento.

Kaizen

Ci sono un sacco di grandi opzioni con cui siamo in grado di lavorare quando è il momento di gestire i nostri affari e anche i nostri modi di vivere. E molti di loro stanno per essere in grado di aiutarci a vedere alcuni risultati sorprendenti pure. Ma una delle migliori opzioni che siamo in grado di prendere uno sguardo qui sta per essere conosciuto come Kaizen. Kaizen è una parola giapponese che significa "miglioramento continuo" o "cambiamento in meglio". Questa è una filosofia che si trova in Giappone e parla di tutti i processi con cui siamo in grado di lavorare per aiutarci a migliorare le operazioni. E quando sono fatti bene, coinvolgono anche tutti i dipendenti nel processo. Kaizen funzionerà bene e fornirà un enorme miglioramento della produttività andando in un tipo di processo metodico e graduale.

I concetti che vengono con Kaizen stanno per includere un sacco di idee diverse lungo la strada. Si tratta di rendere più efficiente l'ambiente di lavoro che abbiamo e può aiutare a migliorare alcuni benefici con l'aiuto di creare una buona atmosfera per una squadra con cui lavorare, migliorando alcune delle procedure che avvengono nella vostra azienda tutto il giorno. Può anche includere assicurare la soddisfazione dei dipendenti, piuttosto che ignorarli, il che può aiutare a rendere il lavoro che stanno facendo più soddisfacente, più sicuro e meno faticoso.

Capire il Kaizen

Mentre le opzioni e la discussione che abbiamo avuto sopra ci forniranno molte informazioni su Kaizen e su ciò che siamo in grado di fare con loro, è il momento di immergerci di più in alcune delle cose di cui si tratta. Alcune delle parti chiave che dobbiamo ricordare con questo tipo di filosofia includono il controllo della qualità, modi standardizzati di fare il lavoro, consegne just in time, l'uso di attrezzature efficienti e sicure, e l'eliminazione dei rifiuti sul posto di lavoro il più possibile.

Ci sono molte parti che si presenteranno con questo, ma l'obiettivo generale che vediamo è che il kaizen dovrebbe aiutarci a fare alcuni piccoli cambiamenti, quelli che accadranno nel tempo per aiutare a migliorare l'azienda e il modo in cui fanno le cose. Tenete a mente con questo che le alterazioni stanno per accadere. L'idea qui è che riconoscerà che alcuni piccoli cambiamenti che facciamo proprio qui e ora non avranno solo un impatto su di noi ora, ma aiuteranno anche a fare alcuni grandi impatti sul futuro dell'azienda.

Ci sono in realtà molte aziende che hanno adottato il concetto kaizen. Un'opzione degna di nota è la Toyota.

I requisiti per il Kaizen

Un'altra cosa a cui dobbiamo dare un'occhiata qui sono i requisiti che sono destinati a venire con Kaizen. Ci sono alcune cose che le aziende che vorrebbero lavorare con Kaizen dovranno considerare. Alcune delle idee tradizionali che vengono dal Giappone riguardo al Kaizen hanno cinque parti fondamentali su cui dobbiamo concentrarci lungo la strada. Queste includono:

1. **Lavoro di squadra**
2. **Disciplina personale tra tutti i membri**
3. **Miglioramento del morale dei dipendenti a tutti i livelli**
4. **Qualità**
5. **Suggerimenti per il miglioramento da parte di chiunque**

Tutti questi saranno importanti per quello che possiamo fare con il processo kaizen. In primo luogo, dobbiamo avere un lavoro di squadra. Quando abbiamo tutti nella nostra squadra sulla stessa pagina, e sono tutti in grado di lavorare l'uno con l'altro, accadranno delle belle cose. Se lavorano separati l'uno dall'altro e non valorizzano le idee che ognuno porta al tavolo, allora questo sarà un disastro per il vostro business.

Da lì, dobbiamo assicurarci che i dipendenti siano in grado di gestire la loro disciplina personale. Non c'è bisogno di assumere qualcuno che gestisca i dipendenti in questo tipo di processo, perché avrete abbastanza fiducia nei vostri dipendenti da sapere che sono in grado di affrontare la situazione e gestire se stessi. Questo tipo di libertà può aumentare il morale e aiuta i dipendenti a sentire che li apprezzate come una parte importante della squadra, piuttosto che vederli solo come un altro numero, di cui è facile sbarazzarsi.

Come abbiamo detto, questo è un sistema che ci richiederà di avere i nostri dipendenti come parte di una squadra, e che dobbiamo permettere ai dipendenti di prendere decisioni, portare suggerimenti e fare il loro lavoro senza essere costantemente supervisionati. Quando siamo in grado di creare questo tipo di ambiente nella nostra azienda, ci assicuriamo di vedere un morale più alto per questi dipendenti. Un morale più alto è qualcosa che molte aziende vorrebbero avere perché è così vantaggioso, ma poiché non stanno seguendo le regole del Kaizen, è qualcosa di cui devono fare a meno.

Allora dobbiamo concentrarci sulla qualità. Sì, vogliamo aumentare i profitti e fare un buon prodotto riducendo gli sprechi. Ma se non siamo in grado di fare questo mentre facciamo anche un prodotto di qualità da offrire al cliente, allora si può anche rinunciare a lavorare con Kaizen perché non lo si sta usando bene

E infine, quando si tratta di suggerimenti e idee su come migliorare il business e i processi, dovete accettarli da chiunque. Non fate riunioni a porte chiuse e non buttate fuori nessuno. Ogni persona è preziosa in tutto questo, e dovete riconoscerlo, o vi state perdendo alcune delle parti migliori del processo Kaizen.

Questi cinque inquilini ci porteranno a vedere tre risultati che possono essere molto importanti per la vostra azienda. Possono aiutarci a creare una certa standardizzazione, una buona gestione interna all'azienda e l'eliminazione degli sprechi. Idealmente, Kaizen sarà così radicato in ciò che l'azienda sta facendo che diventerà una parte della cultura dell'azienda, e diventerà naturale anche per i dipendenti. Questo assicurerà che funzionerà bene in pochissimo tempo.

Il concetto di Kaizen è che dice che non c'è una fine perfetta e che c'è spazio per migliorare per tutti. Le persone devono sforzarsi per evolvere e fare innovazioni in ogni momento.

I principi di base che vengono con questo sono che la maggior parte delle persone che eseguono certi compiti e attività sono quelle che hanno la conoscenza più intima di quell'attività e compito, includerle per effettuare il cambiamento ha senso.

Quindi, se c'è qualcuno là fuori che ha passato molto tempo a lavorare su una parte dell'intero processo, allora queste sono le persone a cui dovreste chiedere suggerimenti e aiuto per fare cambiamenti. È probabile che abbiano un sacco di suggerimenti davvero buoni che siamo in grado di utilizzare insieme a questo e ci assicurerà che faremo dei cambiamenti che funzionano, piuttosto che quelli che hanno senso sulla carta ma non ci aiuteranno lungo la strada nella vita reale.

Troverete che i diversi miglioramenti che avverranno con questo seguiranno il formato del PDCA. Questo sta per plan do check act. Questa porzione di piano dell'intera faccenda lavorerà per includere la mappatura di alcuni dei cambiamenti che abbiamo in modo che chiunque stia lavorando su quel piano, non importa dove si trovi nell'intero processo, sappia cosa deve aspettarsi quando le squadre cercano di risolvere un problema.

In parte significa che vogliamo lavorare per implementare alcune delle migliori soluzioni ai nostri problemi.

E poi ci mettiamo al lavoro sul passo di controllo. Questo passo è importante quando vogliamo valutare una soluzione al nostro problema e quindi vedere se funziona o meno come vogliamo.

Questo sarà molto importante perché non vogliamo andare avanti e lavorare su tutto il processo senza essere sicuri che funzionerà nel modo che vogliamo.

Sei Sigma

Six Sigma è il nome che viene dato a un sistema che possiamo usare per misurare la qualità di un obiettivo di avvicinarsi il più possibile alla perfezione nei nostri processi. Un'azienda che opera in perfetta sincronia sarebbe in grado di generare fino a 3,4 difetti per milione nella speranza di avere pochissimi clienti insoddisfatti nel processo.

Ci sono diversi livelli di questo in base a dove è la vostra azienda e dove vorrebbero andare. L'obiettivo finale è quello di raggiungere il livello di perfezione di cui abbiamo parlato sopra, ma per alcune aziende, qualsiasi tipo di miglioramento sarà una buona cosa ed essere in grado di salire in questo, e venire con meno difetti sui vostri progetti, sarà un buon obiettivo su cui lavorare pure.

La certificazione

La prima cosa che daremo un'occhiata quando si lavora con questo processo Six Sigma sono i livelli di certificazione che voi e i membri del vostro team possono ottenere. Questo avrà alcune opzioni a seconda di quanta conoscenza la persona ha sul processo e anche da quanto tempo è in grado di lavorare con esso.

Avreste il livello esecutivo, per esempio, compresi i membri del vostro team gestito che sarebbero poi responsabili dell'impostazione di Six Sigma e di tutte le sue parti all'interno della vostra azienda.

Poi possiamo passare al Campione in questo, che sarà la persona che ha la conoscenza e la capacità di guidare i progetti e anche essere la voce per il progetto se è necessario.

Le cinture bianche seguirebbero, e sarebbero fondamentalmente i lavoratori di rango e file. Capiscono cos'è Six Sigma, ma sono appena entrati in questo processo e potrebbero non essere così esperti come altri che lavorano con questo. Sono comunque importanti perché saranno spesso quelli che implementano alcuni dei piani che vengono fuori attraverso questo processo.

Poi si passa alle cinture gialle, che saranno i membri attivi del team che lavora su Six Sigma. Anche loro possono passare un po' di tempo a determinare, in alcune aree, dove sono necessari alcuni miglioramenti. Poi possiamo passare ad alcune delle cinture verdi, che lavoreranno insieme al livello successivo, le cinture nere, per portare a termine le cose e decidere con quali progetti lavorare.

Le cinture nere seguono, e saranno in grado di condurre alcuni dei progetti che sono considerati davvero importanti o più in alto nella vostra azienda, mentre sostengono e fanno da mentore ad alcune delle altre cinture mentre fanno sempre più del proprio lavoro. Poi possiamo finire con le cinture nere del maestro. Questi saranno gli individui che di solito vengono portati su un progetto o un'attività specificamente per aiutare ad implementarlo lungo la strada. saranno lì per guidare e fare da mentore a tutti gli altri nel team in modo che possano gestire questo progetto.

Tutti i livelli di cintura sono importanti, e saranno in grado di assumere il lavoro necessario per imparare su Six Sigma, implementare e utilizzare il progetto, e fare tutti gli altri passi che sono necessari per rendere questo il più successo possibile. Nessuno è davvero più importante degli altri, e ognuno ha una voce e qualcosa di importante da aggiungere alla conversazione mentre attraversiamo questo processo.

Attuare Six Sigma

Quando abbiamo finito di preparare tutti ad avere le cinture giuste e a sapere come gestire tutto questo processo, è il momento di saltare a bordo e iniziare a implementare Six Sigma e tutti i passi necessari per esso. Dare al vostro team una ragione davvero buona e convincente per andare con Six Sigma e mostrare loro quanto possa essere vantaggioso per loro sarà così importante per il successo che sarete in grado di ottenere con questo. Se non avete tutti a bordo con questo, allora non vedrete una buona quantità di implementazione quando si tratta di far funzionare le cose. È importante in tutto questo motivare e aiutare la vostra squadra a vedere perché questa è una cosa così buona per tutti loro.

Una piattaforma ardente è una tattica motivazionale in cui si è in grado di spiegare la situazione in cui si trova l'azienda in questo momento e perché questa situazione è così terribile in primo luogo. Poi si può mostrare come Six Sigma è l'unico metodo che può aiutare l'azienda a uscire da quella situazione e l'azienda a vedere risultati migliori in poco tempo.

A volte potreste dover andare avanti e fare il processo su una base di prova. La vostra direzione potrebbe essere quella che fa fatica a capire perché questa è una buona idea in primo luogo, e potrebbe non voler saltare a bordo e fare un tentativo. Potreste convincerli a fare una piccola parte di questo, vedendo come funziona in un reparto, e poi implementarlo. Questo aiuta a risparmiare denaro e può rendere più facile per voi mostrare quanto grande sarà Six Sigma per tutti.

Mentre stiamo facendo tutto questo, dovete anche assicurarvi che tutti gli strumenti di cui i vostri dipendenti hanno bisogno per l'auto-miglioramento siano prontamente disponibili per loro. Una volta che avete finito il ciclo iniziale di formazione per Six Sigma, è importante avere altri strumenti che possono aiutare i vostri dipendenti a tenersi aggiornati e possono anche essere lì per sostenerli e aiutarli a salire di grado. Premiate questo, offrite un buon tutoraggio per aiutare gli altri ad ottenere questo, e assicuratevi che i vostri dipendenti non siano bloccati a causa dei processi o delle regole da voi stabilite.

Senza questo, rischiate di avere i vostri dipendenti che entrano in questa situazione confusi. E se volete che questo funzioni bene, allora le risorse, l'auto-aiuto, il mentoring e qualsiasi altra cosa di cui i vostri dipendenti hanno bisogno devono essere presenti per tutto il tempo senza problemi. Ci saranno alcune domande che sorgeranno e i vostri dipendenti potrebbero essere confusi da alcune parti. Se si offrono le risorse giuste fin dall'inizio, è possibile evitare alcuni di questi problemi e garantire che i dipendenti vedano i grandi benefici che derivano da Six Sigma.

I principi chiave

Ora che abbiamo una comprensione di base di come funziona questo processo, è il momento di andare avanti e guardare alcuni dei principi chiave che si presenteranno con Six Sigma in modo da poter capire meglio come questo si adatta ad alcuni dei lavori che stiamo cercando di fare. Lean Six Sigma funzionerà sulla base dell'accettazione comune di cinque importanti leggi. Dobbiamo parlare di tutte queste qui.

Questa prima legge sarà conosciuta come la legge del mercato. Questo significa che il cliente deve essere considerato prima di prendere qualsiasi decisione. Se si cerca di prendere delle decisioni senza considerare prima il cliente, allora si finirà in qualche guaio mentre passiamo attraverso questo.

Poi siamo in grado di passare alla seconda legge. Questa sarà la legge della flessibilità, dove i migliori processi saranno quelli che si possono usare per il maggior numero di funzioni disparate. È necessario essere flessibili in qualsiasi business. Questo vi permette di adattarvi e fare alcuni dei cambiamenti necessari lungo la strada e può essere un modo fantastico per non rimanere bloccati nel vecchio.

Poi vediamo la terza legge qui. Questa è la legge sulla focalizzazione, che ci aiuterà ad assicurarci che non cerchiamo di occuparci di troppe cose tutte in una volta. Questa legge afferma che un'azienda dovrebbe concentrarsi solo su un problema per l'azienda, anche se ci sono molti problemi potenziali che si possono risolvere. Si vuole anche concentrarsi solo sul problema e non sull'intero business. Questo vi aiuta a mantenere la vostra attenzione e a non farvi prendere da troppe cose in una volta sola.

Possiamo quindi passare alla nostra quarta legge. Questa è la legge della velocità. Questa vi dirà che maggiore è il numero di passi che aggiungete al processo, meno efficiente è. Ci sono momenti in cui il processo ha bisogno di più passi di altri, ma se si aggiungono passi solo per farlo sembrare buono, allora si creano molti sprechi, e questo è un problema. Questo ci farà dare un'occhiata più da vicino al processo e poi determinare se possiamo fare dei cambiamenti o meno per eliminare i passi che causano lo spreco.

E poi finiremo con l'ultimo passo, la legge della complessità. Questo è molto divertente, ed è potenzialmente il luogo dove si trovano molti rifiuti.

Questo afferma che più semplice o facile è un processo, meglio è. Non vogliamo molte complicazioni nel nostro sistema perché questo porta a più errori e a molti sprechi nel processo.

Dobbiamo quindi assicurarci di scegliere i processi giusti. Proprio come con il metodo Lean di cui abbiamo parlato in questa guida, Six Sigma vuole essere in grado di sbarazzarsi degli sprechi il più possibile. E scegliere il processo giusto per le nostre esigenze farà in modo che questo possa effettivamente accadere.

Quando è il momento di decidere quale processo applicare al metodo Six Sigma, il posto migliore da cui iniziare è con i processi che già sapete in anticipo che sono difettosi, e quelli che vorreste davvero ridurre il numero di volte che il difetto si verifica in primo luogo. Questi devono essere problemi ovvi su cui dovete lavorare se sapete già che sono un problema, quindi questa può essere una buona notizia.

A partire da questo punto, si tratta solo di cercare i casi in cui il vostro takt time non funziona così bene. Quando si trovano questi luoghi, si possono poi esaminare le fasi in cui il numero di risorse disponibili può essere ridotto e vedere se si può rendere il processo un po' più efficace.

Kanban

Kanban si riferisce a un software che non è solo usato su una lavagna bianca per elencare i compiti usando carte di colore diverso. Può fare molto di più e aiutare un'organizzazione in diversi modi, ma è importante attenersi ai principi stabiliti dal sistema.

Come sapete, Kanban è usato in una pletora di industrie, e la sua popolarità è in costante aumento. Dalle aziende affermate alle start-up, tutti stanno usando Kanban a loro vantaggio.

Sistema Kanban

Ora, ci si può chiedere come Kanban possa essere implementato nelle aziende di software, dato che ha le sue radici nell'industria manifatturiera. Per questo, dobbiamo esaminare le differenze tra Kanban e altri metodi agili.

Per iniziare, la differenza principale tra i sistemi Kanban e SCRUM è che nel Kanban non ci sono caselle di tempo per i compiti. I compiti che fanno parte del sistema Kanban sono più grandi e possono essere meno numerosi. La valutazione del periodo di tempo nei sistemi Kanban è di solito facoltativa, o non ce ne sarà affatto. Non c'è velocità di squadra nei sistemi Kanban, e solo il tempo medio è valutato per l'implementazione.

Queste specifiche ci fanno pensare a cosa rimarrà dei metodi agili se tutti gli elementi principali vengono rimossi. Aumentando le dimensioni e riducendo la velocità di conteggio di una squadra, non rimarrà nulla. Ci si chiederà come sia possibile considerare la supervisione se la maggior parte degli strumenti sono stati eliminati.

La maggior parte dei project manager tende a pensare al controllo e cerca di mantenerlo anche quando non ce l'ha. È solo un mito che la supervisione di un manager sullo sviluppo sia una mera finzione. Se il suo team non è interessato a lavorare, il progetto è destinato a fallire anche se ha il pieno controllo sul team.

Se la squadra si diverte quando lavora su un progetto con la giusta efficienza, allora non ci sarà bisogno di controllo, perché aumenterà solo i costi.

Diciamo, per esempio, che un problema che è associato allo SCRUM è l'aumento dei costi derivanti dalle discussioni e dalle riunioni e può finire per portare alla perdita di tempo e ad almeno un giorno intero sprecato per finire lo sprint e un altro giorno per iniziare quello successivo.

I sistemi Kanban sono diversi dallo SCRUM perché si concentrano di più sui compiti. Lo scopo principale dei sistemi Kanban è completare con successo uno sprint. I compiti sono l'obiettivo principale. Di solito non c'è uno sprint. Il deployment è di solito fatto quando il lavoro completato è pronto per la presentazione. Il team che lavora sui compiti dovrebbe evitare di impegnarsi a stimare il tempo necessario per adempiere un compito, poiché può essere errato e risultare in uno spreco di tempo.

Un manager non dovrebbe preoccuparsi delle stime di tempo se ha fiducia nella sua squadra. L'obiettivo principale del manager è quello di dare priorità ai compiti e realizzare gli obiettivi. Questo è il suo lavoro principale. Non c'è bisogno che controlli nient'altro. Il manager deve aggiungere elementi alla lavagna in base alla loro priorità. Questa è la responsabilità di un manager che adotta il sistema Kanban.

La tavola del team di un sistema Kanban può apparire come segue. I seguenti sono posizionati da sinistra a destra.

Obiettivi

Questa è una colonna opzionale ma sarà abbastanza utile su una lavagna Kanban. Gli obiettivi che sono di alto livello saranno messi qui in modo che tutti nel team sappiano cosa stanno cercando e abbiano un costante promemoria visivo. Alcuni esempi includono l'aumento della velocità di lavoro del 15% o il nome del compito.

Coda delle attività

La coda dei compiti si riferisce ai compiti che sono pronti per essere avviati. La carta più alta che viene messa in coda ha la massima priorità e viene poi spostata nella colonna successiva.

Accettazione

Questa colonna di accettazione e le colonne prima della colonna

'Done' possono variare in base a come il lavoro scorre per la squadra. I compiti che sono in corso di esecuzione devono essere finalizzati in questa colonna. Una volta che la discussione sullo stesso è fatta, sarà spostata nella colonna seguente.

Sviluppo

Il compito viene mantenuto qui fino a quando non viene completato. Una volta completato, sarà spostato nella colonna seguente. Se la struttura del compito non è corretta o è un po' incerta, allora può essere spostata di nuovo in questa colonna.

Test

La colonna dei test in un sistema Kanban è quella dove vengono menzionati i progetti che sono in fase di test. Se ci sono problemi in questa colonna, i compiti vengono spostati nella colonna di sviluppo. Se non ce ne sono, allora vengono spostati nella colonna successiva.

Fatto

Questo ha carte di compiti che sono completamente finiti. Le persone non devono più preoccuparsi di questi compiti. I compiti prioritari possono anche apparire in questa colonna. Sono quelli che devono essere eseguiti in modo prioritario. Se il compito ha bisogno di attenzione immediata, dovrebbe essere menzionato sotto i compiti "accelerati". Questi devono essere completati il più presto possibile.

Abbiamo deliberato i limiti WIP in tutto questo manoscritto e perché è importante per tutti i manager impostare i limiti WIP.

Sotto ogni compito che è appuntato sulla lavagna, è importante mettere un numero, che starà per il numero di compiti WIP che possono essere assegnati in qualsiasi momento. Queste cifre sono di solito scelte in base alla capacità di un team. Un project manager sarà a conoscenza dei numeri da mettere in base a prove ed errori.

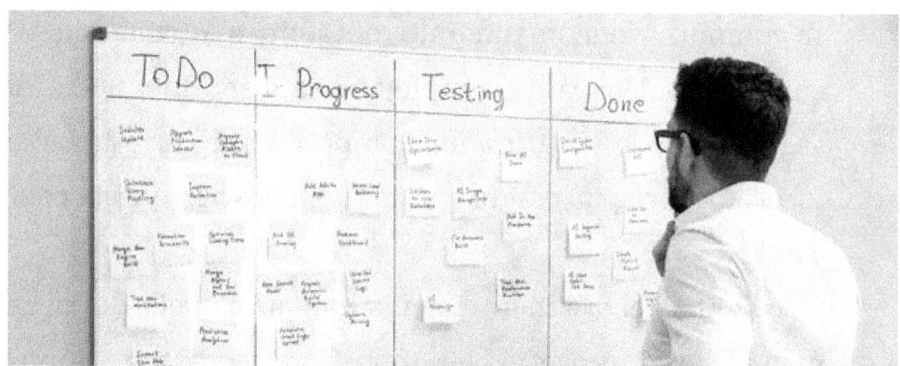

Diciamo che ci sono dieci programmatori che fanno parte di un progetto, i compiti sotto Sviluppo porteranno un numero tra 4 e 5, a seconda della capacità della squadra. Questo numero deve essere ideale, cioè non troppo piccolo né troppo grande. Se è troppo piccolo, la squadra può annoiarsi, e se è troppo grande, potrebbero non essere in grado di finire i compiti.

Un buon modo per arrivare al numero giusto è dividere il numero di sviluppatori in un team di due persone e poi arrivare a una cifra basata sulle esperienze di progetti passati.

Allo stesso modo, i compiti devono essere assegnati al personale appartenente ad altri dipartimenti come le vendite e il marketing, tra gli altri.

Come le squadre beneficiano di Kanban

Ecco alcuni dei benefici che una squadra può trarre adottando il metodo Kanban.

Per cominciare, è importante ridurre il numero di compiti che vengono eseguiti contemporaneamente per concentrarsi sul completamento della maggioranza. Non ci sarà bisogno di entrare nei dettagli di due o più compiti perché può portare a confusione. Il manager avrà pianificato la coda delle storie, e tutto ciò che serve ai membri del team è passare attraverso di essa per assicurarsi che i compiti siano eseguiti in tempo. Come sapete, non tutto nella colonna dei test finirà per essere un successo. Alcune di esse possono generare problemi. In questi casi, dovete lavorare come una squadra per risolvere il problema. Una volta fatto questo, potete spostare gli elementi nella colonna successiva.

Si deve calcolare il tempo impiegato per finire un compito. Per questo, le date devono essere registrate in base a quando una scheda è stata aggiunta alla coda dei compiti e quando è stata completata. Il tempo medio di attesa sarà calcolato in base al tempo che è stato impiegato per finire un compito. Il manager o il proprietario del prodotto lo calcolerà in base alle cifre a sua disposizione.

Come sappiamo, i sistemi Kanban richiedono che un manager aderisca ad alcuni principi di base, come la visualizzazione del prodotto per dividere il lavoro in diversi compiti mettendo carte colorate sulla tavola, limitando il limite WIP su ogni compito in ogni fase successiva della produzione, e misurando il tempo di ciclo per migliorare i processi coinvolti, e per ridurre il tempo complessivo. Questi sono i termini di base dell'uso di Kanban, mentre quando si tratta di SCRUM, ci possono essere nove termini, 13 termini nel metodo XP, e 120 nei metodi RUP.

Kanban non è uno strumento di gestione dei progetti o di sviluppo del software e non dice alle persone come i progetti dovrebbero essere eseguiti. Non dice alle persone come i diversi processi dovrebbero essere pianificati ed eseguiti. Fornisce solo una rappresentazione visiva del lavoro e misura il progresso di ogni squadra.

Al contrario di SCRUM, Kanban può aiutare ad organizzare i team e migliorare il loro lavoro complessivo. Microsoft usa Kanban dal 2004 e lo ha impiegato nello sviluppo di operazioni in tutta l'organizzazione.

La parte migliore di questo sistema è che può essere applicato a diversi dipartimenti e processi. Se un'organizzazione è abituata a fare uso di tecniche agili come SCRUM e XP, o tradizionali come waterfall, allora Kanban può essere esteso a questi metodi per migliorare il loro funzionamento generale, cioè la qualità del lavoro, il tempo impiegato per finire i compiti, i tempi di ciclo, ecc. Può aiutare l'organizzazione a produrre lavoro di qualità in periodi di tempo più brevi.

Kanban nello sviluppo di software o prodotti

I team di sviluppo di applicazioni software usano Kanban per implementare i principi Agile e Lean. I sistemi Kanban danno ai team certi principi e pratiche che possono aiutarli a visualizzare il loro lavoro e a fornire risultati di qualità in tempi brevi.

I team che usano questi sistemi avranno accesso a un feedback costante che può aiutarli a migliorare i loro standard di lavoro. Avranno anche accesso alle ricerche di mercato e ai gusti dei clienti, accelerando così ulteriormente i tempi di consegna.

I sistemi Kanban si sono evoluti nel corso degli anni e sono diventati più adattabili a diversi settori. L'industria IT ne ha beneficiato molto e continua a invitare a prenderlo. Potrebbe essere necessario un po' di tempo perché un'azienda adotti i diversi aspetti che fanno parte del sistema, ma una volta fatto, si dimostrerà un buon adattamento.

I sistemi Kanban forniscono anche ai team gli strumenti e le tecniche necessarie per migliorare i loro accordi sul livello di servizio e ridurre il rischio legato alla lavorazione e il costo del ritardo nella consegna dei prodotti finali ai clienti nei tempi giusti. I sistemi Kanban aiutano i team di consegna a soddisfare le aspettative dei clienti.

Molte aziende hanno iniziato a usare Kanban per la gestione del portafoglio. Può fornire loro agilità e permette ai team di eseguire compiti molto più velocemente.

Analytics

Lean Analytics è un approccio per migliorare il tuo business. Si basa sul concentrarsi su una singola metrica per misurare i tuoi progressi verso i tuoi obiettivi. Il manoscritto si riferisce a questa metrica come "One Metric That Matters". È abbastanza semplice, non credi?

Per iniziare con la Lean analytics, dovresti avere una grande conoscenza del settore in cui ti trovi. Dovresti anche conoscere lo stato attuale del tuo business. È sulla via del successo? Sta fallendo? O tutto va bene senza segni di successo o fallimento improvviso?

Il passo successivo è fissare un obiettivo. Può essere un miglioramento delle vendite o l'espansione dell'azienda. Una volta fissato l'obiettivo, dovrete determinare la vostra One Metric That Matters. Se il vostro obiettivo è il miglioramento delle vendite, la vostra One Metric That Matters è il numero di vendite che la vostra azienda farà.

La lean analytics non è un approccio statico - lo era prima. Ogni azienda ha le sue esigenze uniche e cambia, a seconda dello stato in cui si trova. Questo significa che è necessario cambiare la vostra One Metric That Matters di volta in volta. È necessario rivalutare le prestazioni e l'obiettivo della vostra azienda per conoscere la metrica adeguata da utilizzare di volta in volta.

Startup e analisi Lean

L'analitica lean trattiene un'azienda dal perdere la concentrazione sul suo obiettivo. Le startup ne beneficiano. Le aiuta a superare le insidie iniziali dell'avvio di un'impresa. Questa insidia è il fervore di fare tutto in una volta e recuperare gli investimenti fatti.

L'analitica Lean spinge le startup a non passare attraverso uno scaling o una crescita prematura. Invece di espandersi, spinge un'azienda a stabilire una solida base. Le aziende che usano la lean analytics diventano specialisti di soluzioni.

Dà all'azienda una direzione, e una molto stretta. Come accennato prima, la lean analytics usa una singola metrica per misurare i progressi. Questo approccio è stato sviluppato da una metodologia di business chiamata Lean Startup.

Lean Startup

Lean startup è una metodologia di business che promuove la gestione di un business il più lean possibile. Steve Blank ed Eric Reis hanno contribuito a renderla popolare.

La metodologia incoraggia un imprenditore ad avviare un business con risorse minime. Questo include la riduzione al minimo di dipendenti, prodotti e servizi.

Le imprese regolari e su larga scala usano un coltello svizzero per operare. Una lean startup usa solo un coltello singolo affilato e flessibile.

Man mano che il business funziona, migliora e aggiunge elementi al business quando necessario. La progressione significa che l'azienda ottiene strumenti essenziali per aiutare il singolo coltello.

Costruire, misurare e imparare

Quando si tratta dello sviluppo di prodotti e servizi, una Lean Startup usa la lean analytics. La Lean analytics segue un semplice ciclo di sviluppo "costruisci, misura e impara".

Per esempio, se l'imprenditore ha un'idea per un prodotto, inizierà a costruire. Poi misurerà e testerà il prodotto. Raccoglierà i dati dalle misurazioni. E poi imparerà come migliorare il prodotto basandosi sui dati e sull'analisi lean.

I miglioramenti appresi sono idee che userà per costruire di nuovo. Il ciclo si ripete finché non crea il prodotto perfetto.

Durante i cicli di misurazione e apprendimento, le aziende sono sottoposte a cinque fasi:

Empatia: Connettersi ai clienti e sapere cosa vogliono.

Familiarità: Fare in modo che il tuo marchio, i tuoi prodotti e i tuoi servizi restino impressi nella mente dei clienti.

Viralità: Far scoprire ai non clienti il tuo marchio, prodotto o servizio.

Entrate: Sviluppare metodi per migliorare ulteriormente le entrate dei vostri prodotti e servizi.

Scala: Allargare il tuo raggio d'azione e la tua base di clienti.

Per esempio, avete costruito un nuovo modello di auto. Per prima cosa vi occuperete dei clienti e testerete il prodotto. Una volta che hanno finito di testare l'auto, raccoglierete dati da loro chiedendo un feedback. Poi si entra di nuovo nella fase di apprendimento e costruzione.

Nella successiva fase di misurazione, vi farete strada per far conoscere l'auto a più persone. Lo farete rendendo l'auto più attraente. Poi passa un altro ciclo.

Dopo di che, vi concentrerete sull'aspetto delle entrate della nuova macchina. Se imparate che il modello è fattibile per il vostro business, allora potete iniziare a scalare la produzione.

Per muoversi attraverso le fasi, è necessario seguire il modello ad uncino. Il modello ad uncino ha quattro fasi.

Essi sono:

Innesco: Evento che deve essere fatto per iniziare la fase analitica lean.

Azione: Azione che deve essere fatta per agire sul trigger.

Ricompensa variabile: Motivatore per far continuare l'azione.

Investimento: Motivatore per far procedere le parti interessate alla fase successiva.

Il trabocchetto

I dilettanti, come me prima, tendono sempre a rimanere intrappolati nella mentalità sbagliata. Quando iniziano un business, tendono a pensare che sia semplice come:

- Pensa a un prodotto
- Sviluppare il prodotto
- Vendere il prodotto
- Profitto!

Intendiamoci, non è una cattiva mentalità da avere. Dopo tutto, si può semplificare un business in questo modo. L'unico problema è che si bloccano con quella semplificazione. Non riescono a vedere o scoprire le complessità dietro ogni processo. Per esempio, un imprenditore vuole avviare una caffetteria. Trova un posto per farlo. Costruisce il negozio. Elenca il menu che vuole che sia presente nel negozio. E lo apre. E come prima, il suo business fallisce. Perché è successo?

Il problema è che il proprietario della caffetteria pensava di aver finito dopo la fase iniziale. Pensava che il business sarebbe cresciuto da solo.

Purtroppo non si può piantare un seme, annaffiarlo per qualche giorno, lasciarlo crescere da solo e dopo raccogliere i frutti. Non si può trattare un business in questo modo. Non ci si ferma e si aspetta.

Per esempio, non dovresti mai terminare la connessione tra te e il cliente dopo che ha comprato il tuo prodotto. Il tuo lavoro non è ancora finito se qualcuno ottiene il tuo servizio e prodotto. Dovresti ricevere un feedback.

Il feedback dei clienti è l'elemento più importante in un business di successo. I desideri del cliente sono il vostro biglietto per il successo.

Per esempio, vi ricordate ancora di Twilight? Vi ricordate il tempo in cui era il titolo di manoscritto romanzesco più popolare sul mercato? A causa della sua immensa popolarità, molti autori dilettanti e veterani ebbero un'idea. Si presero l'idea di scrivere manoscritti sui vampiri.

Che cosa è successo? Un'altra storia di vampiri è diventata popolare? No. È successo che Cinquanta sfumature di grigio ha preso il trono. Era una storia di vampiri? No. Allora perché è diventata popolare?

L'autore di quel manoscritto è un fan dell'autore di Twilight. E sa bene cosa ha reso buono Twilight. Era una cliente. Non si trattava dei vampiri. Si trattava del tipo di romanticismo che faceva vendere bene il manoscritto.

È lo stesso per altri prodotti. Solo perché il bubble tea è popolare, non significa che la gente comprerà il bubble tea da voi. I clienti hanno esigenze individuali. E se volete che il vostro prodotto venda, il vostro prodotto deve soddisfare queste esigenze. Se un certo bubble tea è popolare, procuratene uno e analizzatelo. Parlate con le persone che bevono quel prodotto e chiedete cosa gli piace.

Usate il feedback e imitate il tè. Vendilo. E ora hai una maggiore possibilità di avere un business di successo.

Consigli per il successo

Perché non ci sono più grandi aziende che adottano questo approccio lean start-up quando si tratta dello sviluppo di nuovi prodotti o servizi? Per molte grandi aziende, il processo e la cultura variano in modo significativo. Una start-up ha tipicamente gruppi più piccoli che lavorano su un progetto. Questi piccoli gruppi possono prendere decisioni più rapidamente, ottenere fondi e lavorare in modo più efficiente perché sono solo un piccolo gruppo di individui. Molte grandi aziende non sono in grado o non vogliono lavorare con una mentalità da piccolo gruppo.

Nelle grandi aziende, ci vuole molto tempo per prendere decisioni perché i gruppi sono grandi, quindi la comunicazione è rallentata e più impegnativa. Mantenere tutti sulla stessa pagina è quasi impossibile perché il numero di persone che devono essere allineate è così grande. Le battute d'arresto più comuni che molte grandi aziende incontrano, secondo uno studio pubblicato sul sito web di Harvard Business View, quando cercano di adottare un approccio più lean includono:

1. Mostrare ai clienti, agli investitori o alle parti interessate un prodotto troppo presto.

2. Essere incapaci di creare prodotti fattibili.

3. Mancanza di risorse necessarie.

4. Avere un modello di business che non è flessibile.

I rapporti con i clienti cambiano. Inoltre, un'altra grande preoccupazione per le grandi aziende proviene dal top executive che sente che questo approccio alla creazione del prodotto toglie loro un po' di autorità sia tra gli impiegati ma anche attraverso gli occhi dei clienti. Temono che mostrando i prodotti troppo presto ai clienti, la loro credibilità sia in gioco. Affidarsi ai dati e alle analisi li fa sentire come se non avessero la conoscenza per prendere le decisioni più sane quando si porta un prodotto alla vita.

Le grandi aziende mancano anche di innovatori all'interno dell'azienda. Mentre molti individui sono abili negli aspetti operativi, non molti hanno il talento per creare prodotti, servizi o sistemi unici per stare al passo con il mercato che cambia. C'è un cuneo che divide il concetto di un'impresa start-up e l'incorporazione di questi concetti in una grande impresa che ha più struttura, politiche, dirigenti e standard.

Con le molte sfide, è ovvio perché molte grandi aziende o aziende consolidate non riescono a implementare o implementare correttamente il concetto di un modello lean. Il più delle volte, c'è una maggiore incomprensione di ciò che effettivamente deve essere misurato e di ciò che dovrebbe essere appreso attraverso lo sviluppo del prodotto. Le aziende possono non riuscire a capire la lean analytics o gli aspetti di misura e apprendimento del ciclo lean. Questo si concentra su cosa si dovrebbe misurare e perché e come tracciare correttamente ciò che è importante.

Non importa se state appena iniziando o se siete in affari da anni perché, anche se l'idea dello start-up lean è il modo migliore per molte aziende di crescere più velocemente, può anche essere la soluzione per un'azienda consolidata di proporre prodotti più innovativi in un tempo minore. Ecco tre semplici passi che puoi fare per incorporare il metodo lean Start-up nella tua piccola impresa.

1. Identificare il problema del cliente e creare una soluzione.

Ogni azienda cerca costantemente di trovare nuove idee, prodotti, servizi e strategie di marketing. Questo viene fatto parlando con i vostri clienti. Non si può capire di cosa hanno bisogno se prima non si parla con loro. Come nel caso della creazione di Swiffer, questo non deve sempre significare condurre interviste; può semplicemente essere osservare ciò che i tuoi clienti fanno e come lo fanno, e poi prestare attenzione a un modo in cui potrebbe essere reso più facile per loro.

Una volta che hai identificato il potenziale problema che i tuoi clienti affrontano, devi vedere se è un problema valido. Per questo, devi semplicemente chiedere a persone a caso se pensano che sia una buona idea o se la userebbero. Se si scopre che più persone sarebbero interessate a questa idea, allora si va avanti a testarla.

2. Sviluppa il tuo MVP

Il MVP è dove molte aziende hanno un problema con l'applicazione del metodo Lean Start-up. Come si può mettere un prodotto sul mercato prima che sia completato al 100%? Questa è la preoccupazione numero uno della maggior parte delle imprese che esitano ad adottare un approccio lean. Molte imprese affermate credono che mettere sul mercato un MVP screditerà i loro risultati poiché l'MVP è spesso la demo minima di un prodotto. Il valore di testare un MVP non è compreso anche dagli imprenditori di vecchia generazione. Questo perché sono impostati sul modo in cui il business ha sempre operato e accettano semplicemente che alcune idee abbiano successo e altre falliscano. Un MVP li costringe a cambiare questo modo di pensare. Questo è spesso dovuto ad un'incomprensione di ciò che il MVP è o può essere. Il tuo MVP dà ad un gruppo selezionato del tuo pubblico di riferimento un'anteprima delle caratteristiche più importanti. Questo può essere fatto attraverso un'introduzione video, un modello in scala ridotta, o l'iscrizione al preordine. L'idea è quella di far uscire il prodotto ad una piccola porzione di pubblico per determinare se avrà successo o meno e cosa si può cambiare o aggiustare per renderlo più efficace.

Questo MVP aiuterà ad eliminare le perdite di tempo nello sviluppo di un prodotto completo che finisce per essere inutile per i vostri clienti. L'MVP non dovrebbe richiedere molto tempo per essere sviluppato, e non deve avere tutte le campane e i fischietti; ha solo bisogno di fare ciò che è destinato a fare. Fallo vedere e ottieni un feedback per determinare se vale la pena perseguirlo.

3. Sperimentare e misurare i risultati

Sperimentare, misurare, ripetere. Questo è il nucleo del metodo Lean Start-up. Conducendo esperimenti, si tolgono i rischi maggiori dall'equazione. Determinate quali problemi potreste incontrare, trovate una soluzione, e poi testate la soluzione per vedere quanto sia valida. Questo è il momento in cui puoi iniziare a sviluppare le tue idee e concetti su un particolare prodotto e su come funzioneranno le cose quando saranno in piena produzione. Questi sono esperimenti a basso costo che dovrebbero richiedere una breve quantità di tempo per iniziare. Più esperimenti si possono fare in un lasso di tempo più breve, più informazioni si possono ottenere e più si può essere sicuri prima di andare avanti.

Cicli di analisi lean

Il ciclo analitico Lean è simile a quello del metodo scientifico. Attraverso il ciclo, si comincia a mettere insieme tutti i dati, i concetti e le informazioni che si hanno finora e si comincia ad eseguire il modo migliore per affrontare ogni problema aziendale. Per ogni fase, inizierete un nuovo ciclo in cui identificherete il problema principale, sceglierete una metrica e

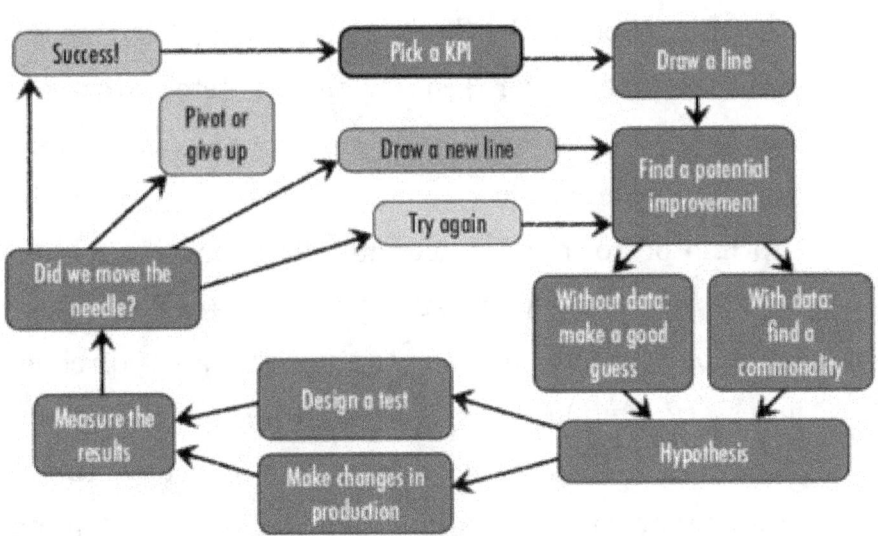

vi metterete al lavoro.

Il Lean Analytics Cycle è vitale per aiutarvi a iniziare questa parte della metodologia di supporto Lean con la vostra azienda. Questo processo prevede quattro fasi e seguire ognuna di esse può essere cruciale per assicurarsi che questo funzioni per voi. Il Lean Analytics Cycle sarà incredibilmente utile quando comincerete a seguire l'intero processo. Diamo un'occhiata ai passi da compiere per utilizzare il Lean Analytics Cycle.

Formulare un'ipotesi

L'ipotesi è quando si creano diversi modi per testare i vostri KPI. Questo può essere lo sviluppo di una campagna di marketing per testare le caratteristiche di un prodotto o cambiare i prezzi, solo per citare alcuni esempi.

Questa è una fase in cui deve entrare in gioco un livello di creatività. L'ipotesi ti dà le risposte di cui hai bisogno per andare avanti. Dovrete cercare l'ispirazione, e potete trovarla in uno dei due modi. Potete cercare una risposta per qualcosa come "Se eseguo ____, credo che _____ accadrà, e _____ sarà il risultato." Il primo posto in cui potete guardare sono i dati che avete a disposizione. Spesso, questi dati vi forniranno la risposta di cui avete bisogno. Se non si dispone di dati, potrebbe essere necessario studiare un po' per trovare una risposta. Potreste usare alcune delle strategie dei vostri concorrenti, seguire le pratiche che hanno funzionato bene per altri, fare un sondaggio o studiare il mercato per vedere quale sarà l'opzione migliore.

Quello che dovete tenere a mente qui è che l'ipotesi è lì per aiutarvi a pensare come il vostro pubblico. Vuoi continuare a fare domande fino a quando non capisci cosa stanno pensando o impari a capire il comportamento del tuo pubblico o cliente.

Spesso puoi rivolgerti ai dati raccolti per trovare il modo migliore per migliorare il tuo KPI. Guarda cosa hanno in comune i tuoi clienti. Concentratevi sui clienti che stanno facendo quello che volete. Per esempio, se vi state concentrando sull'abbassare il vostro churn rate, o il tasso annuale di quanto frequentemente i clienti smettono di abbonarsi ai vostri servizi, allora volete capire perché i clienti che rimangono rimangono. Da dove vengono; qual è il loro processo di acquisto? Entrate nella testa dei vostri clienti per formulare le vostre ipotesi.

Se non si dispone di dati raccolti, allora ci si può rivolgere a diverse altre fonti per fare la migliore ipotesi. Fate questo:

- **Capire il vostro mercato.** Sondaggi, feedback, o semplicemente uscire e parlare con il tuo pubblico può darti abbastanza informazioni per creare la tua ipotesi.

- **Guarda cosa stanno facendo i tuoi concorrenti.** Anche se hai la tua idea unica in mente, non fa male basarsi su ciò che viene già fatto per capire come può essere migliorato. I tuoi concorrenti potrebbero fare qualcosa di buono che tu puoi implementare ma anche migliorare; non saprai come migliorarlo se prima non lo provi tu stesso.

- **Aggiornati su quali sono le migliori pratiche.** Puoi trarre ispirazione leggendo i modi in cui diverse aziende stanno facendo affari. Come usano il content marketing? Come sono state in grado di crescere rapidamente? Capire le migliori pratiche nel tuo settore e nel mondo degli affari può portare a un'ipotesi che acceleri veramente la tua crescita.

- **Crei la tua ipotesi considerando l'azione che farai e quale sarà il risultato dell'azione.** Il risultato dovrebbe portarvi al risultato desiderato. Dovrebbe essere scritto in questo modo:

- **Se faccio (inserire azione), credo che (inserire risultato) accadrà, il che mi farà ottenere (risultato desiderato).**

- **Questa ipotesi dovrebbe essere collocata in un luogo dove voi e la vostra squadra potete vederla quotidianamente.** Averla visivamente presente vi ricorderà per cosa state lavorando.

Esperimento

Una volta che avete impostato la vostra ipotesi, inizierete a trovare un modo per metterla in pratica. Questo può richiedere di apportare modifiche al processo di produzione per testare il prodotto con la metà dei vostri clienti.

Quando si sceglie un percorso sperimentale, è necessario essere in grado di rispondere al chi, cosa e perché del proprio pubblico di riferimento.

- **Per chi sarà il vostro esperimento?** Dovete sapere su quale pubblico di riferimento volete testare il vostro esperimento o quale pubblico di riferimento vi aspettate che si comporti in un certo modo. Dovete sapere se il pubblico che state cercando di raggiungere è quello giusto se vi rivolgete a loro e se il loro comportamento può essere cambiato.

- **Cosa volete che faccia questo pubblico di riferimento?** Dovete essere chiari su ciò che chiederete a questo pubblico di fare. Dovrete determinare se c'è qualcosa che potrebbe impedirgli di completare ciò che vi aspettate e quanti di loro faranno ciò che volete.

- **Quello che chiedete è utile per loro?** Dovete essere sicuri che i vostri obiettivi capiscano perché vorrebbero fare quello che gli chiedete. Qual è la loro motivazione per farlo, o cosa li spinge a fare la stessa cosa per un concorrente ma non per voi? Il vostro target vuole sapere cosa ci guadagna, e se quello che offrite è più attraente o conveniente di quello che offre già il vostro concorrente.

Le risposte a queste domande derivano dallo sviluppo dei vostri clienti, che è il modo in cui potete comprendere pienamente i vostri clienti.

Dopo aver risposto a queste domande, dovreste avere una dichiarazione che assomiglia a: CHI farà COSA perché PERCHE'.

Il chi, il cosa e il perché dovrebbero portare ad un miglioramento del vostro KPI. Se avete un'ipotesi solida, allora vi verrà in mente un esperimento solido per testare questa ipotesi. Una volta che avete deciso l'esperimento, passate a determinare come misurerete il risultato. Prima di iniziare a misurare, è necessario avere una linea di base di partenza da confrontare.

I tipi di esperimenti possono includere:

- *Campagne di marketing*
- *Riprogettazione dell'applicazione*
- *Cambiamento dei prezzi*
- *Posizione delle spese di spedizione*
- *Testare diverse piattaforme*
- *Formulazione o uso delle parole*
- *Resto nuove caratteristiche*
- *Come la tua attività si rivolge ai clienti.*

Misurate i vostri risultati e decidete

Il tuo esperimento è stato un successo o hai imparato cosa non ha funzionato? Se hai avuto successo con il tuo esperimento, allora puoi semplicemente passare a determinare la metrica successiva da testare e iniziare a sperimentare di nuovo.

Non si può semplicemente iniziare un esperimento e poi abbandonarlo. Dovete misurare come va bene per determinare se sta veramente funzionando; se sono necessari alcuni cambiamenti; o se avete bisogno di lavorare da zero. Potete poi decidere i passi successivi che dovete fare. Alcune delle cose da cercare quando si misurano i risultati durante questa fase includono:

- **L'esperimento ha avuto successo?** Se lo è, allora la metrica è fatta. Si può passare a trovare la metrica seguente per aiutare il proprio business.

- **L'esperimento è fallito?** Allora è il momento di rivedere l'ipotesi. Dovresti fermarti e prenderti un po' di tempo per capire perché l'esperimento è fallito, in modo da avere più possibilità di formulare una buona ipotesi la volta successiva.

- **L'esperimento si è mosso ma non si è avvicinato all'obiettivo definito.** In questo scenario, avrete ancora bisogno di definire un esperimento nuovo di zecca. Puoi rimanere con l'ipotesi se ti sembra ancora valida, ma dovresti cambiare l'esperimento.

Se hai avuto molto successo, non significa che devi semplicemente arrenderti. Ora hai diverse opzioni su come andare avanti:

- Se l'esperimento non ha avuto alcun successo, allora considerate innanzitutto ciò che avete imparato, poi rivedete la vostra ipotesi. Potrebbe essere necessario trovare un nuovo pubblico di riferimento, una nuova azione intrapresa dal pubblico di riferimento, o un nuovo fattore motivante.

- Se hai avuto un leggero successo con il tuo esperimento, ancora una volta prima guarda cosa hai imparato, poi fai piccoli aggiustamenti al tuo esperimento e prova di nuovo. Se hai visto qualche successo con il tuo esperimento, potrebbe non essere che la tua ipotesi sia completamente sbagliata; potrebbe solo significare che hai bisogno di modificare alcune cose.

Attraverso l'esperimento, sarete in grado di determinare se il risultato vi avvicina al vostro obiettivo finale. Se vi siete avvicinati all'obiettivo finale, allora potete passare alla metrica successiva che conta. Se, invece, notate che vi state allontanando dall'obiettivo, dovete valutare i vostri dati e fare un cambiamento nel vostro business, nel vostro modello o nel vostro mercato.

Decidere

Dopo aver studiato tutti i dati e determinato se il tuo esperimento è stato un successo o meno, ora devi decidere: *Fare pivot o perseverare?*

A volte, hai bisogno di cambiare la tua strategia per soddisfare la visione generale che hai per quel prodotto. Questo può richiedere semplicemente di aggiustare una parte del vostro esperimento e ripetere il processo. Potrebbe essere necessario fare perno su una nuova direzione in una o più aree.

Pivot non significa fallimento; è un modo di portare a fuoco ciò che funziona o non funziona nel processo. Quando si riesce a cogliere ciò che non funziona, si possono fare aggiustamenti per sperimentare in una nuova direzione.

Si può anche perseverare. In questo caso, non hai bisogno di fare un pivot ma di andare avanti. Quando il tuo esperimento è un successo, puoi sentirti sicuro di essere sulla strada giusta per sviluppare il prodotto giusto.

Tipi di sistemi Kanban

Molte organizzazioni hanno iniziato a usare i sistemi Kanban per migliorare la loro produttività. Ci sono diversi tipi di carte che possono essere usate in un sistema Kanban poiché Kanban, a differenza di 6-Sigma, non è una metodologia fissa. È per questo motivo che può essere usato per diversi scopi. I diversi tipi di sistemi Kanban sono elencati nella parte. Questo non è un elenco esaustivo del sistema Kanban può significare cose diverse per varie organizzazioni.

Kanban del fornitore

Un fornitore è un'organizzazione o un individuo da cui un'altra organizzazione si rifornisce di materiale per fare i suoi prodotti. Questo sistema si muove direttamente verso il fornitore e viene spesso inserito come una rappresentazione del produttore.
Indipendentemente dal tipo di sistema Kanban utilizzato, è importante notare che un sistema Kanban è un modo per aumentare la produttività e la qualità dei prodotti e dei servizi forniti da un'organizzazione.

Attraverso Kanban

I sistemi Kanban comprendono sia sistemi Kanban di produzione che di ritiro.

Questi sistemi sono utilizzati in situazioni in cui entrambe le stazioni di lavoro associate ai due sistemi Kanban sono adiacenti l'una all'altra.

Questo sistema accelera il processo di produzione. Per esempio, se un'organizzazione ha l'area di produzione e l'area di stoccaggio successive l'una all'altra, il sistema tirerà i pezzi dai due sistemi e opererà su quei pezzi attraverso la coda di produzione.

Kanban di prelievo

Questo sistema è anche conosciuto come un Kanban di trasporto o di spostamento delle carte. Se qualche componente deve essere trasferito dal Kanban di produzione ad un altro tipo, questo sistema viene utilizzato per la segnalazione. Le carte sono collegate a diversi compiti che devono essere portati in un posto di lavoro quando devono essere completati. Una volta che i compiti sono completati, le carte vengono restituite.

Kanban di emergenza

Questo tipo di sistema viene utilizzato per sostituire eventuali parti difettose o per segnalare all'intero team che la quantità di un prodotto o servizio da produrre è aumentata o diminuita. Le organizzazioni spesso usano sistemi Kanban di emergenza quando una particolare parte di un sistema ha smesso di funzionare come dovrebbe o quando ci sono dei cambiamenti nel processo.

Kanban di produzione

Questo sistema è composto da una lista esaustiva di compiti che devono essere completati per assicurare che un prodotto sia consegnato in tempo. Questo sistema porta informazioni su diversi materiali e parti che sono necessari insieme alle informazioni dei sistemi di prelievo. Questo sistema permette al team di iniziare con la produzione del prodotto e anche di spiegare i servizi o i prodotti che devono essere prodotti.

Kanban espresso

Questo sistema entra in gioco quando c'è una carenza di pezzi all'interno del sistema. Questi sistemi inviano segnali alle squadre per aumentare il numero di parti che sono necessarie per completare il processo in corso. Questo sistema mira a garantire che il processo di fabbricazione o di produzione non sia rallentato. Questi sistemi sono spesso chiamati sistemi Kanban di segnale poiché sono usati per innescare qualsiasi carenza o acquisto.

Scheda Kanban

La lavagna Kanban permette ai team di visualizzare il lavoro e il flusso di lavoro. Le squadre possono usare questa lavagna per ottimizzare il flusso di lavoro. Se vuoi usare una lavagna Kanban fisica, puoi usare una lavagna bianca e delle note adesive.

Queste note comunicheranno il progresso, i problemi e lo stato di ogni compito. Si possono anche usare tavole Kanban online, ma queste sono solo un perfezionamento della tavola Kanban fisica.

La tecnica Kanban è emersa solo negli anni '40 quando Toyota ha reimmaginato il suo approccio all'ingegneria e alla produzione. Gli operai di linea usavano delle vere e proprie carte Kanban per far sapere ai loro fornitori che c'era una richiesta di alcune parti nella linea di assemblaggio. Questo rendeva più facile per i team comunicare tra loro su quale lavoro doveva essere completato e quando. Questo processo ha anche aiutato a massimizzare il valore e a ridurre gli sprechi.

Come menzionato prima, l'applicazione del Kanban non è stata influenzata solo dal Toyota Production System, ma anche dal pensiero Lean. Questa nuova versione di Kanban è nata nel 2005. I principi fondamentali del Kanban, trattati nel primo volume, sono gli stessi nella maggior parte dei settori, compresa la gestione delle risorse umane e lo sviluppo del software. I seguenti sono i principi del Kanban:

Visualizza il tuo lavoro
Limitare il lavoro nel processo
Concentrarsi sul flusso di lavoro
Pratica il miglioramento continuo

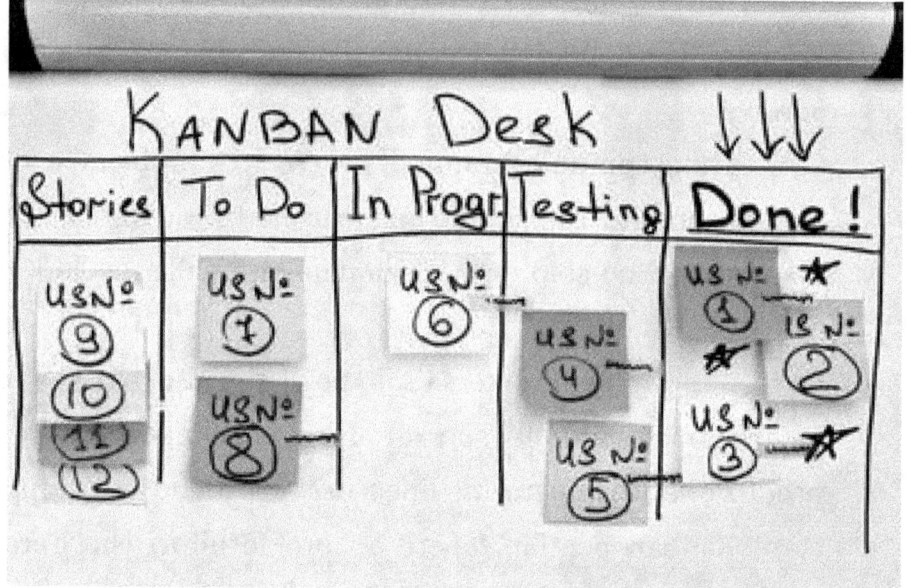

Visualizzare il lavoro e il flusso di lavoro

Quando si tratta di produzione, il flusso di lavoro completo è sempre visibile. Si può vedere il flusso di lavoro attraverso la linea di produzione. Nel lavoro che richiede una certa conoscenza, il processo è opaco. Questo significa che è necessario mappare il processo sulla lavagna Kanban, e usare carte per rappresentare il lavoro. Questo fornisce visibilità al flusso di lavoro e dà anche alle persone la possibilità di guardare i diversi aspetti del lavoro.

Dal momento che la maggior parte dei team hanno il loro processo per completare i loro compiti, le tavole Kanban daranno ai team la libertà di mappare il loro flusso di lavoro.

Dovrete disporre i processi semplici sulla tavola sotto forma di corsie verticali.

Se avete processi complessi, potete usare corsie orizzontali e verticali. Quando mappate il processo che è unico per il vostro team, renderete il vostro processo trasparente. Questo aiuterà l'intera squadra a capire qual è lo stato del processo.

Ci sono molti esempi di schede disponibili su Internet che puoi usare per vedere come funziona Kanban. Ogni corsia è un passo nel processo, e le carte Kanban sono posizionate contro ogni corsia per indicare lo stato del processo. Quando personalizzi la lavagna per riflettere il processo del tuo team, puoi usare la lavagna per dare al tuo team informazioni sullo stato del flusso di lavoro.

Devi sapere che il colore della scheda può determinare il tipo di lavoro o la sua priorità. Qualsiasi indicatore visivo, come avatar o icone utente, può essere messo sulla scheda per indicare a chi è assegnato il lavoro. Puoi anche usare queste icone per indicare la classe di servizio, la fonte della domanda, e qualsiasi altro dettaglio che sia rilevante per il lavoro che il tuo team sta facendo. Puoi sempre decidere come dovrebbe essere la tua scheda e come ogni scheda dovrebbe rappresentare il lavoro che stai facendo.

Ci sono molti benefici nel visualizzare il vostro flusso di lavoro e il vostro lavoro. Si può iniziare con la comprensione di come il cervello elabora le informazioni. Il cervello umano può capire qualsiasi informazione visiva 60.000 volte più velocemente di quanto possa capire il testo. Dal momento che puoi creare un'immagine del tuo lavoro usando una lavagna Kanban, la visualizzazione rende più facile e veloce per i membri del team capire il progresso e lo stato.

È possibile visualizzare questi dettagli visivi in un unico luogo, il che riduce al minimo il tempo che il team impiega per tenere traccia dei progressi. Questo ridurrà anche il numero di riunioni di stato che sarà necessario avere. Le parti interessate e i membri del team possono usare la lavagna Kanban e le carte per comunicare informazioni di alto valore in modo semplice e trasparente.

Ottimizza il flusso del tuo lavoro

Il beneficio di cui sopra è solo uno dei molti benefici dell'uso del sistema Kanban e della lavagna Kanban. Attraverso Kanban, i team possono sbarazzarsi delle liste visive di cose da fare. Possono ottimizzare efficacemente il loro flusso di lavoro e gli strumenti, il che migliorerà la collaborazione. Questo perché i team possono limitare il lavoro in corso, essere trasparenti sul loro lavoro, e raccogliere le metriche necessarie per migliorare e misurare la produttività e l'efficienza.

L'obiettivo del sistema Kanban è quello di limitare la quantità di lavoro che è sotto processo in modo che il lavoro che fluisce nel sistema possa essere gestito facilmente. In parole semplici, i sistemi possono gestire solo una certa quantità di traffico, quindi è importante assicurarsi che il traffico si muova senza problemi attraverso le varie fasi del processo.

Quando il sistema è sovraccarico di lavoro, le cose sicuramente rallenteranno, e il flusso si trasformerà in un ingorgo. È facile individuare il lavoro che è bloccato su una lavagna Kanban poiché qualsiasi lavoro arretrato influenzerà il lavoro che è nelle corsie. Questo darà al team la chiarezza su quale lavoro deve essere completato immediatamente per rimuovere qualsiasi arretrato.

Puoi usare più di un limite di lavoro in corso su una lavagna Kanban. Questo limite è più un vincolo che viene applicato ad alcune parti del flusso di lavoro o all'intero processo. Quando usi questi limiti, puoi migliorare il flusso di lavoro attraverso i passi che hai definito sulla lavagna. Questo aiuterà a migliorare l'efficienza del vostro team.

Quando il tuo sistema Kanban è implementato correttamente, diventerà il centro del miglioramento continuo. Un team può sempre misurare la sua efficacia tracciando i suoi tempi di consegna in tutto, la qualità e altro ancora. Analisi ed esperimenti possono aiutare il team e l'organizzazione a cambiare il sistema. Questo aiuterà la squadra a migliorare la sua efficienza ed efficacia.

Gestire un progetto con Kanban

Quando si decide di incorporare Kanban in un progetto, è importante notare che il progetto stesso non ha una natura iterativa sotto la metodologia Kanban. Piuttosto, Kanban è un tipo di sistema di gestione del flusso di lavoro che consente di svolgere i compiti in modo sequenziale e lineare. Di conseguenza, la vostra gestione del flusso di compiti diventa molto più efficiente, permettendovi di ridurre il tempo e gli sprechi.

Come mai?

La ragione di questo è che Kanban non è una metodologia iterativa come lo è Scrum. Come tale, il modo in cui un progetto viene eseguito secondo il principio Kanban è inteso come incrementale. Quindi, un compito cede il passo ad un altro, e così via. Come abbiamo detto prima, c'è un chiaro bisogno che un compito sia cancellato dalla lavagna prima che un altro possa iniziare. Se ci sono troppi compiti sulla lavagna allo stesso tempo, allora il progetto può finire per rimanere indietro rispetto alla tabella di marcia.

È importante notare che un Kanban ha un inizio e una fine. A differenza di Scrum, non ci sono sprint. Ci sono, tuttavia, cicli. Ogni ciclo è completato ogni volta che una User story è fatta. Quando una User Story è completata, il cliente può essere convocato per avere un aggiornamento sul processo del progetto. Così, l'inizio del progetto è segnato dal kickoff ufficiale mentre la fine del progetto è segnata quando il cliente dà l'"ok" finale.

Iniziare con un progetto Kanban

I progetti basati su Kanban iniziano più o meno come qualsiasi altro progetto. C'è un cliente che vuole qualcosa fatto e un team di progetto che può farlo. Proprio come Scrum, il cliente può essere esterno o interno, a seconda della dinamica del progetto. Qui è dove le cose divergono un po' da Scrum. In un progetto Kanban, c'è il leader di un "project manager" che è il proprietario del progetto, per così dire. Il project manager ha il compito di essere la persona che coordina il lato amministrativo del progetto. A differenza del Product Owner, il project manager può essere uno stakeholder interno che è responsabile di assicurare che il progetto venga fatto.

Il project manager è responsabile della produzione della carta del progetto e di qualsiasi altra documentazione pertinente che può essere necessaria come parte della governance del progetto. Tieni presente che la documentazione dovrebbe essere mantenuta al minimo. Quindi, solo la documentazione necessaria dovrebbe essere messa insieme per assicurarsi che le regole del gioco siano chiare.

Poi, il project manager può andare alla ricerca di un Service Request Manager. L'SRM può essere una persona aggiuntiva che si dedica solo al progetto stesso, o il project manager può raddoppiare questo ruolo.

In effetti, ha molto più senso che il project manager raddoppi in questo ruolo, perché significa che c'è una linea di reporting in meno.

Questo riduce il tempo sprecato tra i vari interlocutori che comunicano. Come tale, questo concetto diverge da Scrum in quanto gli stakeholders e i Product Owners sono individui diversi. In Kanban, non ha molta importanza, specialmente quando gli stakeholder sono interessati a garantire che il progetto venga fatto.

Il project manager, o SRM, è poi incaricato di definire l'ambito e i risultati del progetto. Sedendosi con il cliente, il project manager può determinare cosa deve essere fatto. Questa gestione del flusso di lavoro porta alla creazione di User Stories. Le User Stories, proprio come Scrum, sono la descrizione degli utenti finali che interagiranno con gli output finali consegnati dal progetto. Alla fine, le User Stories creano il Backlog del progetto. Il Backlog è composto solo da User Stories in quanto i compiti sono determinati molto avanti dal team del progetto.

Una volta che l'ambito del progetto e le User Stories sono state definite, il project manager può andare ad assemblare il team del progetto. Si dovrebbe notare che non c'è un numero prescritto di membri del team, come nel caso di Scrum. Il numero di membri del team può essere alto quanto necessario. Infatti, i grandi progetti funzionano bene sotto Kanban, poiché non ci sono restrizioni nella dinamica del flusso di lavoro.

Poiché Kanban è di natura sequenziale, il project manager può semplicemente andare a determinare cosa deve essere fatto e quante persone devono farlo.

Come tale, il project manager deve essere un individuo esperto nel campo del progetto. Il project manager deve capire le esigenze dei compiti che saranno completati per determinare quanto tempo i compiti richiederanno e come dovrebbero essere completati. Mentre il team del progetto ha la libertà di determinare il proprio flusso di lavoro, il project manager deve essere la guida per il tempo complessivo del progetto.

Assemblare la squadra

Come detto prima, il project manager ha il compito di riunire la squadra. Poiché il project manager è l'interlocutore principale con il cliente, non può essere completamente immerso nel progetto. Questo significa che non possono avere un ruolo funzionale all'interno del team di progetto, ma il project manager può contribuire in ogni modo possibile.

Il profilo di ogni membro del team deve adattarsi alle esigenze del progetto. Così, se il team sta costruendo una casa, c'è bisogno di idraulici, muratori, elettricisti, falegnami e così via.

Il numero effettivo di ogni tipo di membro è determinato dalla portata complessiva del progetto. Come tale, un piccolo progetto richiederebbe un numero minore di membri, mentre un grande progetto richiederebbe un team più grande.

Nel complesso, il team del progetto è autoregolato. Questo significa che sono in grado di distribuire il flusso di lavoro come meglio credono. Questo significa che i membri del team sono incoraggiati a ruotare da un compito all'altro, purché siano in grado di completarli in modo tempestivo. L'ultima cosa che si vuole avere è una struttura rigida in cui ognuno è incasellato in un ruolo da cui non può uscire. Promuovendo la comunicazione collaborativa, la squadra può determinare chi fa cosa e quando. Anche se, va notato che il project manager ha la decisione ufficiale in cui le User Stories sono prioritarie. La prioritizzazione dei compiti relativi a quella User Story dipende dal team del progetto. La cosa che conta è che ogni singolo compito sia completato entro il tempo assegnato (time boxing) e che la User Story sia completata entro il tempo stabilito all'inizio del progetto.

Come per il ruolo di Service Delivery Manager, l'SDM dovrebbe essere un membro del team di progetto che sta raddoppiando questo ruolo. Poiché lo scopo principale di questo ruolo è di assicurare la qualità e il miglioramento continuo, ha senso che un membro del team svolga questo ruolo.

Naturalmente, questo ruolo non ha autorità, quindi non è pensato per essere un "capo" che supervisiona tutti gli altri. Se si volesse svolgere questo ruolo democraticamente, si potrebbe ruotare la posizione tra i membri che sono qualificati e disposti a farlo. Questo divide la responsabilità e non pone il peso solo su una persona.

Dividere il tempo

Dato che Kanban è sequenziale, il tempo è gestito determinando quanto tempo i singoli compiti dovrebbero richiedere. Così, piuttosto che inserire X numero di compiti in X quantità di tempo, X quantità di tempo è assegnata a X numero di compiti. Questo significa che il tempo deve essere consapevole di quanto tempo ha realmente bisogno per fare le cose. Ecco perché è una buona regola empirica sovrastimare il tempo dei compiti di circa il 20%. Se c'è mai del tempo che avanza, questo tempo dovrebbe essere assegnato ai test. Tenete a mente che i test sono della massima importanza nell'ambito di un progetto basato su Agile.

Per quanto riguarda il numero di giorni e di ore che un team di progetto prevede di lavorare, questo è determinato dal team stesso. Questo significa che la squadra deve capire quanto tempo dedicherà ai singoli compiti. Una volta che un compito è completato, possono passare al seguente. Raddoppiare i compiti o fare multitasking è sconsigliato perché questo può portare a un intasamento della colonna "In Progress".

Infine, vale la pena notare che poiché Kanban si concentra sul progresso incrementale, i cicli non saranno mai distribuiti uniformemente. Come tale, alcuni cicli possono richiedere più tempo di altri. Questo è qualcosa di cui il cliente deve essere consapevole.

Cicli di progetto

In breve, un ciclo di progetto si riferisce alla transizione di una User Story dal Backlog fino alla colonna "Completato". Il ciclo complessivo è determinato dalla User Story che passa da uno schizzo a un pezzo funzionante. Questo è quando il cliente può vedere ciò che il team ha prodotto in ogni fase del processo.

Ecco le fasi principali del ciclo:

Backlog. Le User Stories sono create dal project manager e assegnate al Backlog. A seconda della natura delle User Stories, il project manager può decidere di dare priorità ad una storia alla volta, o forse affrontare più storie simultaneamente finché il team del progetto è in grado di gestirle.

Pianificato. A questo punto, il team del progetto si riunisce per pianificare come la User Story sarà completata in termini di compiti che devono essere fatti. Il lavoro viene diviso e assegnato ai singoli membri del team. L'SDM può essere nominato a questo punto e incaricato di tenere traccia del tempo.

In corso. La User Story viene spostata in questa colonna insieme a tutte le schede che corrispondono ai compiti in corso. L'SDM deve assicurarsi che la scheda sia aggiornata costantemente man mano che i compiti vengono completati e spostati nella colonna successiva. Va notato che tutto ciò su cui si sta ancora lavorando è in corso.

Sviluppato. Il compito finito è considerato sviluppato quando non c'è bisogno di ulteriore lavoro su di esso. Poi, la scheda viene spostata in questa colonna mentre il compito aspetta di essere testato.

Testato. Generalmente, c'è un team di test che è assegnato a questo compito. Il team di test dovrebbe testare solo tanti compiti quanti ne ha la capacità. Spesso, non possono testare più compiti alla volta; questo significa che potrebbero aver bisogno di testare un compito alla volta. Una volta che i compiti sono stati testati e passano i criteri, la scheda può essere spostata in questa colonna. Quando tutti i compiti sono stati testati, e la User Story completa è stata testata, la scheda della User Story può essere spostata nella colonna "Tested".

Completato. Infine, una volta che tutti i test sono stati completati e il cliente ha dato il via libera, la storia utente può essere spostata nella colonna "completato". Anche i singoli compiti che sono stati sviluppati, testati e approvati vanno in questa colonna.

Costruire una squadra lean

Indipendentemente dal fatto che si lavori in una startup o che si lavori alla costruzione di un progetto interno in un'organizzazione consolidata, l'approccio lean team massimizzerà l'efficienza e i risultati in tempi incerti. Detto questo, è difficile assemblare un gruppo che possa eseguire questa visione. Questo processo viene anche con le sfide di routine e le domande che sono uniche per la metodologia. Ora, guarda i sette passi che puoi usare per costruire un team Lean.

Iniziare in piccolo

Amazon segue l'approccio del "team di due pizze". In questo approccio, bisogna sempre iniziare con un piccolo team se si vuole lavorare allo sviluppo di nuovi metodi. Si dovrebbe mirare a sviluppare una squadra che si può nutrire facilmente con solo due pizze. Quando si ha un team più piccolo, si vedrà che i membri legano più velocemente, il che migliorerà la comunicazione all'interno del team. Un piccolo team assicura anche che una decisione venga presa rapidamente e che nuovi metodi possano essere testati più velocemente. C'è anche una migliore responsabilità poiché ogni membro del team è consapevole di ciò che deve fare.

Rendere il team interfunzionale

Sì, ci sono poche persone nella squadra. Questo non significa che non si capitalizzino le loro capacità. Ogni lean team dovrebbe essere interfunzionale, il che significa che i diversi membri del team dovrebbero mettere in evidenza una diversa abilità o capacità che rappresenterà i diversi dipartimenti dell'azienda. Nelle organizzazioni aziendali, i team hanno dipendenti dagli stessi dipartimenti, e una volta completato il loro lavoro, i risultati o l'output saranno condivisi con il dipartimento successivo. Questo è un approccio inefficiente in quanto le idee non sono condivise tra i dipartimenti, il che porterà a soluzioni inferiori alla media.

Se vuoi costruire un team interfunzionale, dovresti prima sederti e capire le esigenze del progetto. Dovete capire il progetto e identificare i diversi dipartimenti che devono essere coinvolti per fare dei progressi. Dovreste anche identificare i potenziali blocchi stradali e vedere come possono essere evitati. Eric Rise, nel suo manoscritto di cui sopra, parla di un progetto industriale. Per questo progetto, la squadra dovrebbe includere un designer di prodotto, un membro con esperienza di produzione, e il marketing o un addetto alle vendite che capisce le esigenze dei clienti. Un progetto in un settore diverso richiederà un insieme diverso di persone. Ci sono numerose combinazioni che si possono guardare, a seconda di ciò che deve essere raggiunto alla fine del progetto.

Ogni project manager o team leader deve essere consapevole di cosa sia il progetto e anche vedere se hanno bisogno di ottenere alcuni permessi dal dipartimento legale. Assicurati di identificare i diversi dipartimenti che devono essere coinvolti nel progetto all'inizio in modo da evitare qualsiasi ritardo. Puoi sempre chiedere dei volontari se hai problemi a trovare una persona di uno specifico dipartimento che si unisca al tuo team.

Mai fare troppo affidamento sui giocatori di squadra

La maggior parte dei project manager fanno l'errore di dipendere dagli stessi impiegati per assicurare che la squadra lavori insieme. Questo avrà un impatto sulla produttività e sulla soddisfazione di quei dipendenti, poiché saranno sovraccarichi. Uno studio è stato condotto dalla Harvard Business Evaluation per capire la soddisfazione dei dipendenti.

Lo studio ha concluso che i dipendenti che sono sempre molto richiesti perché sono visti come collaboratori nella loro azienda hanno i punteggi più bassi di carriera e di soddisfazione dell'impegno. Alcuni esperti dicono che è facile prevenire il sovraccarico riducendo alcune riunioni non necessarie, e far sapere agli individui che va bene per loro dire di no e lasciare che qualcun altro prenda il loro posto.

Addestrare le persone a essere team smart

È importante assicurarsi che ogni dipendente di una squadra eccella in quella squadra. Per fare questo, bisogna investire nella formazione. Le aziende fanno l'errore di concentrarsi su come aiutare un membro del team a svilupparsi professionalmente a livello individuale. Sviluppano programmi di formazione che non si concentrano sui team, ma solo sulle persone. I manager e gli impiegati non vengono mai istruiti su come possono contribuire efficacemente al team o su come costruire un team migliore. Molte aziende sono mute di squadra poiché l'intelligenza collettiva della squadra è indipendente dall'intelligenza dei membri della squadra.

Un'azienda con i dipendenti più intelligenti può comunque avere team terribili. Un articolo pubblicato nel 2010 sulla rivista Science ha dimostrato che l'intelligenza collettiva o "fattore c" è correlata alla comunicazione e all'ambiente all'interno della squadra.

Questo fattore dipende da come si svolgono le conversazioni nella squadra, dalla sensibilità sociale del gruppo e dal numero di donne nel gruppo. Questa ricerca ha anche suggerito che le squadre che non riescono a completare un compito hanno la probabilità di fallire anche tutti gli altri compiti. Tu, come project manager, puoi aumentare il fattore C nel team guidando i diversi membri del team su come lavorare insieme.

Creare un ambiente pro-rischio

Se si vogliono creare scoperte o trovare soluzioni innovative, sono necessarie idee audaci e la volontà di commettere errori. Gli individui nei team snelli dovrebbero imparare ad accogliere sia il fallimento che il rischio. È difficile creare questa mentalità nei team poiché la maggior parte delle organizzazioni segue ancora il principio "il fallimento non è un'opzione". Le dinamiche del team renderanno difficile cambiare questa mentalità poiché ogni membro del team vorrà andare sul sicuro. Nessuno vorrà mai fare la figura dello stupido di fronte ai suoi colleghi. Detto questo, potreste usare alcuni strumenti pragmatici e intuizioni psicologiche per allenare il vostro team a sentirsi coraggioso nel fallire e nel prendere rischi.

Ogni membro della squadra ha un tratto diverso, ma poiché tutti sono esseri umani, la maggior parte dei loro modelli comportamentali e psicologici sono gli stessi.

Questo può sembrarvi ovvio ora, ma la verità è che le persone spesso trascurano questa intuizione. Le aziende si concentrano solo sulla personalità, le capacità e le competenze degli individui che assumono, ma la ricerca afferma che persone con capacità diverse possono lavorare insieme e consegnare progetti in tempo se viene creato l'ambiente giusto per loro.

È importante far sapere ai vostri team che le loro decisioni non si tradurranno in una causa legale o in una perdita di milioni di dollari. Dovete aiutare i vostri team a capire cosa può essere annullato e cosa no. Un team dovrebbe avere un pulsante di inversione ad un certo punto in cui possono fare un passo indietro, accettare che non sta funzionando e provare un approccio diverso. Dovrebbero, comunque, prendere queste decisioni rapidamente. Se il team lavora sull'identificazione dei rischi reversibili, le persone non si impantaneranno perché questo ridurrà la possibilità di un gioco di colpe.

Capire i bisogni del team

Ogni membro di un team si unisce a quel team con specifiche ipotesi in mente, e lavora per cercare di capire come portare a termine il proprio lavoro. Hanno anche alcuni presupposti su come la comunicazione nella squadra dovrebbe funzionare.

Se volete assicurarvi che la vostra squadra lavori come un'unità coesa, dovete capire i diversi presupposti con cui ogni individuo sta lavorando.

Ogni membro del team cammina nella squadra con una supposizione su come ogni membro del team dovrebbe comportarsi. Se c'è un individuo che interrompe costantemente le persone, gli altri membri del team possono credere che lui o lei sia un idiota.

È per questo motivo che gli esperti raccomandano che ogni squadra sviluppi una carta di norme. Queste norme risponderanno a domande semplici come:
- Come vogliamo lavorare insieme?
- Come reagiamo in una situazione in cui non siamo d'accordo?
- Vogliamo fare delle proposte?
- Ci saranno discussioni sui compiti?
- Come si arriva a una decisione?

Quando sviluppate la carta, identificate le diverse scale che volete coprire. Assicuratevi di coprire le scale che circondano la valutazione, la programmazione, la comunicazione, il disaccordo, la fiducia, la persuasione, la decisione e la guida.

Misurare per imparare e migliorare la squadra

Indipendentemente dal fatto che si voglia costruire una nuova squadra o migliorare una squadra esistente, non si può semplicemente iniziare senza considerare la squadra e misurarla.

Le vostre misurazioni non devono essere elaborate, e possono essere semplici come valutare il sentimento attuale nella squadra. Con questo, si dovrebbe cercare di capire come le persone si sentono sullo spirito di squadra.

Si può valutare questo durante ogni riunione di squadra. Chiedete ai membri del vostro team di dare alla squadra una valutazione tra uno e cinque. Se non si sentono a loro agio nel condividere la valutazione di fronte all'intera squadra, potete chiedere loro di valutare la squadra su un pezzo di carta. Quando si ricevono le informazioni, si deve agire su di esse. Per esempio, se la maggior parte dei membri del team ha valutato lo spirito come uno, dovreste spendere del tempo per capire perché si sentono così e lavorare per sviluppare una soluzione per soddisfare il problema. Quando si fa questo, si applica la metodologia build-measure-learn lean startup al team.

I team variano da un'azienda all'altra, ma un team lean sarà efficace solo se è piccolo e i membri hanno capacità diverse. È importante che voi, come project manager, creiate delle regole di base, vi assicuriate che ogni membro contribuisca e facciate un controllo con il team per valutare come i singoli si sentono nel team e nell'ambiente. Da qui, puoi lavorare sul feedback che ricevi e migliorare i processi. Dovete ricordare che voi e il vostro team dovete lavorare per un miglioramento continuo, e questo significa che non potete mai accettare che il vostro team sia perfetto.

Kaizen Events

Evento Kaizen standard di 5 giorni

Gli eventi Kaizen standard di 5 giorni, chiamati anche Kaizen Blitzes o Rapid Improvement Events (RIE), sono attività di miglioramento mirate (PDCA) utilizzate dai team per implementare rapidamente i miglioramenti in un'area specifica. I team usano il Kaizen Event standard di 5 giorni per implementare miglioramenti significativi in un periodo di tempo relativamente breve.

Quella che segue è la lista di controllo per la determinazione rapida dell'evento Kaizen standard di 5 giorni per assicurarsi che questo sia il tipo di evento Kaizen richiesto nella tua situazione specifica. Assicurati che la maggior parte delle caratteristiche siano spuntate come Sì o Probabile nella colonna della tua situazione.

Characteristic	YES or LIKELY	Your Situation	Characteristic	YES or LIKELY	Your Situation
Large Scope (crosses departments)	✔		Management Involvement	✔	
			5S Applied	✔	
Small Scope (within the department)	✔		Training Costs a Factor	✔	
			Requires Detailed Planning Meetings	✔	
Immediate Attention Required	✔				
Process Immediately Accessible	✔		May Require Statistical Methods to Determine Root Cause	✔	
Root Cause Known					
Specific Training Required	✔		Web-based Collaboration Application Main Form of Communication		
Broad Training Required	✔				
			Team Required	✔	
Team Members Physically (Locally) Available	✔		Value Stream or Process Map Required	✔	
Meeting Times < 4 Hours			Likely Will Impact Balanced Scorecard or Performance Dashboard Metric	✔	
Process Change (PDCAs) Continuously Applied Over a Few Days	✔		Team Charter Required	✔	

Un evento Kaizen standard di 5 giorni di successo deve presentare le seguenti condizioni:

- Processo o area disponibile durante il periodo di tempo.
- Buona comunicazione con tutte le persone coinvolte.
- Quasi tutti i membri del team sono locali e disponibili.
- Saranno disponibili risorse come tempo, formazione, altri dipartimenti per il supporto, ecc.
- La direzione si è impegnata e si è impegnata nel progetto.
- Le idee dei dipendenti dell'area di processo sono considerate (dato che solo alcuni saranno nel team).
- Tutti i dipendenti sono trattati con dignità e rispetto.

L'evento Kaizen standard di 5 giorni era molto popolare negli anni 90 quando il Lean (cioè il sistema di produzione Toyota) è diventato una piattaforma di miglioramento diffusa (fuori dal Giappone). La produzione stava implementando un cambiamento significativo nei loro impianti di produzione riducendo le scorte e consolidando lo spazio a terra attraverso l'implementazione degli strumenti Lean di layout delle celle, flusso continuo e Kanban, controlli visivi, ecc. Questo richiedeva un importante cambiamento fisico che richiedeva uno sforzo strettamente controllato e concentrato in un periodo di tempo relativamente breve. Inoltre, la direzione voleva dimostrare un impegno al miglioramento continuo dedicando risorse e persone. L'evento Kaizen standard di 5 giorni era una piattaforma perfetta per farlo. Tuttavia, questo non è il caso oggi; quindi, l'evento Kaizen "standard" si è evoluto in questi altri tipi di eventi Kaizen per soddisfare la domanda odierna di miglioramento continuo. L'evento Kaizen standard di 5 giorni è ancora considerato uno strumento prezioso per quelle organizzazioni che richiedono un cambiamento significativo in un breve periodo di tempo.

Passi e forme

I seguenti passi e moduli dovrebbero essere usati come guida per personalizzare un Evento Kaizen standard di 5 giorni per adattarlo ai requisiti della tua organizzazione. Ci sono molte variabili da considerare, alcune delle quali sono:

- Numero di dipendenti che fanno parte del team del progetto e dei dipendenti dell'area di processo che richiedono una formazione in Lean e/o Six Sigma (che può richiedere due livelli di formazione)
- Numero di specialisti del miglioramento continuo, Black Belt o Lean Sensei disponibili per il supporto nella formazione e/o nella facilitazione di progetti di miglioramento
- La capacità dei manager o dei supervisori di condurre progetti di miglioramento continuo - possono essere grandi come leader di reparto, ma mancano delle abilità di facilitazione per coinvolgere efficacemente i dipendenti
- Disponibilità di tempo da dedicare a un evento Kaizen
- Come il management rimarrà coinvolto nel progetto, specialmente durante l'evento Kaizen standard di 5 giorni
- Disponibilità dei membri del team
- Complessità del progetto
- Come affrontare le precedenti esperienze negative con i progetti di squadra
- Come gestire efficacemente il cambiamento
- Altre esigenze del dipartimento

Evento Kaizen itinerante

I Rolling Kaizen Event sono attività di miglioramento mirate (PDCA) utilizzate dai team per implementare miglioramenti o risolvere un problema in un'area specifica che può essere raggiunta solo in-frequenza e/o le risorse non sono disponibili per un uso immediato; pertanto, le risorse e i miglioramenti devono essere allocati nel tempo. Il Rolling Kaizen Event può iniziare con una riunione di 2 - 4 ore, e poi incontrarsi settimanalmente per 1 - 2 ore durante il corso del Kaizen Event (tipicamente tre mesi).

La seguente è la lista di controllo per la determinazione rapida del Rolling Kaizen Event per assicurarsi che questo sia il tipo di Kaizen Event richiesto, data la tua situazione specifica. Assicurati che la maggior parte delle caratteristiche siano spuntate come Sì o Probabile nella colonna della tua situazione.

Characteristic	YES or LIKELY	Your Situation	Characteristic	YES or LIKELY	Your Situation
Large Scope (crosses departments)	✔		Management Involvement	✔	
			5S Applied	✔	
Small Scope (within the department)	✔		Training Costs a Factor	✔	
			Requires Detailed Planning Meetings	✔	
Immediate Attention Required					
Process Immediately Accessible			May Require Statistical Methods to Determine Root Cause	✔	
Root Cause May Be Known					
Specific Training Required	✔		Web-based Collaboration Application Main Form of Communication		
Broad Training Required	✔				
			Team Required	✔	
Team Members Physically (Locally) Available	✔		Value Stream or Process Map Required	✔	
Meeting Times < 4 Hours	✔		Will Impact Balanced Scorecard or Performance Dashboard Metric	✔	
Process Change (PDCAs) Continuously Applied Over a Few Days			Team Charter Required	✔	

Un Rolling Kaizen Event di successo deve avere le seguenti condizioni:

- Processo o area disponibile solo per brevi periodi di tempo.
- Buona comunicazione con tutte le persone coinvolte.
- Membri del team disponibili per periodi di tempo limitati (in genere 1 - 2 ore a settimana).
- Il concetto Just-In-Time utilizzato per tutte le attività.
- La direzione si è impegnata e si è impegnata nel progetto.
- Le idee dei dipendenti dell'area di processo sono considerate (dato che solo alcuni saranno nel team).
- Tutti i dipendenti sono trattati con dignità e rispetto.

Il Rolling Kaizen Event può essere pensato come il One-Minute Manager per le riunioni sotto steroidi. A questo proposito, il team deve guardare tutto (cioè, riunioni, attività di miglioramento, raccolta di dati, creazione di rapporti, ecc. Questi "buchi" di tempo o "standard di riunione e attività" saranno determinati dal team o dal team leader, dal process owner, dal facilitatore e/o dalla Cintura Nera, dal Lean Sensei o dallo Specialista del Miglioramento Continuo all'inizio dell'Evento. In genere, questi gruppi saranno di 1, 2 o 4 ore. (Oppure, se i membri del team sono esperti nei concetti Lean Sigma, e questo non è il loro primo progetto di miglioramento con questi strumenti, allora le fasce di tempo possono essere di 15 o 30 minuti). Indipendentemente dal tipo o dalla quantità di intervalli di tempo usati, il punto chiave è pensare a tutte le attività in fette di tempo. Così facendo, si creerà una buona base per le riunioni successive. Per questo tipo di evento Kaizen, tutte le attività per ciascuna delle fasi dovrebbero avere delle fette di tempo ben definite.

Tutti i tipi di eventi Kaizen richiedono la creazione di un programma (buchi di tempo) per la formazione, il brainstorming, i miglioramenti pilota, ecc. Tuttavia, per il Rolling Kaizen Event c'è una rinnovata attenzione ad usare succintamente il concetto Just-In-Time per tutte le attività. Per esempio, molte volte durante un Evento Kaizen standard di 5 giorni, tutti gli strumenti Lean (e Six Sigma) possono essere brevemente valutati così come attività aggiuntive come simulazioni, rapporti giornalieri, esercizi di teaming, ecc.

Attività come questa probabilmente non faranno parte del Rolling Kaizen Event, o se lo sono, esisteranno in una versione condensata. Pertanto, categorizzare il maggior numero possibile di attività in queste fasce orarie farà sì che il Rolling Kaizen Event abbia successo.

Se il team ha deciso di usare secchielli da 1 ora e un'attività di miglioramento richiede 4 ore, allora questo comporterebbe 4 secchielli. Organizzare e condurre un Kaizen Event in questo modo permette al team di iniziare a pensare in tempi "standard" per massimizzare tutte le risorse. Ogni fase di questo Kaizen Event fornirà tempi suggeriti per le varie attività richieste. Tuttavia, più esperienza ha il proprietario del processo, il team leader, il Lean Sensei, la Cintura Nera, ecc. con queste attività, e più facile sarà "dimensionare bene" i buchi di tempo.

Come per ogni evento Kaizen, rimanere nei tempi è cruciale, ma ancora di più per il Rolling Kaizen a causa delle "finestre" di tempo più brevi che il team ha per condurre il suo lavoro, così come la frequenza delle riunioni del team.

Le scadenze dovrebbero essere redatte per le attività della riunione e rispettate dalla squadra. I tempi dovrebbero essere specificamente programmati per ogni attività, e la sequenza degli eventi della riunione dovrebbe essere pianificata prima della riunione e inserita nell'ordine del giorno della riunione per rendere la squadra responsabile del mantenimento della linea temporale.

Nessuna riunione dovrebbe essere condotta senza un ordine del giorno scritto. In definitiva, è responsabilità del team leader assicurare che tutte le attività che devono essere fatte siano completate in modo tempestivo, ma il team leader dovrebbe anche sollecitare l'aiuto del team a questo proposito. Assegnare ruoli come cronometrista e scriba ai membri della squadra aiuterà a mantenere le riunioni fluide.

Come per ogni riunione, una certa flessibilità deve essere incorporata nel programma. Meno esperto è il team, in particolare il team leader e/o il facilitatore, maggiore è la quantità di flessibilità che dovrebbe essere considerata nel tempo che il team impiegherà per portare a termine i suoi compiti necessari. Inizialmente, il team leader dovrebbe cercare di determinare quanto tempo richiederà ogni attività e preparare il programma per circa la metà o tre quarti del tempo di riunione assegnato, il che permetterà un po' di "lasco" per compensare eventi inaspettati e attività che richiedono più tempo del previsto. Man mano che la squadra cresce nella sua conoscenza ed esperienza, il team leader sarà gradualmente in grado di programmare accuratamente circa il novanta per cento del tempo della squadra (lasciando sempre una certa flessibilità per eventi imprevisti e discussioni necessarie). Alla fine di ogni riunione, il leader dovrebbe valutare i progressi con la squadra e assegnare i punti d'azione specifici ai membri della squadra o a piccoli sottogruppi della squadra (denominati sottogruppi). Gli elementi dell'azione dovrebbero essere completati prima della successiva riunione programmata dell'evento Kaizen.

Una delle differenze chiave nel Rolling Kaizen Event rispetto al Kaizen Event standard di 5 giorni è che i cambiamenti di processo (PDCA) avvengono in un periodo di tempo più lungo (per il Rolling Kaizen Event), non l'80% del cambiamento di processo (o pilota) che avviene in un periodo di tempo di 3-5 giorni come nel Kaizen Event standard di 5 giorni. Il Rolling Kaizen Event sta diventando il tipo più comune di Kaizen Event per le organizzazioni di oggi a causa dei vincoli di tempo per la maggior parte dei dipendenti. Molte delle attività comprese in questo tipo di Evento saranno assegnate a gruppi di 1 - 2 membri del team (sub-team) per essere completate tra le riunioni. Questo tipo di Evento Kaizen va oltre il semplice utilizzo di un programma dettagliato di gestione del progetto per i seguenti motivi:

- Gli strumenti Lean e/o Six Sigma sono compresi e utilizzati secondo necessità
- La formazione è condotta secondo necessità
- Le idee dei membri del team e dei dipendenti dell'area di processo sono parte dell'approccio Lean al miglioramento continuo e vengono coinvolte come necessario
- La direzione è coinvolta
- Durata del progetto limitata a circa tre mesi
- Passi e forme

- I seguenti passi e moduli dovrebbero essere usati come guida per personalizzare un Rolling Kaizen Event per soddisfare i requisiti della tua organizzazione. Ci sono molte variabili da considerare, alcune delle quali sono:
- Numero di dipendenti con esperienza di Lean e Six Sigma o di problem-solving
- Causa sconosciuta
- Principi di gestione del cambiamento applicati
- Disponibilità del processo (il processo non è immediatamente disponibile per il cambiamento del processo)
- Disponibilità dei membri del team
- Complessità del progetto
- Come affrontare le esperienze negative passate con i progetti di squadra
- Come gestire efficacemente il cambiamento
- Altre esigenze del dipartimento

Evento Kaizen basato sul web

Panoramica

Gli eventi Kaizen basati sul web sono iniziative di miglioramento mirate con i membri del team che utilizzano le tecnologie emergenti per pianificare, implementare e sostenere i miglioramenti o risolvere un problema nel tempo. Il Web-Based Kaizen Event può iniziare con un incontro di 2 - 4 ore tramite una piattaforma di Web conferencing e/o di tecnologie emergenti, per poi continuare a incontrarsi settimanalmente online per 1 - 2 ore durante il corso del Kaizen Event (in genere tre mesi).

Quella che segue è la lista di controllo per la determinazione rapida dell'evento basato sul web per assicurarsi che questo sia il tipo di evento Kaizen richiesto dalla tua situazione specifica. Assicurati che la maggior parte delle caratteristiche siano spuntate come Sì o Probabile nella colonna La tua situazione.

Web Based Kaizen Event Quick Determination Checklist					
Characteristic	YES or LIKELY	Your Situation	Characteristic	YES or LIKELY	Your Situation
Large Scope (crosses departments)	✔		Management Involvement	✔	
			5S Applied	✔	
Small Scope (within the department)	✔		Training Costs a Factor	✔	
			Requires Detailed Planning Meetings	✔	
Immediate Attention Required	✔				
Process Immediately Accessible	✔		May Require Statistical Methods to Determine Root Cause	✔	
Root Cause May Be Known					
Specific Training Required	✔		Web-based Collaboration Application Main Form of Communication	✔	
Broad Training Required					
			Team Required	✔	
Team Members Physically (Locally) Available			Value Stream or Process Map Required	✔	
Meeting Times < 4 Hours	✔		Will Impact Balanced Scorecard or Performance Dashboard Metric	✔	
Process Change (PDCAs) Continuously Applied Over a Few Days					
			Team Charter Required	✔	

Un evento Kaizen basato sul web di successo deve avere le seguenti condizioni:

- I membri del team hanno accesso a strumenti di web conferencing

- Team leader o facilitatore abile negli strumenti di Web conferencing e/o in altre tecnologie emergenti
- Buoni standard di comunicazione per tutte le persone coinvolte
- Membri del team disponibili per periodi di tempo limitati (in genere 1 - 2 ore settimanali)
- Il concetto Just-In-Time per la formazione, le riunioni, ecc.
- La direzione si è impegnata e si è impegnata nel progetto
- Le idee dei dipendenti dell'area di processo sono considerate (dato che solo alcuni saranno nel team)
- Tutti i dipendenti sono trattati con dignità e rispetto

Scala Six Sigma

Cos'è la Scala Sigma?

Come avete visto nel manoscritto precedente, la scala Sigma è uno strumento inestimabile con cui potete vedere e valutare i progressi della vostra azienda e i difetti che la vostra azienda sta creando. Questa scala vi permette di quantificare effettivamente il rendimento della vostra squadra in modo da poter apportare i cambiamenti vitali necessari alla vostra attività che vi permetteranno di superare tutti i vostri precedenti numeri e qualità.

Ora, come già detto, Sigma è conosciuto come un termine statistico che è usato per rappresentare una deviazione standard o la misura di una variazione in un set di dati. Quando la vostra azienda e il vostro team possono raggiungere un punteggio più alto su questa scala, scoprirete che significa che state producendo un prodotto di qualità superiore.

Ovviamente, nessun business vuole essere conosciuto per produrre cose che sono efficaci solo il 60% delle volte, ma è meglio della metà ed è un punto di partenza! Questa scala vi aiuterà a modificare quel numero.

Va notato che se un'azienda può produrre in modo affidabile solo il 31% di difetti, allora quell'azienda si classifica a Due Sigma per i difetti. La Scala Sigma misura il numero complessivo di opportunità su una scala di milioni, poi analizza i difetti ad un tasso di uno per milione.

Questo significa che se si dovesse produrre un milione di qualcosa, o se si dovesse passare attraverso un processo specifico all'interno della propria azienda un milione di volte, ci si potrebbe aspettare un numero specifico di difetti. La tabella qui sotto illustra la scala con la percentuale di difetti, i difetti per milione e la scala Sigma:

La scala Sigma

Livello Sigma	Difetti per milione di opportunità	Percentuale difetti
1	691,462	69%
2	308,538	31%
3	66,807	6.7%
4	6,210	0.62%
5	233	0.023%
6	3.4	0.00034%

Come potete vedere, Six Sigma è il miglior punteggio su questa scala. 3,4 Difetti per milione di opportunità significa che la vostra azienda sta producendo uno spreco incredibilmente basso dello 0,00034%!

Difetti per milione di opportunità (DPMO)
Il termine "difetto" non è necessariamente di stretta

definizione.

Si può scomporre per indicare qualsiasi deviazione dall'ideale e non si applica solo alla produzione su una linea di produzione, per esempio. Può significare qualsiasi cosa, dall'archiviazione alle auto lavate, se è qualcosa che si vuole tracciare.

Un difetto di archiviazione potrebbe significare che è stato archiviato in ritardo, che l'oggetto è stato collocato in modo errato, o che l'oggetto non poteva essere localizzato quando era necessario. Potrebbe significare che qualcuno ha graffiato un'auto, qualcuno ha dimenticato di passare l'aspirapolvere sul tappetino del lato passeggero posteriore. Come si può dire, è una definizione abbastanza libera. Tuttavia, indica qualsiasi tipo di variazione di cui i vostri clienti potrebbero e dovrebbero occuparsi.

Ora, perché dovrebbe essere utile? Se siete in grado di tracciare le aree da cui ricevete più difetti, potete escogitare modi per evitare che questi difetti saltino fuori davanti ai vostri clienti più importanti o sensibili. Qualsiasi variazione, qualsiasi difetto può far sì che un cliente chieda una qualche forma di concessione a voi o alla vostra azienda come risarcimento per un servizio inferiore alla media. Questo si traduce in una perdita per l'azienda.

Quando un'azienda valuta per la prima volta le proprie perdite, cerca le cose che devono dare ai propri clienti come "omaggi", e cerca le cose che devono rifare per sistemare le cose dopo aver fallito nel produrre un risultato ideale e soddisfacente in primo luogo.

Se il vostro business trova, dopo la prima valutazione, che è da qualche parte tra tre e quattro Sigma (che è circa la media), che il vostro business sto assorbendo 67.000 unità di perdita in ogni milione che viene fatto. Sono 67.000 unità che la vostra azienda deve ora pagare.

Pensate se la vostra azienda può pagare o meno 67.000 unità in questo momento in un'unica soluzione. Se questo pensiero vi mette a disagio, allora dovreste rendervi conto che pagherete comunque quella somma nel tempo. Questo è il tipo di perdita che si accumula nel tempo ed è il tipo di perdita che può insinuarsi nel vostro business e impedirgli di crescere, o peggio.

Suggerimenti per far funzionare Six Sigma per te

Six Sigma, specialmente quando lo combiniamo insieme a Lean, è qualcosa che può fare molto per il nostro business. È un metodo che serve a ridurre la maggior parte, se non tutti, gli sprechi che un'azienda può produrre. Quando ciò accade, possiamo davvero fornire prodotti e servizi migliori ai nostri clienti, aumentando al contempo la quantità di denaro che introduciamo ogni mese. Tuttavia, ci sono delle volte in cui si sente parlare di questa opzione, ma si è ancora un po' confusi dai passi e da ciò che tutto ciò comporta.

La buona notizia è che ci sono molti consigli e trucchi che si possono seguire per assicurarsi di ottenere il massimo dal Lean Six Sigma. Si tratta di un processo che richiede tempo e risorse, e non volete sprecarli sperando di farlo bene e scoprendo alla fine che avete fatto qualcosa di sbagliato. Ecco perché in questa parte dedicheremo un po' di tempo a esaminare i migliori suggerimenti e trucchi che è possibile utilizzare per rendere il Lean Six Sigma il più sicuro ed efficace possibile.

Il primo passo è qualcosa di cui abbiamo parlato un po' prima, ma abbiamo ancora bisogno di portarlo un po' più in alto per essere sicuri di capire cosa sta succedendo con questo. Dobbiamo assicurarci di avere la giusta quantità di impegno da parte della leadership per vedere i risultati. Assicurarsi che tutte le persone al vertice dell'azienda siano impegnate a lavorare attraverso tutto questo. Queste stesse persone devono anche essere convinte di tutti i benefici di Six Sigma e del perché vorrebbero andare con questo metodo rispetto ad altre opzioni, in primo luogo.

Insieme ad alcune delle opzioni di cui abbiamo appena parlato, il vostro comitato direttivo deve essere formato fin dall'inizio. Questo viene fatto per garantire che:

Gli obiettivi dell'azienda si allineeranno ancora bene con alcuni dei progetti che si possono fare con Six Sigma.

Le risorse di cui hai bisogno sono tutte pianificate e già tieni conto dei blocchi stradali e li sposti dalla strada.

L'unica persona deve essere lì per aiutare a condurli tutti, anche se non gli è permesso di sedersi lì e abbaiare ordini mentre non aiuta gli altri durante questo. È necessario scegliere una cintura nera per fare questo e si dovrebbe scegliere qualcuno che farà il miglior lavoro con tutto questo.

Sulla stessa linea qui, dobbiamo assicurarci che tutti i leader dei nostri progetti siano formati bene. devono essere i Six Sigma Champions al minimo, che sarà un altro livello sopra le cinture nere master ed è riservato ai manager che lavorano anche con questo processo. Questa è una sessione di formazione che durerà due giorni e può aiutare i dirigenti del vostro team a imparare come guidare e gestire alcuni dei loro gruppi in Lean Six Sigma.

Ci deve essere anche qualcuno che sarà in grado di addestrare tutte le altre cinture che gireranno nella vostra azienda. E devi scegliere la persona giusta che sarà in grado di gestire questo e farlo bene. Ci sono un sacco di programmi là fuori che promettono che possono fare il miglior lavoro e vi forniranno alcune buone opzioni. Ma la maggior parte di loro non sono così importanti e non sono così buoni, ma puoi comunque trovarne alcuni buoni se fai qualche ricerca. Dovete scegliere la persona giusta, o le opzioni giuste, che vi renderanno più facile andare avanti e formare davvero tutti i vostri dipendenti su come lavorare con Six Sigma.

Mentre stiamo esaminando e scegliendo il programma con cui vogliamo che i nostri dipendenti lavorino, dobbiamo controllare quale dovrebbe essere il ritorno dell'investimento formativo. Se vedete un programma ed è meno di 20 volte l'investimento di formazione per il vostro ritorno, allora questo è solo uno spreco dei vostri soldi. Oppure è un segno che state scegliendo il progetto sbagliato su cui spendere il vostro tempo. Un buon modo per assicurarsi che questo nuovo movimento Six Sigma vada avanti e che abbia successo è quello di iniziare a livello di negozio, e non solo con la direzione. Ci sono troppe volte in cui la direzione è quella che decide tutto. E spesso

questo viene fatto senza la discussione o l'input di coloro che lavorano in negozio. Questo è davvero difficile e può far sentire le persone come se non fossero così importanti. *Quanto ti sentiresti bene se ti dicessero solo cosa fare senza alcun aiuto lungo la strada e senza che nessuno chieda la tua opinione?*
Questo è il motivo per cui è una buona idea iniziare a farlo fin dal livello del negozio. Non si vuole avere solo qualche cintura verde o qualche cintura nera che faccia tutto il lavoro durante questo. È necessario dedicare del tempo alla formazione dei supervisori o degli operatori necessari in officina, in modo che siano in grado di lavorare con tutte le tecniche che vengono con Six Sigma. Si può usare il programma della cintura bianca per aiutarli a farlo senza che debbano perdere molto tempo ad imparare le parti che non riguardano il loro lavoro.
Fare questo è ottimo per la vostra azienda, però, perché li aiuterà a sentirsi come se possedessero un po' del processo e come se fossero in grado di fare anche alcuni dei miglioramenti. Potete anche premiare alcuni dei membri del team e dei leader che decidono di ottenere questa certificazione per incoraggiarli a vedere di cosa si tratta e perché è una cosa così buona su cui lavorare.
Lungo la strada, dobbiamo considerare un nuovo processo di mentoring con il quale siamo in grado di lavorare. Questo aiuterà a fare in modo che chiunque stia lavorando su questo processo, e voglia saperne di più, avrà la giusta guida per far sì che tutto ciò accada. Inoltre, assicurarsi che ci siano alcune

opzioni per le correzioni di rotta su base regolare e che tutti i progetti che vengono decisi e impostati saranno fatti in tempo mentre andiamo.

Alcune aziende hanno scoperto che quando implementano il processo Six Sigma, avere una convalida finanziaria a questo progetto aiuterà ad aumentare le loro possibilità di successo mentre vanno avanti. Ci deve essere un qualche tipo di leader finanziario sul posto, qualcuno che sia in grado di firmare su quanto costerà il progetto e come entrerà e farà risparmiare all'azienda altri soldi. Questo è qualcosa che deve essere implementato durante la fase di controllo per assicurarsi che la spesa su qualsiasi progetto non sfugga di mano.

Un grande errore che alcune aziende faranno qui è che useranno Six Sigma, ma lo classificheranno nel modo sbagliato. Per esempio, possono decidere di farne il lavoro del manager della qualità. Il manager della qualità entra in gioco con un ruolo distinto per ottenere le cose fatte, e non sono davvero lì per aiutare a gestire tutti i processi che vengono con Six Sigma, almeno non tutti da soli. I progetti funzioneranno molto meglio quando ci si assicurerà di avere la squadra giusta, e che abbia la giusta formazione, in modo che possa gestire il progetto e farlo funzionare bene.

Creare un obiettivo che si condivide con tutti nel team. Una volta che avete deciso che è il momento di implementare il processo di Six Sigma, la seguente cosa che dovreste fare è assicurarvi che chiunque altro sia qualificato nel vostro team sia consapevole dell'obiettivo e che tutti siano sulla stessa pagina. Questo obiettivo comune non è qualcosa che deve essere così complicato, ma è necessario mostrarlo attraverso una direttiva esecutiva, e bisogna assicurarsi che sia un obiettivo che tutti i dipendenti, non importa i loro livelli, devono seguire. L'obiettivo è quello di ridurre una parte della variabilità in modo da poter ridurre gli sprechi.

Parte del lavoro con Six Sigma e Lean è che bisogna prendere del tempo per aggiungere la standardizzazione in tutto questo. Qualsiasi metodologia che si implementa durante questo processo deve includere una certa standardizzazione per funzionare. Per essere sicuri di avere successo fin dall'inizio, è necessario avere un approccio definito e standard il più possibile. Se si dimentica questa parte, allora ci sono molte persone che possono essere nella stessa squadra, ma passeranno molto tempo a ridefinirlo e a cercare di fare dei cambiamenti.

La standardizzazione è qualcosa che sembra togliere la creatività e parte del divertimento che può venire con un processo.

Questa non deve essere la verità, però. Questo stabilisce solo alcune etichette e idee chiaramente definite su come ottenere il lavoro fatto che tutti nella squadra devono seguire per essere sicuri di ottenere dei buoni risultati nel processo.

Finché la squadra rimane all'interno di queste standardizzazioni, sarà ancora in grado di incoraggiarla a provare qualcosa di nuovo e ad essere creativa.

Ricordate qui che la standardizzazione è il processo che dobbiamo usare per permettere alle persone che sono nella stessa squadra di concentrarsi sulla riduzione della deviazione standard nei progetti con cui lavorano, piuttosto che dover pensare a come fare il metodo e scegliere quale vorrebbero usare per essere il più efficiente possibile. Questa standardizzazione può richiedere più tempo all'inizio, poiché tutti devono imparare come far funzionare questo metodo. Ma con il passare del tempo, farà in modo che tutti gli impiegati e i manager abbiano un approccio comune. E man mano che impariamo a lavorare con questo e i passi che dobbiamo fare, può aiutare a ridurre il tempo di esecuzione in poco tempo.

Poi è il momento di tracciare il piano con cui si vuole lavorare per Six Sigma. Ogni piano che si fa è focalizzato per tutto il tempo e manterrà le cose in tempo. Per fare questo, dovete assicurarvi che il piano sia mappato bene. Potete anche assicurarvi che tutti i diversi team che vorreste per tutti i progetti siano ordinati e sappiano cosa devono fare per ogni parte del processo. E poi puoi programmare tutti i passi del processo.

Kanban combinato con la produzione lean

Nel mondo dell'Agile, il Lean Manufacturing è uno degli approcci più rilevanti messi in atto dalle aziende. Capire il Lean Manufacturing significa capire come un'organizzazione può essenzialmente continuare a fare quello che sta facendo, ma con meno sprechi e più efficienza. Il problema di fondo qui è il tempo. Idealmente, le organizzazioni dovrebbero cercare di migliorare la loro efficienza complessiva in termini di risorse utilizzate. Ma la verità è che la risorsa più preziosa che qualsiasi organizzazione può vantare è il tempo. Risparmiare tempo non solo fa risparmiare denaro, ma permette anche all'azienda di continuare a espandere la sua produzione.

Come tale, il Lean Manufacturing è tutto incentrato sul vedere dove l'organizzazione può essere più efficiente. Va notato che l'efficienza secondo questo concetto è più sul lavorare in modo più intelligente e non necessariamente più duro. Esemplifichiamo questo concetto nel modo seguente:

Un'azienda sta cercando di espandere le sue operazioni. Ha stabilito che vuole migliorare il suo volume di produzione.

Attualmente, l'azienda sta lavorando su due turni a tempo pieno. Quindi, ci sono due opzioni sul tavolo. La prima è quella di aggiungere un terzo turno e tutti i costi associati che ne derivano, principalmente l'ammortamento dei macchinari e l'aumento del costo del lavoro.

La seconda opzione è quella di migliorare l'efficienza di entrambi i turni attuali, riducendo il tempo complessivo necessario per produrre la stessa quantità.

È qui che l'azienda ha deciso di abbracciare il Lean Manufacturing. In breve, l'azienda ha deciso che migliorerà l'efficienza di entrambi i turni attuali ridisegnando i processi, facendo aggiornamenti ai macchinari e al software, permettendo ai lavoratori di determinare quali aree di miglioramento potrebbero essere fatte.

Tutto sommato, l'azienda è stata in grado di ridurre di un'ora il tempo necessario per produrre la stessa quantità. Questo significava che l'azienda ora aveva un'ora produttiva in più, per così dire. Tutto ciò risiedeva nei fondamenti del Lean Manufacturing e del Kanban. L'azienda è passata da una struttura organizzativa centralizzata ad una in cui le singole squadre potevano lavorare in modo collaborativo. Inoltre, hanno migliorato la comunicazione permettendo la valutazione in tempo reale del flusso di lavoro. Per esempio, se una parte del processo si blocca a causa di un problema imprevisto, i membri di altri processi possono andare a supportarli fino a quando il problema non è stato risolto. Poi, ognuno poteva tornare al suo posto originale.

Il principio alla base di questo approccio è quello di allocare le risorse nelle aree che sono necessarie quando sono necessarie. Di conseguenza, i singoli team sono in grado di autoregolarsi e sostenersi a vicenda quando ce n'è bisogno.

I cinque principi fondamentali della produzione lean

Il Lean Manufacturing è sostenuto dal concetto di "kaizen". Kaizen è un altro termine giapponese che significa "miglioramento costante". Quando le organizzazioni operano all'insegna del Kaizen, non sono mai soddisfatte del modo in cui le cose vengono fatte. Questo significa che c'è sempre un modo migliore e più efficiente di fare le cose. Quindi, non importa quanto sia buono qualcosa, si può sempre migliorare.

Ecco perché il Lean Manufacturing si basa sul presupposto che il processo può sempre passare attraverso qualche tipo di trasformazione che può permettere all'organizzazione di ridurre gli sprechi e migliorare i suoi livelli di produzione complessivi senza dover sacrificare la qualità. L'impatto complessivo che questo ha sulla linea di fondo significa che le organizzazioni non solo possono produrre ad un costo inferiore, ma anche aumentare la redditività.

Quindi, diamo un'occhiata ai cinque principi fondamentali della Lean Manufacturing.

Il valore visto dal cliente

Troppo spesso le aziende si fanno prendere dall'arroganza personale. Questo significa che le aziende pensano di sapere cosa vogliono i loro clienti. In verità, alcune aziende si vantano di conoscere i loro clienti così bene che non hanno nemmeno bisogno di chiedere loro cosa vogliono.

Inutile dire che questo è un errore enorme.

Quando un'organizzazione si prende il tempo per capire cosa rappresenta il valore per i suoi clienti, si sforza di produrre il valore che i clienti cercano di ricavare dai prodotti e servizi che producono.

Per esempio, un'azienda che produce bevande dovrebbe essere incline a considerare ciò che i clienti vogliono in termini di sapore e caratteristiche nutrizionali, invece di presumere ciò che i loro clienti stanno cercando. Alla fine, quando un'azienda guarda i suoi prodotti dal punto di vista di ciò che il cliente vuole, sarà in grado di smettere di produrre caratteristiche e articoli non necessari, concentrandosi su ciò che effettivamente vende.

Mappatura del flusso di valore

In generale, i processi di produzione partono da un seme, cioè le materie prime che devono essere trasformate nel prodotto finito che viene consegnato ai clienti. Di conseguenza, le aziende devono capire dove si aggiunge valore durante tutto il processo di produzione. Se un'azienda non riesce a identificarlo chiaramente, allora c'è un rischio maggiore di sprechi durante il ciclo di vita del prodotto.

E mentre la maggior parte delle organizzazioni hanno questo processo correttamente tracciato, è importante aggiornarlo il più possibile e con il maggior numero di dettagli. Questo non solo assicura che le metriche coerenti supportino le informazioni contenute nel processo stesso, ma anche che le decisioni siano prese su criteri oggettivi piuttosto che su supposizioni.

Inoltre, un flusso di valore chiaramente mappato può aiutare un'organizzazione a determinare dove si trovano le porzioni più critiche del processo. Questo permetterà all'organizzazione di capire dove possono trovarsi i colli di bottiglia e affrontarli di conseguenza.

Gestione del flusso di lavoro

Questo aspetto del Lean Manufacturing riguarda la riduzione della potenziale interruzione del processo di produzione. Ciò implica che si deve fare di tutto per assicurare che tutte le barriere siano eliminate durante il processo. Non si tratta di sfruttare i lavoratori, ma di eliminare le barriere che potrebbero potenzialmente ostacolare il libero flusso della produzione. Per esempio, l'automazione dei compiti manuali è uno dei modi più comuni in cui i tempi di consegna possono essere migliorati. Inoltre, l'intelligenza artificiale (AI) è diventata sempre più prevalente nei compiti ripetitivi, permettendo così al lavoro umano di occuparsi di compiti più complessi che l'AI non è ancora in grado di sostenere.

Pensateci in questo modo: se aveste la possibilità di scegliere tra usare una macchina da scrivere o un computer, avrebbe senso usare una macchina da scrivere? Usando uno strumento automatizzato come il computer, non ci sarebbe motivo di insistere nell'usare un computer, cioè, a meno che non si sappia come usarlo.

Tuttavia, il punto principale della gestione del flusso di lavoro non è quello di automatizzare per il gusto di ridurre la forza lavoro; si tratta di trovare qualsiasi, e tutti, i mezzi disponibili che possono facilitare il processo permettendo così al lavoro umano di gestire compiti veramente complessi in cui i robot e l'IA non sono in grado di eseguire adeguatamente.

Tirare piuttosto che spingere

I sistemi tradizionali di pianificazione della produzione sono basati su un sistema "push". Con "push" intendiamo che la produzione è prevista sulla base di supposizioni, modellazione e altri tipi di strumenti statistici. Il problema con questo tipo di sistema è che non c'è garanzia che le stime siano accurate, dato che c'è un numero qualsiasi di variabili che possono entrare in gioco.

Ecco perché un sistema pull è più efficace, in quanto significa produrre in base alle esigenze reali. Naturalmente, questo significa che la produzione deve essere in grado di soddisfare le esigenze dei clienti nel modo più efficiente possibile. Questo è il motivo per cui il Kanban è utilizzato nella produzione in cui i fornitori seguono un approccio "just in time".

Il più grande vantaggio di utilizzare un sistema pull è che non c'è un inventario residuo. Quindi, ciò che è necessario è alla fine prodotto. Alla fine della giornata, l'organizzazione non ha alcun inventario accumulato, poiché ciò che è necessario viene prodotto. Questo è uno dei modi migliori in cui le organizzazioni possono evitare che l'inventario invenduto prenda polvere nel magazzino.

Continua ricerca della perfezione

Questo si riferisce al Kaizen. Naturalmente, la perfezione assoluta è irraggiungibile. Ma questo non significa che non possa essere perseguita con costanza.

Abbiamo evidenziato come il Kaizen sia il principio alla base del Lean Manufacturing. Come tale, è importante sostenere il Kaizen implementando il giusto set di metriche che possono aiutare l'organizzazione a determinare il giusto grado di perfezione. Per esempio, il lead time è una metrica perfettamente valida che può essere utilizzata per determinare l'efficacia dell'efficienza.

In definitiva, spetta all'organizzazione determinare quali metriche può utilizzare per valutare accuratamente l'efficacia complessiva dei processi messi in atto. Questo può fornire un feedback oggettivo nella ricerca della perfezione.

Gli sprechi della produzione lean

La Lean Manufacturing considera un totale di otto "sprechi" che sono il risultato del processo di produzione. Come tali, i praticanti del Lean Manufacturing dovrebbero sforzarsi di ridurli il più possibile. Quindi, discutiamoli uno per uno.

Trasporto inutile. Questo non implica solo il trasporto di prodotti finiti da un posto all'altro, ma anche di materiali all'interno dello stesso ciclo di produzione. L'obiettivo principale da tenere in mente qui è eliminare il maggior numero possibile di potenziali barriere.

Overstocking. Questo implica mantenere le scorte al minimo assoluto. In questo modo, lo spreco può essere significativamente ridotto.

Passi inutili nel processo. Questa è un'idea piuttosto semplice. Se c'è un passo che può essere tagliato senza sacrificare la qualità, allora deve essere fatto. Per lo stesso motivo, qualsiasi persona o attrezzatura che non è necessaria può essere meglio allocata altrove.

Tempo di inattività. Nel Lean Manufacturing non c'è niente di peggio che avere persone o attrezzature ferme. Tutto deve essere in movimento per ridurre il lead time.

Sovrapproduzione. Questo richiama l'overstocking, ma implica anche l'aggiunta di caratteristiche e componenti che non sono necessarie o, peggio ancora, che il cliente non ha richiesto.

Sovra-elaborazione. Molto simile alla sovrapproduzione di un articolo, si tratta di usare processi o tecnologie troppo complesse che possono aumentare il tempo di consegna, specialmente quando si cerca di aggiungere componenti che i clienti non vogliono o non hanno bisogno. La regola qui è di mantenere le cose il più semplici possibile.

Difetti. Tutti i difetti sono considerati uno spreco di risorse.

Talento sottoutilizzato. Sì, questo si riferisce ad avere lavoratori che non vivono al massimo del loro potenziale.

Il legame tra Kanban e Lean Manufacturing

Quando Kanban e Lean Manufacturing sono combinati, si ottiene una metodologia in cui la comunicazione è il mezzo principale con cui si raggiunge l'efficienza. Come risultato, l'organizzazione è in grado di ottimizzare i suoi processi essendo in grado di snellire l'intero processo. Poiché ogni passo comunica, l'intero processo scorre molto più liberamente.

Quando Kanban e Lean Manufacturing si intrecciano, la produzione "just in time" diventa una realtà. Questo permette che ogni passo del processo sia pronto proprio quando capita; non prima, non prima. Solo il giusto tipo di produzione secondo le condizioni. Il risultato finale è il percorso più efficiente possibile dalle materie prime all'utente finale.

Kaizen e le capacità dell'organizzazione

È meno probabile che l'innovazione si verifichi nella maggior parte dei paesi in via di sviluppo rispetto alle economie più avanzate? Una teoria particolare è che quando le imprese mancano di capacità, è meno probabile che l'innovazione si verifichi. Il livello delle capacità delle imprese, che sono pratiche organizzative e manageriali, fanno funzionare l'innovazione, mentre il livello delle capacità del governo è legato alla formulazione di politiche che sono efficaci e possono sostenere il livello di innovazione dell'impresa.

Le capacità di un'organizzazione sono definite come le pratiche di lavoro e le conoscenze che sono usate dalle aziende nella produzione e nello sviluppo di nuovi prodotti. Le capacità di qualsiasi organizzazione si manifestano in produttività e qualità.

Nelle organizzazioni che mancano di capacità, se un imprenditore se ne esce con una brillante idea innovativa, non è del tutto possibile che l'idea si trasformi in un prodotto.

Affinché questo particolare prodotto sia installato sul mercato, lo sforzo continuo del ciclo Plan-Do-Check-Act (PDCA) è necessario per provare i diversi prototipi e poi modificarli per soddisfare le esigenze del mercato.

Ogni passo, ogni processo, ogni attività è conosciuto come attività Kaizen e migliora la capacità dell'organizzazione. In sintesi, Kaizen è un approccio per il miglioramento delle capacità delle organizzazioni.

Fondamenti di politica e sviluppo del sistema per la diffusione del Kaizen

In molti paesi del mondo, Kaizen è stato diffuso sotto la guida del governo, anche se le organizzazioni private hanno preso le iniziative del movimento per la qualità e la produttività e il Total Quality Control (TQC). Kaizen è stato implementato dalle aziende giapponesi senza aiuto e anche l'espansione delle loro attività all'estero. Hanno anche assunto consulenti stranieri quando è stato necessario. Considerando l'attuale livello industriale dell'Africa, che aumenta di giorno in giorno, non molte aziende e organizzazioni possono intraprendere queste misure. Inoltre, le basse capacità di gestione con poco o nessun riconoscimento dell'importanza del miglioramento impediscono al settore privato di prendere l'iniziativa di diffusione del Kaizen. In molti paesi del mondo, le attività kaizen sono svolte sotto l'assistenza di società di promozione kaizen che sono nel quadro del sistema di sostegno pubblico.

Il governo lavora sul miglioramento della qualità e della produttività, aggiungendo misure di sostegno che si rivolgono a diversi paesi e alle loro organizzazioni come parte della loro politica industriale. Secondo la ricerca, le aziende manifatturiere non sono in realtà quelle che hanno bisogno di migliorare la produttività e la qualità. È necessario anche nell'industria dei servizi e nel settore pubblico. Sapete che il bisogno di miglioramento della produttività e della qualità è necessario anche nella vita del pubblico in generale? Questo spiega perché è importante per la diffusione del kaizen, promuovendo così i cambiamenti nell'atteggiamento delle persone verso la produttività e la qualità come un movimento a livello mondiale. Un esempio è la diffusione e la promozione del kaizen guidata dal governo in Etiopia e a Singapore, che ha portato a risultati di grande successo.

Attività necessarie per la promozione di Kaizen
Sostegno politico e finanziario da parte delle agenzie governative competenti

Per la diffusione del kaizen a livello nazionale, il primo passo è quello di coinvolgere la selezione di alcune organizzazioni che sono responsabili per lo sviluppo di meccanismi e sistemi che supportano le attività di kaizen, garantire e formare le risorse umane, altrimenti indicato come formatori kaizen.

Per iniziare questi passi, il governo dovrebbe implementare politiche per sostenere la promozione del kaizen e anche sostenere finanziariamente le operazioni e le attività delle organizzazioni di promozione del kaizen. Attraverso la comprensione, la cooperazione e la dimostrazione di una forte leadership dei funzionari governativi verso la diffusione del kaizen, questo può essere realizzato. Con il sostegno del governo, le organizzazioni di promozione del kaizen possono aiutare a sviluppare piani e strategie per la diffusione del kaizen al fine di garantire l'approvazione del governo. I piani e le strategie devono essere in linea con il quadro del piano di sviluppo nazionale del paese. Con questo, il kaizen può effettivamente diffondersi in tutto il paese. Durante lo sviluppo del quadro del sistema di diffusione del kaizen, l'organizzazione di promozione del kaizen dovrebbe stabilire piani d'azione efficaci ma dettagliati con il piano di sviluppo nazionale del paese e le sue politiche industriali.

Attività di diffusione delle organizzazioni di promozione Kaizen

Le attività di divulgazione devono essere svolte da ogni individuo nell'azienda per il miglioramento della produttività e della qualità e anche per aumentare le capacità delle organizzazioni e la loro competitività industriale.

L'efficacia delle attività di kaizen deve essere riconosciuta e implementata continuamente per stabilire la cultura di Kaizen. La creazione della cultura kaizen attraverso la diffusione e l'aumento della consapevolezza è importante per la diffusione del kaizen come movimento nazionale nel paese. Ci si aspetta che le organizzazioni di promozione del kaizen inizino con la comunicazione di informazioni e l'aumento della consapevolezza sul suo concetto e significato al mondo attraverso l'uso di attrezzature come radio, bollettini, televisione, eventi organizzati dal governo, Internet e anche Social Networking Service (SNS).

Queste organizzazioni di promozione dovrebbero essere in grado di organizzare conferenze e seminari per altre organizzazioni e aziende in modo da offrire servizi di formazione e consulenza quando è necessario. Nella fase introduttiva, è importante aumentare la consapevolezza aumentando le opportunità per le aziende e le persone al fine di acquisire maggiori conoscenze sul kaizen. Per il futuro marketing, è necessario cercare di offrire servizi a basso costo o gratuiti. È un modo efficace di diffondere la notizia e far sì che la gente ascolti. Un altro modo per diffondere la notizia e aumentare la consapevolezza è quello di organizzare conferenze kaizen per lodare i formatori Kaizen e le aziende che hanno ottenuto risultati eccellenti.

Formazione dei formatori Kaizen

Mentre si cerca di diffondere il kaizen attraverso l'uso di strumenti pubblicitari e seminari al fine di stimolare la domanda di kaizen, è importante formare i formatori kaizen che devono fornire servizi che sono legati al kaizen per soddisfare le richieste create dall'azienda. I formatori Kaizen possono essere dipendenti delle organizzazioni di promozione o anche consulenti privati che hanno già completato la loro formazione che è stata condotta dalle organizzazioni di promozione Kaizen. È importante e ci si aspetta da loro che acquisiscano conoscenze teoriche attraverso la formazione in aula e che ottengano anche abilità pratiche attraverso la formazione in azienda. Tali conoscenze possono essere acquisite nelle scuole professionali, negli istituti di istruzione superiore e in altre istituzioni di apprendimento. Alcuni metodi pratici di kaizen e tecniche possono essere acquisiti applicandoli praticamente attraverso la formazione in azienda; quindi, i futuri formatori devono acquisire quanta più esperienza pratica possibile per acquisire competenze pratiche che permettano loro di affrontare le questioni relative al kaizen. Il livello di tecniche kaizen che sono richieste nelle aree aziendali di un paese differisce a seconda del livello di sviluppo industriale del paese. Per questo motivo particolare, si consiglia di determinare la portata della formazione per sviluppare e migliorare i contenuti che si presentano sotto forma di manuali, primer, curricula, linee guida, ecc, in base alle esigenze delle imprese. I formatori Kaizen si dividono in due: quelli che appartengono al settore privato e quelli che appartengono agli enti pubblici. Poiché sono di diverso tipo, è necessario che i paesi che promuovono il kaizen forniscano una formazione strategica per loro e anche per documentare i ruoli in cui ci si aspetta che essi svolgano quando forniscono agli individui nelle aziende i loro servizi di consulenza.

Servizi di consulenza per sostenere le imprese

Una volta che la creazione di un livello di richieste kaizen attraverso attività create per la consapevolezza e la diffusione, i formatori devono fornire servizi di consulenza per le aziende e altre organizzazioni nei paesi selezionati. Le attività devono essere condotte attraverso sforzi di squadra concertati tra ogni individuo nell'azienda e i formatori kaizen e non attraverso gli sforzi dei soli formatori. Affinché queste attività siano implementate efficacemente e si radichino nell'organizzazione, i formatori dovrebbero essere in grado di condurre la formazione ai vari livelli di gestione. Mentre la formazione è in corso, è vitale permettere ai dipendenti di sviluppare la mentalità per pensare e anche condurre attività proprie e anche fare in modo che la direzione sostenga le attività.

Le organizzazioni di promozione del kaizen devono essere in grado di organizzare una serie di eventi per condividere i risultati del kaizen con il pubblico. Per il sostegno delle imprese, è importante fare uso di alcuni meccanismi in modo da incoraggiare le attività di promozione volontaria.

Raccolta, analisi, valutazione e rilascio di dati

Una volta che le attività kaizen sono state implementate in varie organizzazioni, il risultato deve essere raccolto, analizzato, valutato a fondo al fine di vedere e capire l'impatto delle attività sulle imprese in ogni azienda kaizen è stato implementato prima di rilasciare i dati. L'ordinamento dei dati kaizen per dimensione d'impresa e per settore fornisce al settore privato, al pubblico in generale e al governo informazioni utili sul contributo che la diffusione ha sul benessere nazionale e sulla crescita economica del paese. I dati generati possono aiutare a incoraggiare le aziende a sostenere e mantenere le attività kaizen continue e ad usare questa opportunità per motivare le aziende che si sforzano di soddisfarle.

Ci si aspetta che i dati generati dalle attività kaizen siano quantitativi per una più facile comprensione del grado di impatto. Questo può anche essere raggiunto se le organizzazioni che promuovono il kaizen hanno un meccanismo e la capacità di raccogliere e accumulare i dati giusti ma affidabili.

Oltre a questo, è importante studiare e compilare anche i risultati qualitativi. Alcuni di questi risultati qualitativi sono l'atteggiamento, la mentalità e la mentalità dei dipendenti, con i livelli di soddisfazione dei clienti come bonus.

Ogni attività kaizen dovrebbe aumentare la diffusione del kaizen e anche migliorare la produttività e la qualità delle industrie e delle organizzazioni, migliorando così l'industria del paese e anche la loro competitività. È un po' difficile misurare l'impatto che le attività di kaizen hanno avuto direttamente per la crescita e il miglioramento della competitività delle industrie e la riduzione del tasso di disoccupazione e la crescita del prodotto interno lordo (PIL). Le organizzazioni di promozione del kaizen dovrebbero aiutare l'implementazione del kaizen e dei suoi dati accumulati in altre aziende al fine di presentare risultati visibili. Le attività kaizen permettono di migliorare la capacità delle industrie, aiutano a costruire la credibilità e ad ottenere il riconoscimento sociale. Tali attività possono essere condotte intensamente e più estesamente in ogni società quando è fatto con l'aiuto di una vasta gamma di parti interessate che includono associazioni commerciali, organizzazioni affiliate al governo, istituzioni finanziarie, istituzioni educative e anche istruzioni private. Con questo, è consigliabile costruire partenariati strategici con le parti interessate.

Credo che con la comprensione di come il kaizen può essere diffuso, vedremmo la sua importanza e lo useremmo saggiamente. Prima che il governo possa essere autorizzato a mettere i suoi sforzi continuamente, è molto importante che sia pronto a sostenere le attività kaizen e a mostrare il suo impegno. Ci sono cose che devono essere considerate affinché il governo aiuti le organizzazioni di promozione. Essi sono;

- *Come si possono selezionare le organizzazioni che promuovono il kaizen?*
- *Misure di bilancio*
- *Forte leadership di funzionari governativi di alto livello*

Tecniche di analisi del business

Poiché ogni nuovo prodotto o progetto è creato in risposta ad un bisogno del business, comprendere correttamente questi bisogni del business è altrettanto critico in un ambiente Lean e Agile quanto lo è nello sviluppo tradizionale del software. Sfortunatamente, la lingua inglese è piena di ambiguità e malintesi.

È responsabilità del Product Owner, del Business Analyst, o di chiunque stia definendo le esigenze di business, renderle il più chiare possibile alla comunità degli sviluppatori e agli Stakeholder.

Gli sviluppatori devono capirli per codificare correttamente la soluzione

Gli stakeholder devono capirli per valutare se la soluzione si adatta alle loro esigenze

Sfortunatamente, raramente si può semplicemente cercare le esigenze del business. Non potete applicare gli stessi metodi che usereste per scrivere un rapporto di ricerca. La maggior parte dei requisiti tecnici o di business non sono documentati da nessuna parte. Esistono nella mente degli Stakeholder e nel feedback che deve ancora essere ottenuto dagli utenti finali.

Questa era una sfida in un ambiente di sviluppo tradizionale. Nell'ambiente Lean e Agile di oggi, ci troviamo di fronte a un cambiamento di paradigma nell'analisi del business che fa alcune importanti incursioni in questo.

In questa parte, vi mostreremo alcune delle più importanti tecniche di analisi aziendale LEAN. Tuttavia, ce ne sono molte altre disponibili online o insegnate in corsi in aula.

Non si può mai sapere troppo. Anche dopo aver fatto analisi di business negli ultimi 30 anni, noi (gli autori) aggiungiamo ancora nuovi strumenti e tecniche al nostro BABOT3 (Business Analysis Bag of Tips, Tricks, and Techniques) regolarmente.

La dichiarazione di visione del prodotto

Prima che qualsiasi sviluppo tecnico del prodotto possa iniziare, il team Agile ha bisogno di capire dove stanno andando e perché.

Uno strumento ampiamente usato per condividere gli obiettivi e lo scopo di un prodotto è il Product Vision Statement (a volte chiamato "la seguente Big Thing"). Mostra il futuro del nuovo prodotto (o delle nuove caratteristiche), quali problemi risolverà e quali bisogni soddisferà. Risponde al COSA, PERCHE', CHI, DOVE e COME del prodotto.

- **Qual** è il bisogno aziendale che questo prodotto deve soddisfare?
- **Qual** è il vantaggio principale?
- **PERCHE'** aggiungerebbe valore al cliente?
- **CHI** è il cliente target?
- **CHI** sono i concorrenti?
- **Dove** si inserisce questo prodotto nella strategia organizzativa?
- **In che modo** è diverso dai prodotti della concorrenza?
- **Come** sarà un vantaggio competitivo?

Queste sono le domande fondamentali a cui la visione del prodotto o "la seguente Grande Cosa" deve rispondere.

Una delle citazioni che amiamo del defunto, grande Steve Jobs è:

> **Steve Jobs**
>
> "If you are working on something exciting that you really care about, you don't have to be pushed. **The vision pulls you.**"

Secondo noi, questa è un'affermazione estremamente potente. Una grande visione accende la creatività umana dentro di noi. Tenetelo a mente quando scrivete la vostra visione del prodotto.

Tuttavia, se sei il Business Analyst, è importante capire che creare la visione del prodotto non è di solito il lavoro del Business Analyst. È la responsabilità del Product Owner, del Product Manager o del Product Leader.

Esistono diverse tecniche di analisi aziendale Lean per usare la Vision Statement come base per creare la Product Roadmap e per iniziare il Product Backlog (seeding the Backlog).

E non dimenticare:
Mantieniti magro!

Una visione di prodotto non è statica. Viene riscritta e adattata man mano che il team riceve il feedback dei clienti e degli stakeholder. Una visione di prodotto è il trampolino di lancio per una roadmap di prodotto.

La tabella di marcia del prodotto

La Product Roadmap non è un'invenzione Lean o Agile. Esisteva molto prima del movimento Lean. Negli approcci tradizionali di sviluppo del software (cioè Waterfall), dettagliava cosa costruire per mesi o anche anni prima del lancio.

Tuttavia, come tutto il resto, le roadmap di prodotto sono cambiate con il movimento Lean. Molte aziende hanno scoperto un sacco di sprechi nei loro metodi di Roadmap, specialmente nei moderni ambienti di sviluppo del software. La maggior parte dei Product Manager si è spostata verso un approccio Lean/Agile per costruire le loro Roadmap.

Roadmap di prodotto LEAN

Sviluppare Lean Roadmap significa considerare costantemente le iterazioni del prodotto e delle caratteristiche in base al feedback dei clienti. In un ambiente Lean / Agile, una Product Roadmap è un documento vivente che viene aggiornato quando necessario.

Una roadmap di prodotto efficace risolve un importante problema del cliente o offre nuove opportunità ai clienti. Non si concentra su caratteristiche dettagliate che descrivono come risolvere il problema o fornire una nuova opportunità.

Piuttosto, dà indicazioni sulle strategie e le priorità del prodotto.

Le caratteristiche dettagliate del prodotto appartengono al tuo Product Backlog. È responsabilità del Product Owner, insieme ad un Business Analyst e/o ai team lato business, definire le Features dettagliate e le User Stories che permetteranno al team tecnico di costruire il prodotto.

Una tipica Lean Product Roadmap include:
- Strategia e obiettivi del prodotto
- Caratteristiche di alto livello del prodotto
- Timeline delle caratteristiche del prodotto
- Responsabilità delle caratteristiche
- Priorità di alto livello

Una roadmap di prodotto dovrebbe essere semplice e facile da capire. Dovrebbe raccontare una storia coerente sulla crescita prevista del prodotto. Serve come base per un altro concetto importante nello sviluppo software Lean e Agile - il Minimum Viable Product.

L'idea dietro lo sviluppo Lean e Agile è di non pianificare tutto all'ennesima potenza ma di andare con il flusso. Man mano che si riceve un feedback si migliora il prodotto.

Una volta che avete un prodotto che le persone stanno usando, potete pensare di aggiungere nuove Caratteristiche Minime Vitali (a.k.a. Minimum Buyable Features). L'intera idea è di far crescere il prodotto rapidamente e deliziare i tuoi clienti con nuove caratteristiche su base regolare.

Quando si definisce un prodotto minimo vitale, un buon punto di partenza è concentrarsi sulla soluzione di un problema per una persona. Assicurati che la persona che scegli sia rappresentativa di molti dei tuoi clienti. Un MVP non dovrebbe fornire funzionalità che solo poche persone vorrebbero.

Determinare i Must-Have e gli eccitanti vantaggi

Determinate i bisogni di base (non i desideri) di quella persona e poi aggiungete alcuni eccitanti vantaggi. Volete che le persone siano ansiose di provare il vostro nuovo prodotto per ottenere il feedback di cui avete bisogno. Va bene lasciare incomplete alcune caratteristiche del prodotto se sono solo dei "nice-to-have". Tuttavia, non lesinare sui must-have.

Questo diventerà un ciclo infinito di valutazione del feedback dei clienti e di determinazione delle Minimum Viable Features per la release successiva. Nel nuovo mondo dello sviluppo software Lean, non ci sarà mai un'ultima versione del vostro prodotto.

Ci siamo avvicinati molto di più alla vera agilità aziendale e abbiamo realizzato un sogno a lungo coltivato dalla comunità aziendale, cioè apportare rapidamente modifiche importanti ai prodotti esistenti e rilasciare nuove funzionalità.

Le metriche che contano per il tuo business

Cosa sono le metriche?

Le metriche sono misure di calcolo che vengono utilizzate per tracciare e valutare lo stato del vostro business e le prestazioni. È il modo in cui si determina se il vostro business sta andando bene o no. Diverse persone sono coinvolte in un business, quindi qualunque sia la metrica, deve rivolgersi alla forza lavoro e ai clienti, agli investitori e ai manager. Ogni aspetto di un business ha una metrica di performance specifica, ma in generale, le metriche sono quelle misure quantificanti con cui si tiene sotto controllo lo stato e le prestazioni del vostro business.

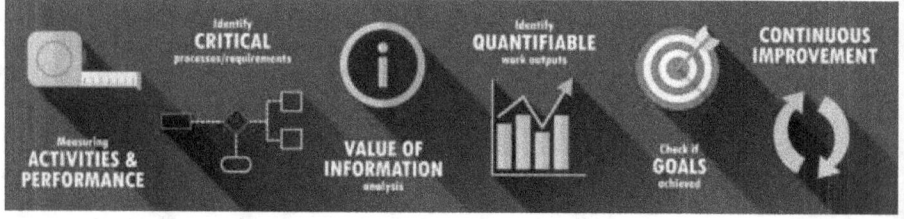

Lean aiuta il tuo business a crescere e migliorare continuamente, la metrica aziendale, invece, ti aiuta a seguire la crescita e le prestazioni del tuo business.

Aiuta a determinare quanto o quanto bene la vostra azienda stia facendo con tutti i principi e le pratiche Lean che sono stati messi in atto.

Prendete per esempio, nel marketing, i commercianti hanno un sistema metrico con il quale e attraverso il quale rimangono sul successo del loro marketing, la stessa cosa vale per gli inserzionisti dei media e anche per i politici che fanno campagne. Alcune domande saranno poste, domande come quante persone siamo stati in grado di raggiungere, e quante persone hanno risposto, e poi quante persone hanno dato una risposta positiva? L'idea è quella di sapere qual è il successo e l'insuccesso, avendo in mente un risultato obiettivo con il quale si giudicherà il risultato della performance.

Una metrica è più simile a una guida; aiuta il tuo business a tracciare e raggiungere i risultati prefissati. In questo caso, ci sono alcuni punti di controllo o misure di monitoraggio. Prendiamo ad esempio un atleta: sa che si allena contro vari fattori. Devono allenarsi abbastanza per arrivare al punto in cui possono battere il tempo. Il tempo è probabilmente l'obiettivo più alto dell'atleta.

Necessità di metriche

- **Aiuterà a guidare la strategia e la direzione dell'organizzazione:** Quando le metriche sono messe in atto, il percorso da fare verso la destinazione dell'organizzazione sarà noto.

- **Focus:** aiuterà a mettere sotto controllo l'organizzazione, i dipendenti e tutte le persone coinvolte e a tenerle costantemente concentrate, con gli occhi sulla palla. Se c'è un obiettivo da raggiungere in un mese, con le giuste metriche, i numeri saranno arrotolati in modo che il progresso possa essere tracciato

- **Decisione:** Nei casi in cui è necessario prendere decisioni su determinate questioni, la metrica è il miglior ricorso a cui rivolgersi. Aiuterà a dare in termini chiari, la necessità di fare o non fare una mossa in un punto

- **Performance**: Permette a un'organizzazione di fare meglio. Le metriche monitorano le attività in corso, quando questo è visto dal capo di un'organizzazione, il livello di progresso fatto è noto e l'organizzazione sa quanto sforzo dovrebbe essere messo in

- **Cambiare ed evolvere con l'organizzazione:** Mentre le metriche vengono monitorate, l'organizzazione cambia e si evolve man mano che si fanno più progressi, c'è anche un'evoluzione delle metriche mentre l'organizzazione si sforza di migliorare

- **Processo obiettivo:** L'obiettivo di ogni organizzazione è quello di realizzare un profitto e allo stesso tempo soddisfare i clienti, nel tentativo di soddisfare i clienti, devono essere resi servizi di qualità, i processi devono essere organizzati per soddisfare le esigenze del cliente.

Metriche che si guardano per sapere che il Lean sta influenzando la salute della vostra organizzazione.

Il successo deve essere misurabile, altrimenti non si può dire se si tratta di un successo o meno. Per sapere se hai successo, dovresti prima avere una prospettiva/visione definita. Cosa volevi ottenere con questo business che hai iniziato? Dove vedi questo business tra 50 anni? Tutti questi sono passi essenziali per sapere se si è sulla strada del successo o no. Con la tua visione in mente, puoi rapidamente guardare le metriche specifiche per vedere se stai avendo successo o no.

- **Il costo che ci vorrebbe per mantenere un cliente:** come azienda, si dovrebbe avere una strategia che si implementa per mantenere i clienti, e quella strategia ha un costo, quel costo dovrebbe essere minimo man mano che ci si impegna nelle metodologie Lean; si dovrebbero trovare modi più convenienti per mantenere i clienti.

- **Quanto è virale il tuo prodotto?** La viralità della tua merce può essere un ottimo indicatore della salute del tuo business. Se fai in modo che più persone sappiano della tua esistenza, hai più possibilità di essere coinvolto. La tua portata virale può essere misurata da quante persone hai partecipato su Instagram e Twitter.

- **Lead time: il** lead time è la quantità di tempo che serve a un prodotto per passare attraverso un processo Lean fino al completamento. Per essere in grado di tracciare i tuoi progressi, hai bisogno di sapere quanto velocemente i tuoi prodotti sono prodotti e quanto velocemente arrivano al consumatore.

- **Quanto facilmente si distribuisce il lavoro nella squadra?** Questa domanda è fondamentale. Risponde alla questione del flusso di lavoro. Perché un prodotto raggiunga la sua fase finale, passa attraverso molti dipartimenti, e la velocità con cui questo lavoro viene eseguito è essenziale. La tua azienda è sana se i membri del tuo team si distribuiscono bene, hanno un forte spirito di squadra e consegnano il compito prima o nei tempi previsti.

- **Aumento del numero di questioni aperte:** è solo ragionevole che si facciano errori e sorgano problemi, ma se queste questioni stanno diventando schiaccianti, è necessario esaminarle prima che rovinino qualcosa. Lo stato del lavoro è essenziale per la qualità del prodotto - è garbage in, garbage out. Ciò in cui investite, vi influenzerà a sua volta.

- **Feedback dei clienti:** oltre alla valutazione interna, è necessaria anche una valutazione esterna. Quello che il tuo cliente dice del tuo prodotto è il marchio che il tuo prodotto ha nella mente di quel cliente.

Panoramica sulla sovrapproduzione

Il ciclo di produzione ha domande incorporate per iniziare il ciclo successivo. La prima è quella di accontentare solo il cliente e fermarsi quando
si raggiunge l'obiettivo. Ho raggiunto la quota di oggi? Se la risposta è sì, allora fermate la produzione. Finché il cliente non fa un nuovo ordine, non produrre nulla.

Questo principio si applica a tutti i reparti dell'organizzazione. L'idea è di raggiungere il flusso di valore perfetto. A parte questo, non c'è nulla di cui preoccuparsi. Nel Lean, riduciamo i passi che usiamo per aiutare a tagliare gli sprechi, mentre il principio Six Sigma controlla la variazione. Più variazioni ci sono nel processo, più possibilità ci sono che i rifiuti si accumulino. È necessario seguire solo i principi Lean per mantenere basso il numero di passi.

Conclusioni su LEAN

Le aziende snelle identificano sempre modi per massimizzare il valore per i loro clienti, che è l'obiettivo centrale del pensiero lean. La maggior parte delle persone sono convinte che il pensiero lean possa essere implementato solo nei dipartimenti di vendita e di marketing, dato che questi dipartimenti lavorano direttamente con i clienti.

Questo non è vero, poiché il pensiero lean viene ora utilizzato per fornire prodotti di valore agli stakeholder di tutti i dipartimenti.

La maggior parte delle persone vede il lean come uno strumento che può essere usato per eliminare gli sprechi dai processi e dai meccanismi interni massimizzando così il valore per il cliente. Ma il lean è un processo aziendale e i kaizen sono il suo centro culturale.

Questo è un aspetto importante da considerare quando un'azienda vuole identificare il valore dei processi a lungo termine. La maggior parte delle imprese credono ancora che il pensiero lean sia un modo per il lato della domanda, poiché non guardano il flusso del valore.

Queste imprese possono fare migliori profitti perché la domanda dei loro prodotti supera l'offerta. Tuttavia, la maggior parte delle imprese si trova in un mercato in cui l'offerta supera la domanda. Prendiamo ad esempio i telefoni cellulari. Numerose aziende sono state create in diverse parti del mondo che sviluppano nuovi modelli di telefono ogni giorno. Tuttavia, la maggior parte delle persone sceglie di acquistare i prodotti Apple, perché l'azienda ha soddisfatto le richieste del prodotto e ha sempre cercato di individuare modi per massimizzare il valore del cliente. Pertanto, le aziende devono ricordare che il lean non riguarda solo la rimozione degli sprechi dal processo, ma anche l'identificazione di modi per migliorare il flusso del valore per massimizzare il valore del prodotto. Non c'è azienda nell'economia di oggi che rifiuta più prospettive o rifiuta ordini. L'azienda deve sempre cercare modi per guidare le entrate. Pertanto, un'azienda deve migliorare continuamente per potenziare e migliorare i processi nel flusso del valore. Quindi, come fa un'azienda ad usare il pensiero lean per identificare il valore?

- *Comprendere le richieste delle parti interessate e dei clienti*

- *Identificare gli elementi del processo che contribuiscono allo spreco e quelli che influiscono sulla qualità del prodotto*

Se un'azienda sta implementando il pensiero lean, deve eliminare i processi che contribuiscono allo spreco e quelli che non aggiungono valore al prodotto o al servizio. Un'azienda esaminerà ogni attività che esegue e vedrà i passi per vedere se ognuno di essi aggiunge valore al prodotto o servizio finale.

Un'attività è definita come un contributore di rifiuti se aggiunge costi e richiede tempo per essere completata ma non migliora il prodotto finale che viene consegnato allo stakeholder o al cliente. Ogni azienda si concentra su come accorciare la linea temporale e su come il flusso di valore tra l'azienda e il cliente può essere migliorato. Il valore viene identificato diventando un'azienda più veloce, più economica e migliore. In parole più semplici, un'azienda deve sempre cambiare i suoi processi per produrre beni e servizi che un cliente è disposto a pagare. Un altro modo per identificare il valore è definire i clienti interni o stakeholder. Questi stakeholder interni sono membri di ogni dipartimento che usano gli output di un dipartimento come input per raggiungere i loro scopi e obiettivi aziendali. Indipendentemente dal fatto che un'azienda stia lavorando con clienti interni o esterni, deve concentrarsi su come i clienti sono soddisfatti, piuttosto su come sono soddisfatti. Il fondamentale del pensiero lean cambia quindi nel seguente modo: *"se un processo viene migliorato, anche il valore del processo viene migliorato"*. La maggior parte delle imprese sono focalizzate sul prodotto. Queste aziende non possono vedere il mercato o accedere al mercato per diventare le migliori. Fanno anche l'errore di guardare il valore del prodotto o del servizio e come aiuterà il cliente. Le aziende devono ricordare che l'idea di valore è astratta e non esiste una vera definizione. L'azienda deve sempre identificare i modi per creare, identificare e fornire valore ai suoi clienti.

Cos'è la gestione agile dei progetti

In questi giorni, sembra quasi che la gestione agile dei progetti sia sulla bocca di tutti. Il termine viene gettato in giro con così tanto ardore (tra coloro che sono a favore e coloro che sono contro) che abbiamo quasi perso del tutto il suo significato.

Agile è molto più che stare in cerchio ogni giorno e fare piccoli giochi quando si tratta di dividere i compiti più grandi in quelli più piccoli.

Agile è nato con una ragione - ma ancora di più, è nato in un tempo e per un tempo che aveva bisogno di un drastico cambiamento di approccio.

Anche se le metodologie agili (come Kanban, per esempio) sono state praticate già da molti decenni, il project management agile - nel suo formato grezzo e ufficiale - è nato poco meno di due decenni fa.

In molti modi, sembra che siano già passati secoli - e questo è dovuto principalmente al fatto che l'agile è cambiato molto. Le sue fondamenta sono rimaste le stesse. Ma in termini di adattabilità, agile ha vinto la partita a lungo termine, ed è ora uno dei dominatori nel mondo della gestione dei progetti.

Quanto è un righello, in realtà?

Gli studi mostrano che circa il 30% dei progetti usa un chiaro approccio agile, mentre circa il 40% usa un approccio tradizionale/waterfall. Il restante 30% usa un approccio ibrido (Getapp, 2019) - il che, contrariamente a quanto alcuni possono credere, non dimostra che il waterfall ha vinto la gara, ma che ha bisogno di aggiustamenti agili per funzionare nel mondo moderno.

Questa vuole essere un'introduzione al mondo della gestione agile dei progetti - cos'è, da dove viene e perché è così popolare. Vi invitiamo ad un viaggio di apprendimento e scoperta, alla fine del quale scoprirete quale versione di agile funziona meglio per voi e per la vostra organizzazione.

Storia di Agile

La gestione agile dei progetti è nata per pura necessità. Insieme all'avvento della tecnologia moderna e dei computer, molte cose dovevano essere fatte - e, cosa più importante, dovevano essere fatte velocemente, accuratamente e nel rispetto del budget.

I metodi agili hanno iniziato a prendere forma già negli anni '50, ma non è stato che cinque decenni dopo che il famoso

Manifesto Agile è stato messo su carta.

Intorno alla metà degli anni '90, la maggior parte di ciò che ora è conosciuto come gestione agile dei progetti iniziò ad essere delineata. All'inizio era tutto disperso - c'era RAD (Rapid Application Development) nel 1991, Scrum nel 1995, e Feature-Driven Development due anni dopo.

Nel 2001, tutto si è riunito, come per offrire chiarezza a un mondo che si preparava a fare un salto completo nell'unico canale che oggi li domina tutti: Internet. Certo, le connessioni web esistevano già prima, ma è stato al volgere del millennio che le cose hanno cominciato a decollare davvero.

Su questo sfondo, diciassette brillanti menti dello sviluppo del software si sono riunite a Snowbird, Utah. Quell'incontro sarebbe passato alla storia, poiché fu il momento in cui i concetti effettivi di gestione agile dei progetti presero la loro forma ufficiale.

Saremmo molto curiosi di sapere esattamente come è andato quell'incontro. Sappiamo che non è venuto fuori dal nulla (non ci si può semplicemente aspettare che i pensatori del futuro nello sviluppo del software si riuniscano per caso nello Utah, vero?)

E sappiamo anche che la riunione di Snowbird ha posto le basi per tutto ciò che è seguito nel mondo della gestione agile dei progetti. Potremmo arrivare a supporre che molti degli incredibili strumenti software che usiamo oggi su base ricorrente non sarebbero esistiti - sarebbero rimasti da qualche parte, ancora in sviluppo.

La gestione agile dei progetti è nata perché c'era un disperato bisogno di modificare il panorama della gestione dei progetti nello sviluppo del software. Negli anni '90, quando la domanda di software è aumentata, i metodi tradizionali di gestione dei progetti si sono dimostrati inefficienti (nel migliore dei casi) e del tutto disastrosi (nel peggiore).

In effetti, viene spesso menzionato che la maggior parte delle (grandi!) case di sviluppo del software avevano un ritardo (altrettanto grande!) quando si trattava dei loro rilasci. In media, lo sviluppo del software era in ritardo di circa tre anni. Per i grandi progetti, il ritardo si estendeva ulteriormente, fino a 20 anni.

Sembra assurdo, e lo è.

Ma questo è proprio quello che il waterfall ha fatto a questi progetti. La natura stessa dello sviluppo del software è in continua evoluzione, quindi non aveva alcun senso attenersi ad un approccio di gestione che si concentrava sui fogli di calcolo, più che sul nucleo stesso di ciò che questi progetti facevano.

La gestione agile dei progetti è riuscita a rimuovere quelle parti di waterfall che potevano essere colli di bottiglia nel processo di sviluppo.

Inoltre, come vedrete gli ibridi waterfall-agile hanno anche assicurato lo snellimento dei processi waterfall, prendendo il meglio dei due mondi e fornendo alle organizzazioni basate su una documentazione pesante un'alternativa al project management tradizionale.

La gestione agile dei progetti è nata al momento giusto per diventare la spina dorsale dell'industria tecnologica prima del suo completo boom.

Dalla Silicon Valley alla Cina, e dall'Islanda all'Australia, l'agile è diventato un nome familiare nella gestione dei progetti. Ancora di più, si è espanso ben oltre i confini della programmazione del software ed è ora usato praticamente in ogni settore che si possa immaginare. Ospedali, scuole, istituzioni governative e non, marketing, traduzioni - tutti possono abbracciare agile, proprio perché è così flessibile e adattabile a molteplici situazioni.

La storia è raramente scritta quando ce l'aspettiamo. Non sappiamo se quelle diciassette menti sapessero effettivamente che tipo di impatto avrebbe avuto il loro incontro - ma sappiamo che lo sviluppo del software e l'agile sono così intrecciati in questi giorni che sembra quasi impossibile separarli completamente.

Vantaggi e benefici

Cosa rende la gestione agile dei progetti così buona, nello specifico?

C'è una lunga lista di benefici che portano la gestione agile dei progetti all'attenzione di tutti - in particolare quelli della gestione dei progetti software, ma sicuramente non solo.

Migliore qualità

Uno dei principali principi della gestione agile dei progetti è che promette una migliore qualità del prodotto.

Per mettere le cose in chiaro, non è che i prodotti sviluppati tramite la gestione dei progetti a cascata manchino di qualità. È solo che è molto più probabile che un prodotto sviluppato in modo agile sia qualitativo al momento del suo rilascio completo sul mercato.

C'è una logica molto forte dietro questo.

Da un lato, la gestione dei progetti a cascata tende ad essere troppo rigida entro i propri limiti. Questo significa che è molto più probabile che ci siano errori:

- Essere notati troppo in là nel processo (e il waterfall non permetterà al team di ripetere la stessa caratteristica/parte del progetto)

- Essere notati quando il prodotto è già sul mercato/in revisione dal cliente

La gestione agile del progetto è molto concentrata sul miglioramento continuo. Come tale, un prodotto ha una possibilità molto più alta di migliorare effettivamente durante il processo di sviluppo.

O, in altre parole, invece di spazzare tutti quei piccoli (o non così piccoli) errori sotto il tappeto (come si farebbe nel waterfall project management perché si deve seguire il piano), li si affronta lì per lì.

Sembra molto più fattibile, vero?

Migliore soddisfazione del cliente

Un'altra ragione che rende l'agile così vantaggioso è legata al fatto che, alla fine del progetto, i clienti tendono ad essere molto più soddisfatti.

Come mai?

Ci sono alcuni verticali da considerare quando si tratta di soddisfazione del cliente, e l'agile fa in modo che tutti siano adeguatamente soddisfatti. Per esempio:

Agile vi permetterà di cambiare i requisiti in base al feedback del cliente.

Agile vi costringerà a rilasciare pezzi del progetto man mano che vi muovete, ergo, permetterà al vostro cliente di fornirvi degli input che sono più facili da implementare (a causa delle piccole dimensioni del pezzo che stanno testando).

Agile vi aiuterà a consegnare un prodotto finale migliore.

Dati tutti questi fattori, ha tutto il senso del mondo che i clienti saranno più felici - durante tutto il progetto, poiché potranno richiedere le modifiche di cui hanno bisogno e, alla fine, poiché riceveranno un prodotto che si adatta alle loro esigenze, scopi e desideri.
Tenete a mente che lo stesso vale nei casi in cui il "cliente" è uno stakeholder interno - come, per esempio, quando state gestendo un progetto di sviluppo software destinato ad essere usato internamente.

Migliore trasparenza

Questo beneficio agile è strettamente connesso a ciò che è stato già menzionato. Quando si può garantire una migliore qualità e una migliore soddisfazione del cliente, tutto ciò viene con una maggiore trasparenza.

Questa trasparenza si manifesterà su tutte le verticali della gestione dei progetti. Vedrete una migliore trasparenza nella vostra squadra.

Vedrete anche una migliore trasparenza all'interno dell'organizzazione, indipendentemente dal fatto che la direzione superiore usi o meno il vostro stesso approccio di gestione del progetto.

Infine, vedrete una migliore trasparenza tra voi e il vostro cliente (sia esso interno o esterno). Quando chiedete costantemente un feedback e migliorate continuamente il prodotto per soddisfare le esigenze dei vostri clienti, create un rapporto più genuino con loro. Si inizia a comunicare veramente, piuttosto che impegnarsi in niente di più che email di ping-pong.

Migliore controllo

Per quelli di voi abituati alle premesse del waterfall o della gestione tradizionale dei progetti, potrebbe sembrare che l'agile sia tutt'altro che incentrato sul controllo.

In effetti, lo è molto.

La gestione agile del progetto vi permette di controllare il vostro progetto ad un livello granulare, proprio perché vi incoraggia (e vi costringe) a dividere il vostro progetto in piccoli pezzetti.

La gestione dei progetti a cascata ti costringe a mettere tutto su carta prima che tutto inizi. Allo stesso tempo, però, ti costringe ad attenerti al piano anche quando le cose vanno male. E sì, alla fine andranno male, in un modo o nell'altro: i requisiti del cliente potrebbero cambiare, potresti renderti conto che qualcosa sta prendendo più tempo del previsto, il tuo prodotto potrebbe essere difettoso, o i costi potrebbero finire per superare le tue aspettative.

Ci sono un milione di cose che potrebbero andare male, specialmente nella gestione di progetti software (dove le cose tendono ad essere più sperimentali che, diciamo, la trivellazione petrolifera, per esempio).

Quando puoi gestire tutte queste cose che potrebbero andare male mentre accadono, ottieni il controllo sull'intero processo. Inoltre, puoi usare la tua (cattiva) esperienza per migliorare il processo.

Non prendetevela a male. Il controllo non è la stessa cosa della micro gestione. Non dovete costantemente guardare sopra le spalle della vostra squadra e gestire ogni piccolo dettaglio ad ogni passo. Questo rovinerebbe solo il ponte di trasparenza, onestà e autodisciplina che stai cercando di costruire tra te e la tua squadra.

Migliore prevedibilità

Di nuovo, questo potrebbe sembrare l'esatto opposto di ciò che è la gestione agile di un progetto.

Ma quando si guarda più da vicino, ci si rende conto che i

progetti agili possono essere previsti meglio proprio perché sono gestiti passo dopo passo.

Facciamo un paragone con la cottura di una torta.

Quando comprate il preparato in scatola, potete facilmente e accuratamente prevedere cosa otterrete - una pastella decente che potete poi personalizzare secondo i vostri gusti. Tuttavia, non si conoscono tutti gli ingredienti di quella miscela in scatola - e, anche se il risultato a breve termine potrebbe essere facile da prevedere, potrebbe essere un po' più difficile prevedere cosa succederà al tuo corpo se continui a mangiare torte in scatola ogni settimana, per decenni.

Questo sarebbe l'approccio di gestione del progetto a cascata. State usando uno stampo e sperando che tutto nel vostro progetto si adatti a quel formato ideale e molto prevedibile. Tuttavia, a lungo termine, non avete idea se il vostro piano di progetto non vi andrà contro.

Quando prepari una torta da zero e sai da dove viene ogni ingrediente, quante calorie ha e quanti nutrienti fornisce al tuo corpo, puoi prevedere i suoi effetti sul tuo corpo se mangi lo stesso tipo di torta per un lungo periodo di tempo.

Inoltre, se misurate accuratamente la quantità di ogni ingrediente, sarete in grado di prevedere con precisione l'aspetto e il sapore della vostra torta. Potrebbe volerci un po' di pratica per imparare a farlo correttamente ma, una volta imparati i suoi trucchi, la torta fatta da zero sarà più prevedibile in ogni singolo modo!

Questo sarebbe l'approccio agile alla gestione dei progetti. Potrebbe sembrare totalmente imprevedibile all'inizio, ma i risultati diventeranno più prevedibili una volta che avrete gli strumenti giusti e l'esperienza per misurare e approssimare accuratamente tutto.

Migliore gestione del rischio

Uno dei maggiori inconvenienti della gestione dei progetti a cascata è legato al fatto che rimane confinato all'interno delle proprie tabelle e fogli di calcolo.
I project manager Waterfall pianificano tutto all'inizio del progetto. I project manager agili fanno lo stesso. La differenza principale non sta nel pianificare o meno, ma in quello che succede quando le cose non vanno secondo il piano.
Come detto prima, il waterfall tende a spazzare i rischi sotto il tappeto - o, almeno, a stimarli male e attraverso un punto di vista idealistico.

Agile, d'altra parte, non lo fa. Affronta i problemi di petto, li affronta, li rimuove dal tuo percorso e poi ti permette di trarre conclusioni oneste.

Di conseguenza, anche la vostra gestione del rischio migliorerà. Quando si smette di nascondere la testa sotto la sabbia, si possono vedere le cose più chiaramente. In quanto tale, potete anche gestire qualsiasi rischio potenziale con più accuratezza.

Migliore ROI

Prodotti migliori + clienti più felici + una migliore gestione del rischio non possono andare male.

È una formula universale per il successo. Più riesci a gestire i tuoi soldi e a mettere fuori prodotti migliori, più è probabile che i clienti lo facciano:

Torna da te

Pagare in tempo

Evangelizzare e raccomandarvi ad altri potenziali clienti

Lascia ottime recensioni per la tua azienda su vari canali

Sembra un sogno?
Noi preferiamo chiamarlo agile.

Metriche migliori

Questo vantaggio si ricollega al fatto che l'agile non vi permetterà di spazzare i problemi sotto il tappeto. Vi farà avere una conversazione faccia a faccia con questi problemi, conoscerli a fondo e poi affrontarli da una posizione in cui sapete effettivamente cosa fare.

Inoltre, la gestione agile di un progetto è un lavoro di squadra a tutti gli effetti. Dal momento in cui iniziate a dividere il vostro progetto in pezzi più piccoli, il vostro team sarà coinvolto nel processo. Saranno in grado di darvi stime reali su quanto tempo ci vuole per tutto.

Infine, la gestione agile del progetto vi permetterà di tracciare ciò che sta realmente accadendo, piuttosto che ciò che avete idealisticamente previsto che accada.

Tutti questi aspetti porteranno alla fine a metriche migliori, più accurate, più realistiche e più utili quando si tratta di prestazioni del team, ROI e gestione del tempo.

Migliore collaborazione

Se c'è una cosa che assolutamente tutti amano della gestione agile dei progetti (a parte il caos apparente, che, tra l'altro, può diventare una dipendenza) è il fatto che i team tendono a lavorare meglio quando sono gestiti con un metodo agile.

La gestione agile dei progetti favorisce un ambiente che si concentra sull'autodisciplina, l'onestà e l'assunzione di responsabilità. Quando si hanno questi tre ingredienti, si crea un vero spirito di squadra - il tipo in cui le persone capiscono naturalmente ed entrano in empatia l'una con l'altra, in cui vogliono genuinamente aiutarsi a vicenda, e in cui vari tipi di frustrazioni e cattivi sentimenti non mettono nemmeno radici. Agile è tutta una questione di collaborazione. Il modo in cui collaborate con il vostro team, il modo in cui i membri del vostro team collaborano tra di loro, il modo in cui il vostro product manager collabora con il cliente, e il modo in cui collaborate con gli altri stakeholder e la direzione superiore della vostra azienda - tutto questo cambierà in meglio.

Questa non è una promessa vuota. Sta alla base di ciò che è l'agile e di ciò a cui mira questo approccio.

Migliore equilibrio tra lavoro e vita privata

Non mentiremo.

Non tutte le persone che lavorano nella gestione di progetti agili hanno un grande equilibrio tra lavoro e vita privata.

Ma, d'altra parte, non tutte le persone che lavorano in qualcosa hanno un grande equilibrio tra lavoro e vita privata.

Si ritiene generalmente che coloro che lavorano nella gestione agile dei progetti (cioè i project manager e i team) tendono ad avere un migliore equilibrio tra lavoro e vita privata perché imparano a gestire in modo efficiente il loro tempo. Pertanto, sono molto meno propensi a rallentare e prolungare le loro giornate di lavoro nelle notti e nei fine settimana.

È più probabile che portino a termine il loro lavoro nel tempo previsto, in modo che nelle ore libere possano tornare alle loro famiglie, agli hobby e al tempo libero.

Nel complesso, questo non può portare a nient'altro che a dipendenti migliori, più felici e più produttivi.

E sappiamo tutti quanto questo renda felice il management, le risorse umane e ogni singola parte della vostra organizzazione, giusto?

Non dovete prenderci in parola quando si tratta di tutti questi benefici. Basta guardare le aziende che hanno abbracciato l'agile come parte delle loro strutture - hanno molto da dire su di esso e su come ha cambiato drasticamente il loro intero modo di fare business.

Questi sono solo alcuni dei vantaggi. Potreste sperimentarli tutti, alcuni di essi o di più. In ogni caso, godrete sicuramente di un notevole e realistico miglioramento nel modo in cui i vostri progetti sono gestiti!

Principi fondamentali

Uno sguardo più profondo alla gestione agile rivela il fatto che ci sono principi che regolano il modo di gestire un progetto. In altre parole, dice molto su come un progetto agile dovrebbe essere gestito. Ci sono 12 principi di gestione agile dei progetti.

1. La massima priorità è quella di soddisfare le esigenze dei clienti attraverso una consegna rapida e continua.

2. I cambiamenti sono riconosciuti in qualsiasi fase dello sviluppo del prodotto.

3. Si abbraccia una maggiore frequenza di consegna del prodotto o del servizio.

4. Gli stakeholder e gli sviluppatori collaborano strettamente durante lo sviluppo del prodotto o del servizio.

5. Il progetto è costruito intorno a un gruppo di persone motivate.

6. Le interazioni faccia a faccia sono considerate la forma più efficace di comunicazione.

7. Un prodotto funzionante è la misura primaria del successo.

8. I processi agili sostengono lo sviluppo sostenibile.

9. L'agilità è migliorata attraverso una continua attenzione ai dettagli, un buon design e l'eccellenza.

10. La semplicità è un elemento vitale.

11. L'uso di team auto-organizzati porta allo sviluppo di architetture e progetti ideali che aiutano a soddisfare i requisiti.

12. Si utilizzano intervalli regolari per ispezionare e adattare per garantire l'efficacia.

Uno sguardo a questi principi rivela che i principi fungono da guida su come diverse persone possono collaborare e lavorare verso un obiettivo comune. Ci sono molti argomenti che questi principi toccano, tra cui le interazioni tra le persone, il comportamento del management, il comportamento del team, il miglioramento continuo e la misurazione dei progressi.

Comprendere i principi di Agile

Nella vita reale, si traducono in una varietà di tattiche e pratiche che fanno funzionare effettivamente l'agile. Si può paragonare a una macchina, per visualizzare meglio come questo accade. Se i Principi e il Manifesto sono le leggi teoriche della fisica su cui è costruito l'agile, allora le pratiche e le tattiche specifiche sono i modi in cui le diverse parti di un'auto sono messe insieme per creare un veicolo funzionante.

Saltiamo dentro!

Soddisfazione del cliente

Alla fine della giornata, la soddisfazione del cliente è il motivo per cui l'agile funziona, il motivo per cui l'agile è stato creato, e il motivo per cui il project management stesso esiste.

La soddisfazione del cliente è l'obiettivo finale, l'ultima frontiera e la pentola alla fine dell'arcobaleno. È ciò a cui mirate - voi, tutta la vostra squadra e tutta la vostra organizzazione, alla fine.

Come tale, ognuno dei 12 principi è correlato alla soddisfazione del cliente. Come il fatto che renderà la sua vita di project manager più facile e il fatto che aiuterà i membri del suo team a crescere armoniosamente.

Tuttavia, quando si tratta di ridurre tutto a un concetto principale, si tratta della soddisfazione del cliente.

Mentre tutti i principi sono ugualmente importanti quando si tratta di consegnare un prodotto che alla fine soddisferà il vostro cliente o le parti interessate interne, i primi quattro si concentrano maggiormente sul rendere felici i clienti, mentre gli altri vengono come una sorta di supporto nel vostro sforzo.

Per essere sicuri di rendere felici i vostri clienti, dovrete prima definire chi sono. Nelle aziende di outsourcing, per esempio, questa specifica questione è abbastanza chiara: il vostro cliente è l'azienda che ha ordinato il software o il prodotto.

Quando si tratta di sviluppare prodotti interni (come, per esempio, uno strumento di messaggistica esclusivamente interno), le cose potrebbero essere un po' confuse. In sostanza, però, il cliente è la persona o il gruppo di persone che ha ordinato il prodotto e con cui si manterrà una comunicazione continua durante lo sviluppo del prodotto stesso.

Vale la pena menzionare che, in generale, i project manager in agile non necessariamente parlano direttamente con il cliente - o, almeno, non su base ricorrente. Il proprietario del prodotto è la persona che assume questo ruolo, assicurando la corretta comunicazione tra il cliente e il project manager (che in seguito trasmetterà le informazioni al team e assicurerà che tutti i compiti siano correttamente assegnati, calendarizzati e gestiti finanziariamente).

Il ruolo specifico del product manager è quello di tradurre i desideri del cliente in requisiti reali del prodotto.

Diciamo, per esempio, che il vostro cliente ha ordinato uno strumento di gestione dei social media. Vogliono:

Essere in grado di pubblicare su Facebook

Essere in grado di postare foto su Instagram

Essere in grado di programmare i loro post

Essere in grado di monitorare tutti i loro canali di social media in un unico posto

In termini di requisiti di prodotto, questo potrebbe sembrare diverso:

Pubblicazione e programmazione cross-channel

Capacità di editing delle immagini in-tool

I primi quattro punti sono le idee che il cliente proporrà. Gli ultimi due, tuttavia, sono ciò che il product manager trasmetterà al project manager, che a sua volta condurrà riunioni di squadra e si assicurerà che quei requisiti di prodotto siano accuratamente suddivisi in microprogetti. Insieme al team, il project manager si assicurerà anche che il software funzionante venga consegnato su base ricorrente.

Come fai a sapere che il tuo cliente è felice?

In poche parole, i clienti sono felici quando:

I loro bisogni sono compresi (il lavoro del product manager)

Vedono i progressi effettivi ricevendo un software funzionante su base ricorrente

Vedono che il loro feedback è effettivamente seguito e il prodotto migliora da un'iterazione all'altra

Il loro prodotto finale corrisponde alle loro esigenze iniziali, anche se i requisiti sono cambiati nel corso del processo di sviluppo.

Sembra semplice e complicato allo stesso tempo (specialmente se avete cercato di mantenere le aspettative e la soddisfazione del cliente ad alti livelli prima). Agile può aiutare, però. La struttura dell'agile è, di per sé, uno dei principali modi in cui i clienti in una varietà di campi (incluso, ma non limitato allo sviluppo del software) sono felici di questi tempi (rispetto a come erano, diciamo, due decenni fa).

Fare e gestire i cambiamenti

Un famoso filosofo greco disse una volta che il cambiamento è l'unica cosa costante nella vita.

Cambiamo costantemente, anche quando non ce ne accorgiamo.

Noi cambiamo dal momento in cui iniziamo la vita come embrioni fino al momento in cui svaniamo e ritorniamo a Madre Natura.

TRANSFORMATION

Ha tutto il senso del mondo, quindi, che l'agile abbracci il cambiamento. Infatti, questo è uno dei principi principali che rende l'agile così diverso dal waterfall project management. Mentre i metodi tradizionali di gestione dei progetti vedono il cambiamento come un uomo nero che aspetta di attaccare dal retro dell'armadio, agile prende il cambiamento per le corna e lo abbraccia.

I project manager basati su Agile capiscono che il cambiamento è inevitabile. Capiscono che i requisiti del cliente cambiano, le strutture del team cambiano e, alla fine, anche le ipotesi iniziali di tempo e finanziarie cambiano.

Per quelli di voi che hanno esclusivamente familiarità con un approccio tradizionale alla gestione dei progetti, l'intero concetto di "abbracciare il cambiamento" potrebbe suonare come un vero e proprio caos.

Non lo è.

Come il waterfall, l'agile ha i suoi processi e le sue procedure per gestire una varietà di situazioni. La differenza è che agile si aspetta l'inaspettato - e, come tale, ha sviluppato il proprio modo di affrontare il cambiamento.

Anche se ci sono diversi modi di affrontare tutti i tipi di cambiamenti, il metodo più universale include i seguenti passi:

1. Capire il cambiamento

A volte, il cambiamento potrebbe venire dal cliente (ad esempio, hanno deciso che hanno bisogno di integrare LinkedIn tra i canali di social media che vogliono gestire tramite lo strumento che hanno ordinato da voi). Altre volte, il cambiamento potrebbe venire dai requisiti funzionali (vi siete resi conto che avete bisogno di implementare una funzione di caricamento delle immagini prima di implementare lo strumento di pianificazione attuale).

In questa fase, dovreste capire cosa significa il cambiamento per l'intero progetto e qual è il suo scopo commerciale.

2. Comprendere la portata dell'implementazione del cambiamento

Indipendentemente dalla provenienza del cambiamento, dovete capire le sue ramificazioni in tutti gli aspetti del progetto. Discutetene con il vostro team e determinate esattamente cosa significherà per il vostro intero processo, per la linea temporale che avete creato e per il budget che avevate sulla carta.

Assicuratevi di prendere tutto in considerazione qui e assicuratevi che la vostra squadra sia d'accordo su tutti i livelli. È importante che tutti siano d'accordo con il piano che stai facendo, in modo da poterlo attuare in seguito.

3. Chiedere l'approvazione

Questa fase può essere saltata in determinate circostanze - come quando il cliente richiede specificamente di non chiedere la sua approvazione, per esempio, o quando sapete che la vostra direzione superiore vi ha dato un margine di manovra in termini di approvazione di tali modifiche.

Altre volte, tuttavia, dovrete chiedere l'approvazione del cambiamento. In questi casi, è molto probabile che dovrete portare avanti le implicazioni del cambiamento, così come ciò che avete discusso con il vostro team riguardo a ciò che significherà in termini di tempo, risorse e budget.

4. Attuare il cambiamento

Quando si riceve l'approvazione, si può procedere con l'effettiva implementazione del cambiamento. Molto probabilmente, ciò comporterà una ri pianificazione di tutti i compiti e di tutto ciò che è adiacente ad essi.

I cambiamenti possono sembrare piccoli attacchi di panico quando si verificano. Tuttavia, quando avete una metodologia agile da impiegare nei vostri sforzi di gestione del progetto, troverete molto più facile gestire tutti i tipi di cambiamenti - da quelli relativi al cliente a quelli relativi alla coesione del vostro team.

Continuo input del cliente

I progetti agili sono di solito divisi in più iterazioni. Possono essere chiamate in modo diverso da un metodo agile all'altro (ad esempio, sono chiamate "sprint" in Scrum, per esempio), ma il loro punto principale è lo stesso in tutto lo spettro agile: assicurare che il software funzionante sia continuamente consegnato al cliente.

Ricevere input continui dai clienti è estremamente importante in agile, perché si ricollega al fatto di fornire ai clienti una reale soddisfazione quando si tratta del prodotto finale.

In altre parole, avete assolutamente bisogno del feedback del vostro cliente per assicurare la sua felicità durante tutta la durata del progetto - e anche alla consegna finale.

C'è un'ottima ragione per cui lo chiamano continuous customer input. In agile, non è sufficiente chiedere un feedback quando si consegna un pezzo di software funzionante alla fine di uno sprint. In realtà si raccomanda di cercare input prima della fine dello sprint. In questo modo, ogni sprint includerà l'implementazione del feedback e la consegna della versione finale del software funzionante.

Alcuni clienti potrebbero non essere completamente abituati a questo MO. Va bene, potete aiutarli a capire che un feedback continuo è molto più produttivo di grumi giganti di feedback che arrivano sporadicamente. Più spesso ricevi il loro input, più facile sarà implementarlo - e, di conseguenza, più felici saranno alla fine.

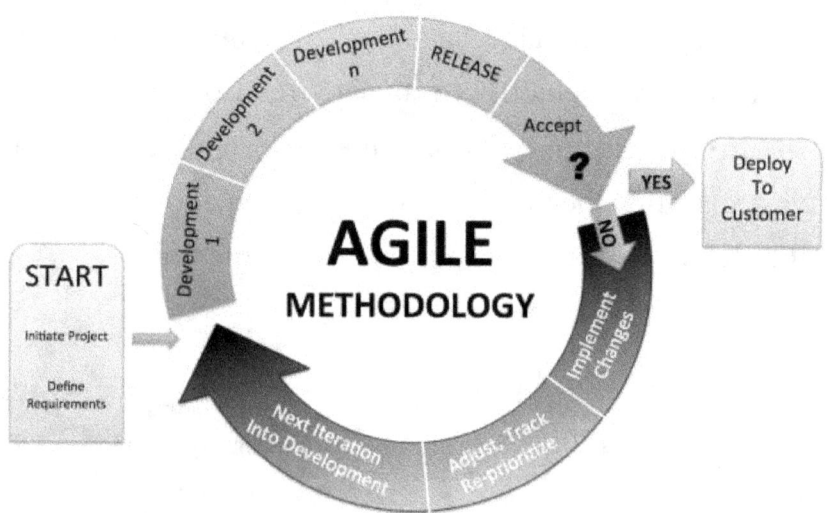

Implementare Agile

In teoria, la gestione agile dei progetti sembra davvero facile. Tutto si riduce a:

Assicurarsi che tutti i requisiti del prodotto siano compresi

Assicurarsi che i requisiti del prodotto siano tradotti in storie

Assicurarsi che ogni storia sia divisa in un numero appropriato di compiti

Assicurarsi che ogni compito abbia la giusta priorità

Assicurarsi di prendere il processo iterativo come un'opportunità di miglioramento continuo

Assicurarsi che il software funzionante sia consegnato alla fine di ogni sprint

Non suona così male. Dato che c'è meno enfasi sulla documentazione, potrebbe anche sembrare molto più facile per alcuni di voi.

Tuttavia, quello che dovete capire (e su cui dobbiamo assolutamente essere onesti) è che l'agile non è facile. La gestione dei progetti in generale non è facile, indipendentemente da quanto tradizionale o agile si decida di essere.

È abbastanza importante riconoscere il fatto che applicare a caso i principi e il manifesto Agile potrebbe aiutare. Ma se volete risultati reali, dovreste farlo in modo coerente, e dovreste fare uso di tutti gli strumenti e le tecniche che Agile vi fornisce.

In effetti, la gestione agile dei progetti è tutta una questione di flessibilità - in termini di compiti, requisiti del prodotto, cambiamenti e il metodo stesso. C'è una ragione per cui ci sono così tanti tipi di metodi agili "purosangue" e metodi agili ibridi: ogni organizzazione ha esigenze diverse, e la gestione agile del progetto lo capisce. Come tale, ha sviluppato i propri meccanismi universali lasciando un ampio margine di manovra per gli aggiustamenti secondo i bisogni, i protocolli e gli obiettivi dell'organizzazione.

Le tecniche e i consigli che vogliamo presentare in questo saranno ugualmente utili indipendentemente da quale specifica metodologia e quadro agile potreste scegliere. Che si tratti di Scrum, Kanban, Lean, o qualsiasi altra metodologia agile, potete essere sicuri che questi consigli funzioneranno a livello universale.

Definisci la tua visione

Qui è dove tutto ha inizio, dove l'intero progetto è definito in termini di ciò che si vuole ottenere con esso. Di tutte le fasi dello sviluppo di un progetto, questa sarà sempre la più motivante e stimolante.

Definire la vostra visione non è una questione di parole vuote, però - e dovreste assolutamente prestare attenzione a questo. Sì, può essere un'ispirazione e sì, può sicuramente diventare abbastanza creativo, a seconda del tipo di prodotto che dovete sviluppare.

Inoltre, è anche importante menzionare che questo non è un passo da saltare. Indipendentemente dal tipo di metodologia agile di gestione dei progetti che potreste scegliere di seguire, è essenziale prendersi del tempo all'inizio del progetto e definire la visione.

Perché questa fase è così importante?

In poche parole, delineerà tutto ciò a cui mirerete per tutta la durata del progetto. In un certo senso, potete considerare la vostra visione come il faro che vi guiderà attraverso il processo di sviluppo del prodotto. Ogni volta che le cose vanno male, ogni volta che voi e il vostro team vi perdete lungo la strada, ogni volta che sentite che non finirà mai, la vostra visione sarà lì per riportarvi sulla strada giusta.

La vostra visione non deve essere qualcosa di più grande della vita. Infatti, la definizione della tua visione dovrebbe essere abbastanza succinta - non nel senso che dovresti accelerare il processo, ma nel senso che non devi scrivere un'intera novella sul prodotto che stai progettando.

Ci sono molti modi per affrontare la fase di definizione della visione dello sviluppo del vostro progetto agile. Uno dei più semplici è quello di rispondere semplicemente ad una manciata di domande di base:

Per chi è il prodotto?

Di cosa hanno bisogno o vogliono queste persone?

Qual è la categoria del prodotto?

Quali sono i benefici chiave che il prodotto porta con sé?

Chi è il principale concorrente del prodotto?

Cosa fa il prodotto in modo diverso dalla sua principale concorrenza?

Quando avrai risposto a tutte queste domande, sarai in grado di scrivere la tua visione. Per esempio:
"AgileSocial è uno strumento di gestione dei social media rivolto alle grandi agenzie che hanno bisogno di gestire decine di account in un unico posto. Il vantaggio principale di AgileSocial è che fornisce un'integrazione personalizzata con più dei canali di base dei social media (Facebook, Instagram, Twitter e LinkedIn). A differenza di Hootsuite (concorrente), AgileSocial fornirà più caratteristiche nel piano gratuito, come la possibilità di gestire 20 account".

Questa dichiarazione di base può fare il trucco, specialmente quando si sta sviluppando il proprio prodotto e non si ha un grande team con cui lavorare. Tuttavia, se volete passare un po' più di tempo a definire la vostra visione del prodotto, dovreste considerare i seguenti passi:

1. **Fate tutte le domande che abbiamo menzionato in precedenza e redigete la visione di base del prodotto, come nell'esempio precedente.**

2. **Convalida la tua visione ponendoti una nuova serie di domande:**

La sua dichiarazione è chiara?

La sua dichiarazione è destinata ad essere letta dal suo team e da altri stakeholder interni?

La descrizione è abbastanza completa e convincente quando si tratta di spiegare le esigenze del cliente?

La descrizione descrive il miglior risultato a cui lo sviluppo del prodotto potrebbe portare?

L'obiettivo aziendale è chiaro?

La visione è congruente con la visione e i valori dell'organizzazione?

3. **Convalida la tua visione con le seguenti persone:**

Interlocutori interni

Squadra di sviluppo

Scrum Master (nel caso non siate lo Scrum Master)

4. **Ripensate e riscrivete la vostra visione in base agli input che avete ricevuto dopo aver implementato il secondo e il terzo punto di questa lista.**

Indipendentemente dal fatto che tu voglia prendere la strada lunga o quella corta, questa è una fase che semplicemente non dovresti superare in fretta. Potrebbe non sembrare molto, ma non avete idea di quanto ci si possa perdere quando avviene un cambiamento e i vostri piani iniziali vengono stravolti. In queste situazioni, avere una chiara dichiarazione di visione scritta può essere un vero salvavita da molti punti di vista.

Strumenti e metodologie

La gestione agile esiste da anni, se non da decenni. L'idea che i progetti debbano essere completati in modo tempestivo raggiungendo le pietre miliari non è un fenomeno nuovo. Le metodologie per questo tipo di gestione sono progredite negli ultimi decenni e sono cresciute fino ad includere diverse metodologie, ognuna delle quali fornisce un quadro diverso per il funzionamento interno di un progetto. Avere una comprensione più profonda di ogni metodologia disponibile ti darà una migliore comprensione di questo stile di gestione e come puoi usarlo con il tuo team nei loro progetti.

Agile Scrum

Scrum è un modo semplice per fornire un quadro leggero per un progetto usando linee guida specifiche. Sono una parte incrementale del progetto e aiutano a prendere decisioni serie che influenzeranno l'obiettivo finale generale. Avendo il proprietario del prodotto coinvolto, gli errori sono ridotti e i difetti o le parti indesiderate del progetto possono essere abbandonate senza che i passi successivi subiscano danni. Scrum permette di organizzare facilmente progetti e team piccoli o grandi e di consegnare un progetto in un breve lasso di tempo. Pertanto, le iterazioni veloci rendono questa metodologia la migliore per i team che lavorano su un progetto in cui i clienti e le parti interessate si aspettano un rilascio anticipato del prodotto funzionante. Questo tipo di partecipazione aiuta il team a fare qualsiasi cambiamento necessario che può essere segnalato dalle parti interessate o dai proprietari del prodotto.

Kanban

Questa metodologia Agile è focalizzata sulla produzione. Nel suo nucleo, Kanban può essere considerato come un'ampia lista di cose da fare. Non diverso da Scrum, i requisiti della metodologia Kanban sono controllati in base alla loro fase attuale durante il processo.

Kanban può essere una transizione semplice se si ha la squadra giusta. Per assicurarsi che la transizione sia fluida, varie persone nell'azienda tra cui gli stakeholder, i tester, gli analisti di business e gli sviluppatori devono incontrarsi regolarmente per discutere il progetto. Quando la vostra azienda sta passando a Kanban, dovete ricordare che questa metodologia vi fornirà il mezzo più veloce di produttività per il codice, ma ci sono ancora alcuni rischi che il codice esca con qualche errore.

Kanban non è sensibile al tempo, ma dipende dalla priorità. Questo significa che ogni volta che uno sviluppatore vuole saltare nel prossimo compito, lui o lei può farlo molto velocemente. Questo approccio ha alcune riunioni per aiutare la pianificazione. Non è come Scrum. Kanban ha una transizione semplice per i team ideali. Per assicurare che la transizione a Kanban sia efficiente e senza intoppi - sviluppatori, analisti di business, stakeholder e tester devono incontrarsi regolarmente e discutere. Mentre si passa a Kanban, si dovrebbe ricordare che questo tipo di metodologia fornisce i mezzi più veloci per la produttività del vostro codice. Tuttavia, è probabile che il codice possa avere alcuni errori.

Kanban è il migliore per i piccoli team o quei team che non costruiscono caratteristiche che dovrebbero essere rilasciate al pubblico. Oltre a questo, è una metodologia di prim'ordine utilizzata in diversi tipi di prodotti o team il cui obiettivo principale è quello di rimuovere i bug in un sistema.

Programmazione estrema (XP)

Kent Beck è considerato il creatore di XP. È una metodologia Agile popolare e controversa. Si concentra sulla fornitura di software di alta qualità in un breve periodo. Opera sulla partecipazione del cliente, feedback rapido, pianificazione successiva e test. Questa metodologia è stata popolare ma controversa fin dalla sua introduzione. XP permette ai team di consegnare un lavoro di alta qualità su una base coerente e veloce. Fornisce una struttura per i team per aiutarli a lavorare in modo rapido ed efficiente, pur mantenendo una qualità di lavoro molto specifica. Con XP, il software dovrebbe essere consegnato entro 1-3 settimane e comporta test costanti, revisione e pianificazione. Questo è ottimo per i team più piccoli in quanto la collaborazione e il lavoro di squadra stretto sono necessari per mantenere la qualità e la velocità allo stesso tempo. Anche se questo può funzionare per team e progetti più grandi, sono più difficili da gestire in questo modo.

Cristallo

Questo è uno dei metodi più adattabili della gestione agile. Ci sono diverse forme di gestione dei cristalli, ma ognuna si concentra sulla dimensione del team e sulle priorità del progetto.

Il team e il modo in cui lavora verso le pietre miliari è regolato per ogni progetto per creare un quadro unico in cui lavorare.

Coloro che usano i vari metodi Crystal spesso si occupano di molti tipi diversi di progetti in un breve periodo di tempo. Questo metodo permette ai team di adattarsi facilmente da un progetto ad un altro completamente unico.

Ci sono alcune metriche che vengono con l'idea di Crystal. Queste metriche includono cose come la semplicità, il lavoro di squadra e la comunicazione. Come con alcune delle altre metodologie di Agile, Crystal abbraccia la consegna precoce e regolare di un prodotto funzionante. Può anche promuovere cose come l'eliminazione della burocrazia, la partecipazione degli utenti e l'adattabilità. Questo è di gran lunga l'approccio più leggero e facile. Crystal consiste in una collezione di metodologie Agile, alcune delle quali includono Crystal orange, Crystal yellow, Crystal clear, e molte altre.

Alcune metriche di Crystal includono comunicazione, lavoro di squadra e semplicità. Come altre metodologie Agile, Crystal abbraccia la consegna precoce e regolare di un prodotto funzionante. Inoltre, promuove l'adattabilità, la partecipazione degli utenti e l'eliminazione della burocrazia.

La metodologia di sviluppo dinamico dei sistemi (DSDM)

La metodologia di sviluppo di sistemi dinamici ha processi che vengono raffinati nel tempo per migliorarli.

I requisiti, noti come iterazioni, sono definiti e consegnati in un breve periodo di tempo e tutti i compiti che sono notati come importanti sono fatti.

DSDM sostiene l'idoneità nel business come l'obiettivo principale nella consegna e nell'accettazione di un dato sistema. In questa metodologia, i requisiti sono elencati all'inizio del progetto e i processi sono raffinati per migliorarli. I requisiti, spesso chiamati iterazioni, sono definiti e consegnati in breve tempo. Tutti i compiti importanti devono essere fatti in un progetto DSDM. Inoltre, non tutti i requisiti sono altamente prioritari.

Sviluppo guidato dalle caratteristiche

Conosciuto anche come FDD questo metodo di sviluppo ha lo scopo di produrre deliverable che siano funzionali entro un periodo di due settimane. Si concentra su piccoli team e su un lavoro intenso con pietre miliari e fasi più grandi. FDD richiede che i team si incontrino spesso con il proprietario del prodotto o il cliente e descrive brevi fasi che sono fatte estremamente velocemente e messe insieme in un lasso di tempo limitato per la consegna.

Queste sono le attuali metodologie di sviluppo del software. Ognuna di esse continua a crescere e a cambiare con gli anni e si evolve man mano che cresce la conoscenza dello sviluppo e del software. Scegliere il metodo di sviluppo corretto per il tuo progetto e la tua squadra è molto importante.

Se non si sceglie correttamente, si possono avere conseguenze indesiderate molto gravi. Dai un'occhiata ai dettagli del progetto e alle dimensioni del tuo team per determinare quale di questi metodi di sviluppo all'interno di Agile Management è il migliore per te e il tuo team.

Gestire il rischio nella gestione di progetti agili

Risk Management

Traditional		Agile
Risk Identification, Qualitative Analysis, Response Planning	≈	Iteration Planning, Daily Stand-ups, and Retrospectives
Monitoring & Controlling	≈	Daily Stand-ups and Highly Visible Information Radiators

La gestione del rischio è un elemento quintessenziale di tutti i tipi di gestione dei progetti. È, in definitiva, dove inizia il vero project management e dove i grandi project manager possono mostrare il loro vero valore.

La gestione del rischio nella gestione agile del progetto è affrontata un po' diversamente rispetto agli approcci più tradizionali. Nel waterfall, la gestione del rischio è fatta in base al mega-piano creato all'inizio del progetto.

In agile, tuttavia, la gestione del rischio è fatta in modo iterativo, con ogni nuovo rilascio. Più sprint si attraversano, più si avrà una visione accurata di quali sono i rischi e cosa si può fare per evitarli.

Questo non vuol dire che vi butterete a capofitto quando inizierete le vostre prime iterazioni. Tuttavia, non sarete in grado di (e non dovreste) pianificare fino al più piccolo dettaglio. Nella gestione agile del progetto, questo è considerato tutt'altro che produttivo, in particolare perché la natura dei requisiti e del progetto stesso può cambiare - e, come tale, anche i rischi cambieranno.

Per quelli di voi che hanno lavorato solo con metodi tradizionali di gestione dei progetti, la gestione agile del rischio potrebbe sembrare un caos completo.

Tuttavia, è altrettanto organizzato e strutturato come qualsiasi altro metodo di gestione dei progetti.

Dedicheremo questo capitolo a insegnarvi i pro e i contro della gestione del rischio nella gestione agile del progetto. Anche se non dedicheremo tanto spazio a nessun altro aspetto individuale della gestione agile dei progetti, riteniamo che la gestione del rischio sia troppo cruciale, troppo grande e troppo incompresa. Come tale, vogliamo dargli molto tempo e spazio, in modo che possiate capire pienamente come si fa.

Classificare

L'identificazione dei rischi nei progetti agili consiste nel discutere le storie con la tua squadra e trovare quelle parti che potrebbero rivelarsi problematiche lungo la strada. L'identificazione dei rischi di solito avviene nella terza fase dello sviluppo del progetto (una volta che avete già capito i requisiti del prodotto e la dimensione delle storie).

La ragione per cui il rischio dovrebbe essere gestito durante la terza fase è perché a quel punto avrete una comprensione più profonda del tipo di progetto che state affrontando e un'idea specifica di ciò che dovete fare.

Una volta identificati, i rischi dovrebbero essere classificati in base alla loro natura. Questo passo è importante perché vi aiuterà a vedere i rischi che state affrontando più chiaramente - permettendovi di pianificare azioni preventive per aiutarvi ad evitare quelle specifiche insidie.

Naturalmente, dato che questo è un project management agile, dovreste accettare il fatto che i rischi potrebbero cambiare nel corso dello sviluppo del progetto stesso. Questo è precisamente il motivo per cui la gestione dei rischi dovrebbe essere una parte della pianificazione di ogni iterazione - più granulare si può andare, più specifici possono essere i rischi che si identificano.

Ci sono molti modi di classificare i rischi nella gestione agile dei progetti, ma discuteremo due dei più popolari.

Il metodo descrittivo

Questo metodo di classificazione dei rischi non è prescrittivo, nel senso che vi permetterà di modificare le classi di rischio a vostro piacimento. Alcuni progetti possono soddisfare tutte le classi di rischio, altri potrebbero essere più limitati (e, in quanto tali, avranno a che fare solo con specifiche classi di rischio).

Alcune delle classi di rischi più importanti e comuni che si possono incontrare sono le seguenti:

Soluzione - rischi che incidono sul fatto che il prodotto finale sia o meno una soluzione effettiva ai bisogni del vostro cliente.

Timeline - rischi che influenzano il fatto che il progetto venga consegnato in tempo o meno.

Budget - rischi che influenzano il fatto che il progetto si attenga o meno al suo budget iniziale.

Privacy - rischi che influenzano il fatto che il progetto possa o meno essere conforme e rispettare i regolamenti e la legislazione sulla privacy (come il GDPR, per esempio).

Sicurezza - rischi che riguardano la sicurezza o meno del progetto e dei suoi contenuti da potenziali hacker.

Risorse - rischi correlati al fatto di avere o meno abbastanza risorse (umane e non umane) per finire il progetto.

Scope - rischi che influiscono sul fatto che il progetto sia contenuto correttamente o meno.

A seconda del tipo di progetto che state gestendo e delle sue implicazioni molto specifiche, potreste anche voler prendere in considerazione rischi politici, ambientali o di reputazione, per esempio.

Inoltre, è importante notare che alcuni rischi potrebbero rientrare in più classi. Per esempio, la mancanza di sviluppatori senior può essere un rischio legato alle risorse, ma può anche essere un rischio legato al budget (poiché dovrete spendere di più per dei buoni sviluppatori) e un rischio legato al tempo (poiché dovrete allocare del tempo per trovare e reclutare nuovi sviluppatori).

Il metodo PASTLE

Non c'è molto per differenziare quello che abbiamo chiamato il metodo "descrittivo" e il metodo PASTLE, a parte il fatto che quest'ultimo usa un acronimo per rendere più facile agli utenti ricordare le principali categorie di rischi da considerare nel processo di pianificazione.

PASTLE sta per:

Politico

Ambientale

Sociale

Tecnologico

Legale

Economico

Come potete vedere, questi rischi sono più generali ed estrinseci al progetto stesso, quindi il metodo potrebbe essere più adatto a progetti che sono effettivamente legati alla scena politica, ambientale o sociale (ma non esclusivamente).

Come per l'altro metodo, alcuni rischi potrebbero rientrare in più classi - è importante discuterne con la vostra squadra e analizzare questi rischi da ogni prospettiva immaginabile.

Non si può prevedere il futuro, certo. Ma si possono sicuramente anticipare gli scenari - ed è qui che dovrebbero avvenire l'identificazione e la classificazione dei rischi.

Quantificare

Identificare i rischi e classificarli secondo la loro natura è ovviamente importante. Allo stesso tempo, vale la pena menzionare che è anche fondamentale quantificare ogni rischio secondo il suo livello di importanza e l'impatto che può avere sul progetto.

Può piacervi o meno, ma i numeri danno significato nella gestione dei progetti - e anche se l'agile potrebbe essere un modo più innovativo di affrontare la gestione dei progetti in generale, si attiene ancora alle stesse regole antiquate in termini di assegnazione di importanza numerica ai vari elementi.

Come la classificazione, la quantificazione del rischio può essere fatta in diversi modi. Siccome è relativamente semplice e siccome può essere buono come qualsiasi altra tecnica, abbiamo scelto di presentarvi un metodo che usa una matrice di base per aiutarvi a identificare l'importanza del rischio.

Fondamentalmente, questo metodo utilizza una matrice composta da due assi: Impatto e Probabilità. Ad ogni rischio sarà assegnato un certo valore numerico per l'asse dell'impatto e un certo valore numerico per l'asse della probabilità. Quando i due assi sono riuniti, ogni rischio sarà associato a un numero che rivela quanto è critico quel rischio specifico per il progetto nel suo insieme, e se deve essere affrontato per primo o no.

Quando si assegnano valori numerici per l'asse Impact, seguire questa guida:

1) **Minimo** - l'impatto che avrà sulla/e sua/e classe/i è minimo e l'impatto del rischio dovrebbe essere rivisto ogni tre mesi.
2) **Nominale** - l'impatto che avrà sulla sua classe (o sulle sue classi) non supera il 5% (ad esempio, il budget del progetto sarà superato del 5% se questo rischio si verifica).
3) **Moderato** - l'impatto che avrà sulla/e sua/e classe/i può essere in qualche modo significativo, ma il verificarsi è improbabile e non influenzerà il progetto per più di 10 punti percentuali (ad esempio, il budget del progetto sarà superato del 10%).

4) **Alto** - l'impatto che avrà sulla/e sua/e classe/i può essere significativo e può influenzare il progetto del 25% (per esempio il budget del progetto sarà superato del 25%).

5) **Estremo** - l'impatto che avrà sulla sua classe (o sulle sue classi) è importante e può influenzare il progetto di 50 punti percentuali (ad esempio, il budget del progetto sarà superato del 50%).

Quando si assegna un valore numerico per l'asse delle probabilità, considerare quanto segue:

1) **0-10%** - abbastanza improbabile che si verifichi
2) **11-40%** - improbabile che si verifichi
3) **41-60%** - può verificarsi
4) **61-90%** - probabile che si verifichi
5) **91-100%** - molto probabile che si verifichi

Una volta compilata la matrice, moltiplicherete i valori numerici assegnati ad ogni asse e otterrete un numero. A partire da quel numero (chiamato Risk Value), potrete pianificare in anticipo e dare la giusta priorità al modo in cui pianificate per evitare i rischi maggiori ed essere il più sicuri possibile che non influiscano sul buon andamento del vostro progetto.

Competenze e sviluppo di software

Una componente chiave nell'implementazione della metodologia agile nel vostro progetto è imparare come potete farlo. Dopo tutto, un metodo è tanto buono quanto gli strumenti e le implementazioni che offre a vostra disposizione.

Fortunatamente per voi, il metodo agile non è solo un sistema fantasioso per fare le cose velocemente. Infatti, il sistema è tanto migliore quanto più si identifica ciò che si può fare e ciò che si può usare per implementare il metodo nel proprio team.

Quali sono le competenze chiave di Agile?

Oltre al fatto che la metodologia agile dipende dagli strumenti che si usano, dipende anche dalle persone che la implementano. I project manager come voi dovrebbero possedere certe qualità per rendere il metodo efficace e sostenibile.

A. Capacità di dare priorità

A prima vista, ogni compito che potrebbe essere coinvolto in un progetto sembra essere essenziale. Anche se questo potrebbe essere vero, un project manager sa come i compiti devono essere tagliati in modo che tutti possano concentrarsi su ciò che è importante ora.

Il progetto sotto la metodologia, dopo tutto, sarà diviso in varie iterazioni. Questo significa che alcuni compiti non sono ancora importanti fino alla fase corrispondente o, a causa della segmentazione del lavoro, sono considerati ridondanti. La vostra capacità di identificare quale lavoro è importante e quale non è necessario sarà quindi cruciale per questo metodo.

B. Calma sotto pressione

Un project manager che usa il metodo agile dovrebbe avere la capacità di mantenere la calma sotto pressione e prendere decisioni cruciali anche sotto uno stress tremendo.

Bisogna ricordare che i cambiamenti sono fatti per essere scomodi. Una volta che tutti si sono stabilizzati in un ritmo o si sono preparati mentalmente a fare una cosa, l'ultima cosa che vogliono sentire è che le regole sono cambiate.

Come project manager, dovresti essere in grado di gestire i cambiamenti, anche quelli dell'ultimo minuto, e regolare il lavoro del tuo team di conseguenza. In questo aspetto, potresti anche dover sviluppare le tue capacità di diplomazia per affrontare l'eventuale dissenso proveniente dal tuo team.

C. Abilità di coaching

Uno dei principi chiave del metodo agile è quello di avere un team motivato. Il problema con la motivazione è che non dura esattamente a lungo da sola. Voi come leader dovreste essere in grado di mantenere il vostro team motivato abbastanza da finire ogni iterazione del processo di sviluppo. Dovresti dare loro la garanzia che tutto è ancora secondo i piani e, se non lo è, sei lì per aiutarli a passare al nuovo status quo.

E oltre a motivare il vostro team, dovreste anche essere in grado di migliorare le loro competenze e guidarli nel loro lavoro senza un pesante accompagnamento. In sostanza, la vostra leadership dovrebbe fare in modo che le competenze e le abilità del vostro team non siano le stesse alla fine di un'iterazione. Più dinamiche ed espansive sono le competenze combinate del team, più sarà in grado di gestire le sfide che potrebbero sorgere durante il processo.

D. Competenze organizzative

Come leader, il tuo obiettivo è quello di assicurarti che tutti stiano facendo la loro parte dell'intero carico di lavoro. Oltre a dare priorità a ciò che deve essere fatto, devi essere in grado di ricordare a tutti le scadenze per ogni iterazione.

Un grande difetto del metodo agile, dopo tutto, è che è facile perdere di vista l'obiettivo generale, specialmente se le iterazioni sono lunghe e numerose. È il tuo ruolo, quindi, come leader, di ricordare a tutti che tutto ciò che fanno non deve solo contribuire al successo di quell'iterazione ma al progetto complessivo.

E. Pensiero rapido

La capacità di prendere decisioni importanti è un punto forte del metodo agile. I project manager dovrebbero quindi essere in grado di fare rapidi cambiamenti quando se ne presenta la necessità senza perdere lo slancio che hanno già costruito per il team.

Questo significa che dovreste essere in grado di abbandonare le strategie con un preavviso di un momento, non importa quanto fortemente vi sentite per quella tattica. Dovete capire che i cambiamenti ci sono per una ragione e dovete rispondere facendo i necessari aggiustamenti al vostro programma. E tenete a mente che alcune decisioni hanno un limite di tempo. Se ci metti troppo tempo a rimuginare sui tuoi pensieri, potresti perdere opportunità preziose che si traducono in alcuni periodi di inattività per il resto della squadra.

F. Adattabilità

L'accettazione del cambiamento dovrebbe iniziare dalla leadership. Come tale, dovreste essere i primi a dare il benvenuto alla prospettiva di cambiare le condizioni nel processo di sviluppo.

Quando siete i primi ad adattarvi, state effettivamente aiutando il team ad adattarsi ai cambiamenti. Questo dovrebbe ridurre la confusione nel processo di implementazione e allo stesso tempo prevenire un'ulteriore rottura delle comunicazioni.

Ma essere adattabili non vi aiuterà se trasmettete la necessità del cambiamento il più velocemente possibile. Devi far capire al tuo team perché c'è bisogno di cambiamenti e dimostrare loro che tali cambiamenti non influenzano negativamente l'intera iterazione ma, invece, migliorano la qualità del loro lavoro.

Software di gestione

Chiunque voglia usare il Metodo Agile dovrebbe anche trovare il software corrispondente. Questi programmi sono dotati di caratteristiche e sistemi che rendono possibile e, in alcuni casi, più facile l'attuazione del processo agile. Ecco alcuni dei software ottimizzati per l'Agile che potreste usare per il vostro progetto.

1. Planbox

Una delle parti più importanti del ciclo del metodo agile sono i cosiddetti grafici di burndown (più avanti su questo). Planbox è un programma che può tracciare questi grafici in modo che tutti nel team abbiano un'idea precisa di quanto lontano (o vicino) sia il team nel raggiungere un certo obiettivo.

Il programma integra anche caratteristiche come il feedback dei clienti, le segnalazioni di bug, le correzioni e altri contenuti generati dagli utenti che possono aiutarvi a migliorare il vostro prodotto finale. Viene anche fornito con strumenti di valutazione che dovrebbero rendere le vostre revisioni periodiche e retrospettive più complete.

Infine, il programma viene fornito con un sistema di reporting avanzato che consente di rivedere facilmente lo stato delle aree problematiche in ogni iterazione. E la parte migliore è che Planbox è assolutamente gratuito sul mercato in questo momento.

2. LeanKit

Se state cercando di implementare la variante Kanban del

metodo agile, allora questo programma è il più adatto a voi. Una delle caratteristiche principali di questo programma è una funzione di reporting dal vivo in cui gli utenti possono inviare elementi di lavoro e avere gli stessi affrontati in tempo reale.

Questo è l'ideale se il vostro team non è fisicamente insieme in un posto di lavoro. Forse avete team remoti che lavorano in altre aree e questo rende le riunioni quotidiane quasi impossibili. Ma con LeanKit, la corrispondenza all'interno del team è più facile, il che dovrebbe assicurare che tutte le persone coinvolte nel progetto siano sulla stessa pagina.

Oltre a un sistema di posting e reporting dal vivo, LeanKit è anche ottimizzato per le piattaforme cross-team ed è ottimo per tenere traccia delle dipendenze. Il programma può anche essere reso compatibile con le strutture di lavoro Scrum.

L'intero programma può costare tra i 20,00 e i 30,00 dollari al mese.

3. Jira

Costruito da zero per la metodologia Agile, Jira è spesso considerato uno dei sistemi operativi di gestione dei progetti più affidabili là fuori. Ha una serie piuttosto robusta di caratteristiche che potrebbero aiutarvi a tracciare, monitorare e anche comunicare con il resto dei vostri team attraverso ogni iterazione del processo.

L'unico grande difetto di Jira è che può essere intimidatorio per i nuovi arrivati alla metodologia agile. Può essere complesso da usare a volte e il solo atto di impostarlo per il vostro posto di lavoro richiederà l'aiuto di uno sviluppatore esperto.

A parte questo, Jira può essere costoso. Le soluzioni che offre e i servizi offerti dal team possono far lievitare qualsiasi azienda di almeno migliaia di dollari ogni anno. Se fai parte di una piccola startup tecnologica, allora Jira potrebbe non essere la soluzione migliore per te. Non ancora.

Nonostante questi difetti, Jira è piuttosto eccellente quando si tratta di tracciare e affrontare i bug, e la corrispondenza tra le squadre. Ha anche vari campi personalizzati che permettono di adattare il programma alle specifiche dei vostri progetti attuali.

4. Gestione del progetto GIthub

Il principale punto di vendita di questo programma è che è il più grande server ospitato basato su GIt sul mercato in questo momento. Quindi, vi chiederete, cosa fa questo per il vostro metodo agile di gestione dei progetti? La risposta è che il server permette a tutti i vostri sviluppatori di memorizzare tutto il codice fatto nei progetti che sono stati già finiti.

Questo significa che non dovete rielaborare il codice che avete già fatto per i nuovi progetti, il che può ridurre il tempo di sviluppo di un grado considerevole. E la parte migliore è che può registrare le modifiche fatte in tempo reale, il che significa che il lavoro può continuare dove è stato lasciato in caso di emergenze.

Una delle grandi caratteristiche del programma GIthub è che può integrare molti altri strumenti per diverse persone coinvolte nel progetto. C'è un pannello dedicato agli sviluppatori, un altro per i proprietari di prodotti, un altro per i gestori di progetti, e così via. Il vostro team di sviluppo può anche impostare un canale di comunicazione privato o uno pubblico dedicato al miglioramento del codice.

Il risultato finale è che la vostra squadra avrà sempre accesso alle migliori versioni dei codici con cui hanno già lavorato, il che dovrebbe mantenere lo slancio del lavoro a un livello elevato. I prezzi per questo programma di gestione iniziano gratuitamente con una quota di sottoscrizione mensile di $21.00 per utente se volete accedere a più caratteristiche.

5. Clickup

Se state cercando il programma di gestione agile più ideale, allora Clickup potrebbe essere la risposta per voi. Una caratteristica fondamentale all'interno di Clickup è un programma di gestione orientato alle caratteristiche che permette ai team di essere in cima a ciò che deve essere fatto per ogni iterazione, facendo in modo che i loro sforzi contribuiscano all'obiettivo finale più grande.

Clickup dà agli utenti la possibilità di vedere una panoramica dei compiti che sono stati completati, ancora da completare, lavori in corso e dipendenze. Con questo, si può almeno evitare che i compiti intasino l'intero team.

Alcune delle altre caratteristiche fornite dal programma includono la capacità di creare epopee e impostare punti di storia, analizzare il progresso dell'iterazione in tempo reale, dare agli utenti l'accesso a modelli e stati personalizzati per la gestione dei processi, il monitoraggio del tempo e altri strumenti che potrebbero aiutare nelle riunioni quotidiane.

La parte migliore di Clickup è che ha un piano Free Forever. Ciò significa che è possibile ottenere una copia del sistema in modo assolutamente gratuito. Tuttavia, per l'accesso a caratteristiche ancora più complete e per i costi di manutenzione, il programma chiederà una quota di abbonamento di $9.00 al mese per ogni persona che userà il programma.

Identificare i problemi organizzativi

Affinché il metodo agile funzioni, l'intera squadra deve aderire ai suoi principi. Questo è il motivo per cui la più grande sfida che dovreste affrontare nell'implementazione del sistema nella vostra organizzazione è l'organizzazione stessa. Infatti, ci sono una serie di problemi intrinseci che potrebbero impedirvi di godere appieno del metodo agile, se non affrontati correttamente.

A. La cultura

Non tutte le aziende e la cultura dei team hanno il loro supporto o sono addirittura compatibili con il metodo agile. E anche se il vostro team è immediatamente a bordo del processo, c'è la possibilità che i piani alti non siano così accoglienti.

Qui è dove dovrebbe entrare in gioco molta diplomazia, poiché dovete convincere le persone a cui riferite direttamente che ci sono dei benefici da avere dal sistema agile per poterlo sostenere. Dovete vedere le cose dalla loro prospettiva per fare questo.

Forse la direzione sente che sta dando troppa indipendenza al vostro team di sviluppo e ha paura che questo possa disturbare le comunicazioni interne. O forse hanno semplici idee sbagliate sulla metodologia.

Qualunque sia il caso, potete fare molto da parte vostra per dissipare le loro paure riguardo al sistema in modo che sostengano il vostro progetto attraverso le diverse iterazioni.

B. Comprensione poco chiara dell'impatto del sistema

Per ottenere i migliori risultati dal metodo agile, non basta implementare i sistemi e gli strumenti a disposizione. Il più delle volte, seguire ciecamente i principi senza conciliarli con gli obiettivi dell'azienda può farvi perdere tempo, fatica e denaro.

Allineare il sistema con gli obiettivi e i valori dell'azienda sarà ancora importante perché questo aiuta il resto dell'azienda a capire perché dovete fare il vostro progetto in diverse iterazioni. Se il vostro team e il resto dell'azienda capiscono come il metodo Agile può influenzare positivamente l'intera organizzazione, potete essere certi che il sistema diventa sostenibile nel lungo periodo.

C. Una tendenza a correre

Un difetto fatale del metodo agile è che sfrutta la fastidiosa tendenza dell'uomo a fare le cose in fretta. Nella speranza di ottenere cose fatte velocemente e in quantità massicce, il cervello tende a trascurare i dettagli chiave.

Questo ha come risultato che i team si concentrano sull'ottenere le cose fatte al più presto mentre si perdono gli aspetti più semplici e gestibili del processo di sviluppo. Questo può portare a serie ripercussioni in seguito, poiché i problemi impostati nelle iterazioni precedenti possono emergere in quelle successive.

Come tale, i project manager devono trovare un modo per mantenere la concentrazione di tutti mantenendo il ritmo di lavoro. In sostanza, voi servite come prima e ultima linea di difesa contro il fatto che il vostro team diventi imprudente nel processo di sviluppo.

Pianificazione dei progetti

L'esperienza accumulata attraverso l'uso su vasta scala degli standard Agile negli incarichi di miglioramento della programmazione ci insegna che le ben note tecniche di miglioramento della programmazione Agile (come Scrum http://www.scrumalliance.org/>) ora non sono scalabili a livello di programma, oggetto e impresa commerciale senza cambiamenti. Gli elementi essenziali per le modifiche a queste strategie sono visti negli standard Lean, o: il destino finale dei metodi Agile si trova nelle sue radici. Questo articolo descrive una struttura di organizzazione che è stata utilizzata efficacemente in enormi commissioni Agile ed esamina l'effetto della presentazione di questo sistema su tre standard Lean centrali http://www-personal.umich.edu/~liker/>: Muri,

Mura e Muda.

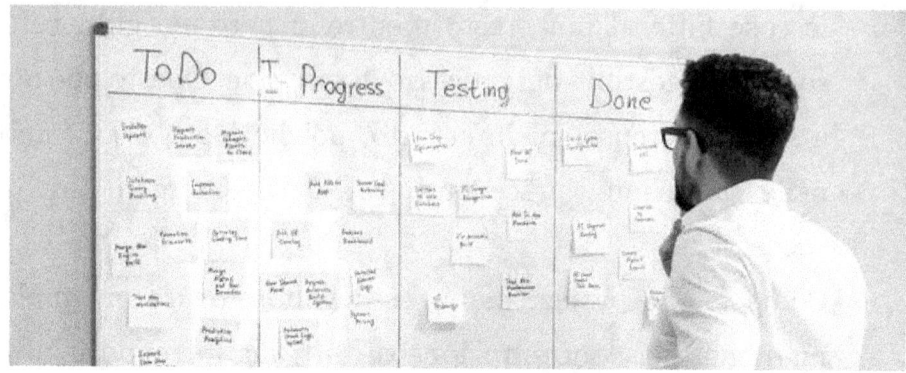

Organizzare in progetti agili su larga scala

Nelle tecniche Agile http://www.agilemanifesto.org/>, l'accatastamento di un raduno con il lavoro è realizzato attraverso l'organizzazione dell'età. A causa della brevità del nuovo scarico (ordinariamente da uno a circa un mese e mezzo) un'organizzazione diminuisce in enormità e l'organizzazione di proprietà utili in importanza. Per piccoli compiti, potrebbe anche essere sufficiente progettare esclusivamente un'età solitaria in una sola volta. Lo svantaggio compiuto dell'organizzazione dell'età quando si usa per commissioni che continuano a funzionare per più di un paio di enfasi o con diversi gruppi è che la prospettiva sulle ramificazioni più estese nel tempo delle attività di enfasi può essere persa. Alla fine della giornata: si perde la prospettiva sul "tutto". Una risposta è quella di aggiungere gradi di organizzazione per includere l'attuale prospettiva sulla "totalità".

Nelle filosofie plan-driven e a cascata, questo problema viene sconfitto attraverso un'enorme struttura schietta, pianificando di anticipare precisamente come un tremendo lavoro parcellare viene sottolineato in ogni compito di sfida. Questo richiede un enorme sovvenzionamento fin dall'inizio dell'impresa, quando non c'è nessuna capacità positiva che l'utilità strutturata sia veramente l'utilità desiderata dal proprietario dell'oggetto. Una metodologia con alcune fasi di organizzazione deve evitare la reintroduzione dell'enorme formato in anticipo.

Le attività di organizzazione delle imprese su larga scala si basano su 5 livelli:

- *Visione del prodotto*
- *Roadmap del prodotto*
- *Piano di rilascio*
- *Piano Sprint*
- *Impegno quotidiano*

L'assegnazione di base delle attività di prova tende in ognuno dei cinque gradi di incremento, e lungo queste linee la quantità di componente tende (contanti contribuiti), la quantità di persone interessate e la ricorrenza può intensificarsi senza passeggiare il pericolo di bruciare attraverso il denaro su caratteristiche che possono anche ora non essere costruite o possono inoltre essere fabbricate in un modo imprevisto. Ognuno dei cinque gradi di organizzazione tende alle norme di organizzazione essenziali: bisogni, valutazioni e doveri.

Visione dell'oggetto

Il quadro più ampio che si può dipingere delle cose a venire è il sogno di un proprietario di un oggetto. In questo innovativo e giudizioso chiarisce come dovrebbe essere un'impresa o un oggetto. Propone quali segmenti del quadro devono cambiare (necessità) e quali sforzi possono essere utilizzati per ottenere questo obiettivo (valutazioni e compiti).

Visione dell'oggetto - Come fare

Le strutture potenziali per una pratica di visioning sono di fare un'affermazione di ascensore o un articolo creativo e lungimirante della scatola http://www.joelonsoftware.com/articles/JimHighsmithonProductVisi.html>. Lo statuto di ogni esercizio è quello di fare una dichiarazione che raffigura il futuro in espressioni di elemento desiderato include, clienti obiettivo e differenziatori chiave da andare prima o elementi di forza.

Geoffrey Moore http://en.wikipedia.org/wiki/Geoffrey_Moore utilizza la forma di accompagnamento nella sua proclamazione di ascensore: "Per (cliente target) che (articolazione del bisogno) il (nome dell'articolo) è un (classe dell'articolo) che (vantaggio chiave dell'articolo, motivo convincente per acquistare). In contrasto con (opzione aggressiva essenziale), il nostro articolo (ultima presentazione della separazione essenziale)." L'item innovativo e perspicace ritrae una nazione ideale che è un anno o più avanti. Ulteriori esercizi di organizzazione (struttura) dettaglieranno la visione, e possono inoltre occupare dalla visione per il fatto che il futuro ci passerà un punto di vista cambiato disponibile, l'articolo e gli sforzi necessari per rendere la realtà inventiva e giudiziosa.

Monitoraggio e suggerimenti per il successo

Ci sono attualmente numerose aziende là fuori che cercano di sfruttare varie metriche per misurare il successo complessivo della loro organizzazione. Ma, quando si tratta di sfruttare le metriche della gestione agile dei progetti, le cose sono molto più complesse di quanto si possa pensare.

Quando iniziate un progetto agile, dovete già fare piani su come misurare il successo, perché senza misurare il successo nel modo giusto, il vostro progetto non può andare avanti. Inoltre, quando si tratta di agile, non c'è un unico metodo o metrica che sarà perfetto per organizzazioni di tutte le dimensioni e tipi. Tenendo questi fattori in mente, le seguenti sono alcune delle metriche più importanti con cui potete misurare il successo dell'implementazione della gestione agile del progetto della vostra azienda.

Consegna puntuale

La consegna puntuale è una delle metriche più importanti che la maggior parte delle organizzazioni usa per misurare il successo della gestione agile dei progetti. Ma poiché l'agile si basa già sulla gestione del tempo per finire i progetti entro i tempi previsti - in questo caso, per consegna puntuale si intende il lavoro che viene fatto in conformità con le aspettative generali di ciò che sta per essere consegnato.

Questo aiuta a migliorare l'aspetto di visibilità della gestione agile del progetto per quanto riguarda il lavoro che viene fatto e consegnato su una base coerente nel tempo. Questo aiuta i membri del team ad essere più incoraggiati sul loro lavoro e quindi ad affrontare situazioni complesse in anticipo.

I difetti

Quando si prende in considerazione qualsiasi progetto, bisogna occuparsi anche dei suoi difetti. I difetti possono essere parti di qualsiasi progetto. Ma, con l'aiuto della gestione agile del progetto, il vostro team sarà in grado di ridurre o minimizzare il numero di difetti che in gran parte si verificano. Potete facilmente tracciare le metriche dei difetti e permettere al team di sviluppo di imparare e conoscere il modo in cui può evitare tali difetti e anche correggere gli stessi.

Il numero di difetti e l'aumento o la diminuzione di tali difetti vi aiuterà a conoscere il progresso generale del progetto. Vi aiuterà a innescare discussioni con il vostro team di sviluppo, migliorando così le tecniche generali durante le retrospettive di sprint.

La soddisfazione del cliente

Questa metrica è usata per misurare quanto il cliente è soddisfatto del progresso generale della gestione agile del progetto. Usare questa metrica per misurare i progetti agili è la vera idea che sta dietro l'intera filosofia agile.

Agile si basa sul feedback dei clienti per sviluppare prodotti migliori e più efficienti, concentrandosi principalmente sui bisogni e le esigenze dei clienti.

La metodologia agile generalmente lavora per fornire il miglior valore all'utente finale attraverso il suo prodotto o software funzionante. È possibile misurare la soddisfazione del cliente in vari modi diversi, che includono le statistiche di utilizzo, l'aumento del numero di vendite, le opinioni degli utenti e le recensioni e simili.

La qualità del prodotto

Può essere un po' più difficile misurare la qualità del prodotto sviluppato attraverso procedure agili, con l'aiuto di tali metriche. Come è stato menzionato prima, la metodologia agile si basa sulla creazione di valore per l'utente finale. Pertanto, significa che anche se c'è una maggiore enfasi sulla qualità del prodotto, la parte più impegnativa è il modo in cui si può misurare il successo ottenuto.

Si può fare questo iniziando a guardare la soddisfazione generale del cliente insieme ai tassi di crescita in termini di entrate e anche gli altri aspetti tecnici delle fasi di test dell'ambiente agile. Quando si tratta di pratiche e politiche agili, il team di sviluppo si concentra sulla costruzione di software con l'aiuto dell'integrazione di prodotti di qualità fin dall'inizio. Quando il team di sviluppo permette metodi di test continui durante tutto il ciclo di vita del prodotto, si assicura che il software o il prodotto sia sviluppato nel modo giusto, il che garantirà il giusto tipo di qualità alla fine del prodotto del ciclo di vita del software.

Il valore creato per il business

È essenziale misurare il valore aziendale che viene creato con l'aiuto delle varie politiche e pratiche agili. È stato menzionato e riconosciuto nel Manifesto Agile riguardo all'importanza dei valori di business in molti principi agili. Quando si sta pianificando di misurare il valore di business, l'ambizione dovrebbe essere molto chiara su ciò di cui si ha bisogno. Questo perché creare valore per il business significa sapere se i requisiti di conformità o di contratto sono stati soddisfatti.

Quindi, se si può applicare la metrica del valore di business per misurare il tipo di caratteristiche che devono essere consegnate dal team di sviluppo, allora aiuterà a misurare il successo dell'intero progetto in modo efficace.

La portata complessiva del prodotto

Il successo del vostro progetto agile può essere misurato anche con l'aiuto dell'ambito del progetto.

L'ambito del progetto conterrà tutti i requisiti e le caratteristiche necessarie, come parte integrante della gestione agile del progetto.

Quando si stabilisce un obiettivo per quanto riguarda gli sviluppi che devono essere fatti nei prossimi tre mesi, allora può diventare abbastanza gratificante quando si segue lo stato del progetto e anche il completamento dei compiti relativi ad esso. Quando riceverete aggiornamenti in tempo reale sui benefici del vostro progetto in fase di completamento, ne beneficeranno tutti coloro che sono coinvolti nello sviluppo di prodotti o software. Si potrà facilmente visualizzare il successo del progetto e anche la sua progressione complessiva verso il traguardo.

La visibilità del prodotto

Senza ombra di dubbio, la visibilità può essere un fattore enorme e anche una metrica essenziale in varie politiche e pratiche agili. Una buona visibilità del prodotto porterà anche a un migliore successo del progetto complessivo.

La visibilità del prodotto si basa sulla trasparenza generale dello sviluppo del prodotto e la trasparenza è molto significativa anche per costruire la fiducia a lungo termine.

In termini più semplici, i piani del progetto dovrebbero essere disponibili a tutti e tutti dovrebbero avere accesso ai progressi del progetto, in modo che la fiducia tra i membri del team possa aumentare di molte volte. Seguendo questo metodo, tutte le persone coinvolte nel successo del progetto, compresi i manager e le parti interessate possono fornire la loro prospettiva sul successo del progetto.

Dovete assicurarvi che le caratteristiche del progetto siano ritratte fianco a fianco con il piano del progetto corrente in modo che tutti possano vedere il successo complessivo. Inoltre, con l'aiuto della visibilità, l'allineamento dei diversi team diventa facile. Quando più di un team sta lavorando allo sviluppo di un particolare progetto, allora con l'aiuto della visibilità, è possibile innescare la comprensione reciproca e la cooperazione tra i membri del team e le squadre. Questo, a sua volta, darà una spinta al successo generale del progetto.

Il ritorno sull'investimento o R.O.I.

Il ritorno sull'investimento può essere definito come il reddito che viene generato dal prodotto o dal software che viene sviluppato. Se il prodotto costa meno soldi per produrlo, il che significa che l'azienda ha dovuto spendere complessivamente meno soldi, allora si può dire che il ROI del prodotto è alto.

In termini di progetti agili, il concetto di ROI è diverso da quello utilizzato nei progetti tradizionali. Con l'aiuto dei progetti agili, potete facilmente permettere che il prodotto o il software in mano vi aiuti a generare reddito dalla prima iterazione o rilascio stesso. Le entrate continueranno ad aumentare con ogni versione di rilascio. Il ROI è davvero una grande metrica per un'azienda per apprezzare il suo team di sviluppo e anche il valore complessivo del progetto che è in corso pure.

Con l'aiuto delle metriche ROI, le organizzazioni possono decidere se finanziare o eliminare completamente un progetto. Il potenziale ROI è quello che la maggior parte delle aziende guarda. Il ROI dei singoli progetti, così come i progetti per l'azienda nel suo complesso, possono essere tracciati dall'azienda.

La produttività complessiva

Quando si lavora in un ambiente agile, è molto essenziale che la produttività sia mantenuta ad un livello elevato. Può anche essere una metrica molto utile per monitorare e curare il successo generale del progetto. In un ambiente agile, la produttività si misura in termini di output complessivo.

Così, si può facilmente capire l'impatto della produttività guardando i requisiti che vengono completati o fatti. Se un team ha un'alta produttività, allora i requisiti saranno fatti velocemente. Se la produttività è minore, allora sarà necessario più tempo per completare gli stessi requisiti.

La prevedibilità complessiva

La prevedibilità è un altro dei fattori più importanti quando si misura il successo della gestione agile dei progetti. Si può misurare la prevedibilità con l'aiuto della tendenza della velocità. Il trend di velocità può essere definito come la quantità massima di lavoro che un team scrum o un team agile può tirare fuori o completare in ogni sprint agile.

Quando misurerete questa tendenza per circa tre o quattro mesi, verrete a conoscenza della quantità di lavoro che è stato fatto o completato a un ritmo che è abbastanza sostenibile per il team di sviluppo. Nel caso in cui la metrica della velocità differisca su una base drastica, allora può significare che ci sono una serie di fattori che possono essere responsabili di tale comportamento, compresi i cambiamenti di squadra, i team che si abituano al nuovo lavoro e così via.

Il successo può anche essere misurato sul numero di storie utente che vengono completate regolarmente alla settimana, che sarà anche un buon indicatore di prevedibilità.

La durata del progetto

Non c'è dubbio che il progetto agile è fatto molto più velocemente dei normali progetti tradizionali a cascata. Quindi, consentendo al progetto di iniziare più velocemente e ad un ritmo molto più rapido vi aiuterà a tagliare tutto il bloatware che non è necessario.

Bloatware, in questo caso, si riferisce ai requisiti che non sono significativi e non sono richiesti.

In questo modo, i team di progetto che seguono la gestione agile del progetto possono consegnare il progetto ad un ritmo molto più veloce che mai.

È necessario misurare la durata del tempo necessario per completare l'intero progetto per conoscere il successo del processo.

Il costo complessivo del progetto

Il costo dei progetti agili dipenderà dalla durata effettiva del progetto. Più lunga sarà la durata, maggiore sarà anche il costo che si presenterà. Ma, poiché i progetti che seguono le metodologie agili richiedono meno tempo per essere completati rispetto ai progetti tradizionali che seguono le politiche, il costo sarà anche sul lato minore.

Le aziende o le organizzazioni possono usare le varie metriche di costo per pianificare i loro budget, determinare il ritorno complessivo dell'investimento e anche conoscere il momento in cui esercitare il reimpiego del capitale per aumentare la produttività lavorativa. Se il costo del progetto rimane all'interno del budget, allora sarà chiamato un successo.

Il miglioramento del processo

I principi e le politiche agili dipendono da una filosofia cruciale, che include il miglioramento continuo dello sviluppo del progetto in mano. Il team di sviluppo dovrebbe sempre sforzarsi di essere migliore in ogni momento. Ma misurare il miglioramento del processo non sarà possibile se il risultato del progetto non è misurato affatto. Pertanto, il successo deve essere misurato ad ogni fine sprint per conoscere lo stato attuale del progetto.

Dovete usare la combinazione dei passi sopra menzionati, compresa la prevedibilità, la produttività e la velocità per sapere se il team di sviluppo si sta impegnando a fondo.

Infine, si dovrebbe tenere a mente che tenere traccia delle varie metriche agili è sempre vantaggioso per l'organizzazione o entità commerciale. Aiuterà l'azienda a scegliere il team giusto e anche il progetto per il successo futuro. Avrete bisogno di una visione d'insieme equilibrata in ogni campo per prendere decisioni che lavoreranno a favore del team di sviluppo che segue pratiche e politiche agili, e anche del progetto stesso.

È necessario applicare queste metriche nel miglior modo possibile per aiutare a contare il successo generale dell'implementazione della gestione agile del progetto.

Il processo agile

Ci sono due cose che si dovrebbero ottenere con la metodologia agile di gestione dei progetti: cicli di produzione più brevi (senza sacrificare la qualità, ovviamente) e rilasci di prodotto più frequenti. Avendo iterazioni di sviluppo più brevi, un team dovrebbe essere in grado di reagire ai cambiamenti da fonti esterne in modo più efficace.

Come è stato detto prima, c'è più di un modo di fare il metodo Agile. Scrum e Kanban, per esempio, presentano strutture di lavoro abbastanza diverse dalle altre. Tuttavia, ogni metodologia agile segue il processo di base che è il seguente:

1. Pianificazione del progetto

Come con qualsiasi metodo, dovreste far capire alla squadra l'obiettivo finale del progetto prima di iniziarlo. Qui, spiegherete loro il valore potenziale che il successo del progetto porterà alla squadra e all'azienda e come dovrebbe essere raggiunto.

Qui si può stabilire un ambito per il progetto, ma non renderlo immutabile. L'intera premessa del metodo agile è di adattarsi ai cambiamenti che possono avvenire nel mezzo del processo di sviluppo. Come tale, dovreste evitare di bloccare il vostro team sul raggiungimento degli obiettivi attraverso una struttura di lavoro statica.

2. Creare la roadmap del prodotto

Una roadmap è forse una parola d'ordine per i tecnici in questo momento, ma è un concetto piuttosto semplice ma vitale per lo sviluppo del software. Per dirla semplicemente, è una ripartizione delle caratteristiche che comporranno il prodotto finale.

Ciò che lo rende cruciale per il processo di sviluppo, poiché la roadmap dice al vostro team su cosa concentrarsi in ogni fase. Inoltre, a questo punto, imposterete il backlog del prodotto che elencherà tutte le caratteristiche e i deliverable che saranno inclusi nel prodotto finale. Quando pianifichi le iterazioni future, il tuo team può fare riferimento a questo backlog per identificare su cosa concentrarsi.

3. Comunicati di pianificazione

Nelle metodologie tradizionali di gestione dei progetti, c'è solo una data di implementazione che viene dopo che l'intero progetto è stato sviluppato. Tuttavia, nel metodo agile, il vostro progetto avrà un ciclo di sviluppo più breve con caratteristiche rilasciate alle loro estremità.

Prima di iniziare il progetto, dovresti fare un piano di alto livello per i rilasci delle caratteristiche. E quando si inizia un nuovo ciclo, si deve rivedere e rivalutare il piano di rilascio per quelle nuove caratteristiche.

Un piano di alto livello è fondamentalmente quello che fornisce la visione del manager del progetto nella sua interezza. Non è solo un piano dettagliato dove sono indicati tutti i compiti necessari per il completamento del progetto. Un piano di alto livello include informazioni su cosa deve essere fatto, chi deve fare il compito che deve essere fatto, come viene fatto e quando ci si aspetta che le cose vengano fatte. Questo piano è sviluppato con l'obiettivo di assicurarsi che i progressi possano essere tracciati nel tempo.

4. Cicli di pianificazione

Prima di iniziare ogni ciclo o iterazione, gli azionisti hanno bisogno di pianificare con il vostro team su cosa deve essere realizzato in ogni segmento. Naturalmente, questo includerà anche come tali cose devono essere raggiunte e quanto carico di compiti deve portare ogni membro dello sviluppo.

A questo punto del processo, è importante che vi assicuriate che il carico sia diviso equamente tra i membri. In questo modo, possono portare a termine in modo efficiente ognuno dei compiti assegnati per iterazione.

Inoltre, avrete bisogno di documentare visivamente il vostro flusso di lavoro. Questo per rendere il processo di assegnazione dei compiti il più trasparente possibile al vostro team e per evitare che si verifichino colli di bottiglia durante l'implementazione del programma.

5. Riunioni regolari (idealmente giornaliere) e corrispondenza

Per far sì che le vostre squadre portino a termine i loro compiti in modo più efficiente in ogni ciclo, o per valutare ciò che deve essere migliorato, dovete prendere l'abitudine di tenere brevi riunioni ogni giorno. Durante queste riunioni, ogni membro avrà la possibilità di parlare brevemente di ciò che ha realizzato in quel giorno e su cosa lavorerà nel prossimo.

Ma è importante che tu mantenga questa riunione breve. Non passate più di 15 minuti a parlare con la vostra squadra, perché queste riunioni non sono fatte per risolvere problemi estesi o per parlare di cose che tutti gli altri hanno già risolto o sanno. Infatti, puoi anche fare queste riunioni in piedi.

6. Revisioni del ciclo e retrospettive

Alla fine di ogni iterazione, il team terrà due riunioni importanti. Nella prima riunione principale, farete una revisione del ciclo con il cliente e gli azionisti per presentare loro ciò che è stato raggiunto. E non solo presenterete una caratteristica sostenibile, ma mostrerete a queste persone un prodotto funzionante.

Questo è un incontro piuttosto importante perché rafforza le linee di comunicazione tra il tuo team, gli azionisti e i clienti, oltre a permettere loro di dare un input che potrebbe aiutare nelle prossime iterazioni.

La seconda riunione importante è la Retrospettiva del ciclo. Qui, voi e gli azionisti discuterete le cose che sono andate bene durante quel ciclo, cosa non è andato, e se il carico di lavoro può essere stato troppo pesante o troppo piccolo per il team. Naturalmente, questo incontro si concentrerà anche sull'identificazione dei problemi ricorrenti che dovrebbero essere affrontati nelle prossime iterazioni, se ce ne sono.

Se voi e la vostra squadra siete relativamente nuovi all'intero concetto di gestione agile del progetto, è importante che non saltiate queste riunioni. Questi incontri vi aiuteranno a determinare il carico di lavoro che la vostra squadra può gestire in ogni iterazione e la durata più efficace per ogni iterazione.

Cos'è la mentalità agile?

Per implementare correttamente questa metodologia, è importante che voi e la vostra squadra cambiate la vostra mentalità. Per fare questo, dovete adottare alcuni valori che sono necessari per il successo della metodologia:

- **La soddisfazione del cliente è al top**

Le esigenze del cliente devono essere messe al primo posto. Come tale, devi fare l'obiettivo di produrre regolarmente contenuti funzionali e di buona qualità in modo tempestivo.

Quando presentate un progresso a un cliente, deve essere in grado di testarlo da solo e giungere alla conclusione che è buono. Devono anche avere la possibilità di esprimere le loro preoccupazioni e i loro input per il progetto e allo stesso tempo avere la certezza che le loro preoccupazioni sono debitamente annotate e saranno applicate al meglio delle vostre capacità.

- **Adattabilità e improvvisazione**

I cambiamenti possono avvenire in qualsiasi momento durante il processo. Anche i cambiamenti dell'ultimo minuto possono verificarsi che alla fine influenzano la qualità del prodotto. Nonostante questo, tu e il tuo team dovete accettare il cambiamento in qualsiasi forma esso avvenga e adattare i vostri sforzi per soddisfare i nuovi obiettivi e condizioni.

Per i leader, questo viene con i requisiti extra di essere abbastanza veloci da agire su cambiamenti improvvisi e prendere decisioni importanti il più rapidamente possibile. Meno si rimugina su cosa fare dopo, più il team sarà reattivo nell'affrontare i cambiamenti improvvisi nelle condizioni e negli obiettivi del progetto.

- **Ciclo di sviluppo veloce**

L'obiettivo finale del metodo agile è quello di ottimizzare il tempo. In sostanza, voi e il vostro team dovreste fare in modo di non perdere tempo concentrandovi sugli obiettivi più importanti per ogni iterazione.

Naturalmente, questo dovrebbe significare che ogni fase di iterazione del processo di sviluppo dovrebbe essere il più breve possibile. Tuttavia, bisogna essere sempre pronti a mostrare i risultati e i progressi fatti quando i clienti, gli azionisti e la direzione li richiedono alla fine di ogni iterazione.

Se avete notato, queste tre qualità riassumono fondamentalmente la metodologia Agile Project Management. Non sono esattamente scritte nella pietra ma, come afferma il metodo stesso, questa è la migliore strategia che si può usare per adattarsi ai cambiamenti istantaneamente senza perdere di vista l'obiettivo generale.

Inoltre, se alcuni aspetti della vostra metodologia non funzionano come previsto, potete sempre fare dei miglioramenti fino a quando non vedrete i risultati desiderati.

Tutto sommato, con la metodologia, si dovrebbero produrre tre cose: un buon prodotto, una consegna puntuale dello stesso, e un cliente veramente soddisfatto.

Quali sono i motivi per cui l'Agile Project Management potrebbe fallire?

Non c'è dubbio che i metodi di gestione agile dei progetti stanno guadagnando popolarità da qualche tempo a questa parte. Ma anche le migliori politiche del mondo possono fallire a causa di una serie di motivi. Quindi, se volete che il vostro team di progetto abbia successo usando le metodologie agili, allora dovete tenere a mente queste seguenti buche che possono rendere i vostri piani inefficaci.

I seguenti fattori sono alcune delle ragioni per cui dovreste sempre tenere d'occhio le vostre politiche agili in modo da evitare queste scappatoie.

- **La mancanza di esperienza**

È stato riportato al 9° sondaggio annuale State of Agile Survey che quasi il 44% delle persone che hanno votato nel sondaggio si sono lamentate della mancanza di esperienza, affermando che è una delle ragioni principali del fallimento delle metodologie agili. Agile non riguarda solo il modo in cui si pensa, ma anche quello che si fa e il modo in cui lo si fa.

I membri del team che hanno la deficienza di applicare pratiche agili che sono di natura basilare si troveranno sempre in difficoltà nelle fasi successive del progetto quando saranno coinvolte strategie più complesse. Pertanto, è molto importante che investiate in fondamenta solide formando i membri del vostro team in tecniche che sono legate all'agilità e anche eseguire un coaching adeguato per i loro migliori scenari di casi d'uso. Solo allora i vostri soldi saranno meglio investiti.

- **Scontri nelle filosofie aziendali contro i valori fondamentali di Agile**

La mancanza di qualsiasi supporto per la transizione culturale e le differenze nelle filosofie aziendali rispetto ai valori agili sono due delle ragioni più popolari per cui le metodologie agili falliscono così spesso. Le politiche agili riguardano il modo in cui si pensa e ciò che si fa in base a quel pensiero. Se la cultura dell'organizzazione è ostile o ignorante ai valori e ai principi dell'agile, allora il successo dei membri del team interno che seguono le politiche agili sarà davvero molto scarso.

Bisogna tenere a mente che l'agile ha anche un impatto sui valori organizzativi, e per facilitare questa trasformazione, le politiche agili dovrebbero essere adottate su uno spettro più ampio. Vi permetterà di godere di più successo a lungo termine.

- **Nessun sostegno da parte della direzione**

A volte, quando una trasformazione agile è mal pianificata, riduce l'entusiasmo massiccio del team di progetto e dei dirigenti, riducendo così il loro morale e le loro capacità lavorative. Se la guida esecutiva non è abbastanza forte, il reparto di gestione si sentirà disgiunto dal team di sviluppo.

Quando avviene una trasformazione agile, i dirigenti di un'organizzazione devono cambiare il loro comportamento in modo tale da incoraggiare il team di progetto a vivere i valori che vogliono e anche aiutarli a capire e adattarsi ai valori agili in evoluzione dell'organizzazione.

- **La pressione esterna per seguire le procedure tradizionali**

Questo problema è molto comune nelle imprese di grandi dimensioni, principalmente dove i team che seguono sia metodi agili che tradizionali, lavorano sotto lo stesso dipartimento ombrello. Questo significa che le politiche agili devono lavorare in tandem con le procedure tradizionali, al contrario delle procedure tradizionali che lavorano in tandem con le politiche agili.

Così, l'agile deve coesistere con le metodologie tradizionali, che alla fine influenzerà la pianificazione dell'organizzazione, le retrospettive, le revisioni e anche l'accordo sulle interfacce organizzative che sono reciproche.

- **L'indisponibilità del team a seguire le metodologie agili**

Tali situazioni si verificano quando i membri di una certa squadra continuano a identificarsi attraverso l'uso di una funzione diversa. Pertanto, questo porta alla formazione di una forte personalità tra i membri del team e quindi influisce anche sulla sua posizione nell'ordine gerarchico.

Così, c'è una certa disparità e differenza di attenzione e di comportamento che si sviluppa tra i membri della squadra, secondo il loro ordine gerarchico. Per superare queste differenze di ideologie sono necessari un coaching e una formazione del team da parte dei dirigenti.

- **La formazione ricevuta dal team è insufficiente**

La formazione può essere suddivisa in tre parti:

- *La formazione non è stata ricevuta da nessuno.*

- *La formazione è stata fatta in modo selettivo.*

- *La formazione non era all'altezza.*

Non è affatto una buona idea lesinare sulla formazione generale, perché non può mai portare a un'organizzazione di successo. Dovete assicurarvi che tutti i vostri sforzi nell'implementazione di politiche agili ricevano una formazione nel miglior modo possibile, compresi i dirigenti di gestione.

- **Inaffidabilità della squadra**

Se volete che il vostro progetto agile abbia successo, i membri dell'intera organizzazione che ci lavorano dovrebbero essere esattamente sulla stessa lunghezza d'onda degli altri. Se la metà dei membri del vostro team di progetto o anche i vostri stakeholder non partecipano alle riunioni importanti - il progetto semplicemente fallirà. Il modo migliore per evitare questo problema è assicurarsi che il tuo team sia abbastanza efficiente e che dipenda l'uno dall'altro per evitare questo problema comune.

- **I leader della squadra sono deboli**

Prima di scegliere il miglior scrum master nel vostro team di progetto agile, dovete assicurarvi che la persona sia un leader molto forte e che abbia anche lodevoli qualità di leadership. Ma non tutte le persone là fuori hanno le qualità di leadership perfette per far lavorare insieme il team in unità.

Quando i leader sono deboli, lo stesso precedente si creerà anche per i membri del team. Lo scrum master o il capo progetto dovrebbe avere le capacità di supervisionare, guidare e anche eseguire qualsiasi decisione o azione che deve essere intrapresa.

- **Mancanza di comunicazione con le parti interessate**

Qualsiasi deterioramento o mancanza di comunicazione tra gli stakeholder può facilmente essere la rovina di qualsiasi progetto agile. Ci possono essere momenti in cui gli stakeholder non saranno completamente trasparenti circa le loro aspettative dai membri del team così come le offerte del progetto. Dovete stabilire buoni canali di comunicazione con la vostra organizzazione per assicurarvi che queste cose non accadano e che gli stakeholder siano pienamente in grado di esprimere e presentare le loro necessità ai membri del team del progetto agile.

- **Le specifiche del progetto sono incomplete**

A volte i progetti possono fallire perché i requisiti del progetto non sono definiti nel modo giusto. I progetti agili si concentrano sempre sui deliverable e sulle azioni importanti di un progetto e poi si occupano di tutte le possibilità che possono venire fuori durante l'implementazione generale del processo. Avere un progetto con requisiti che sono quasi incompleti impedirà al progetto di andare nella modalità attuabile - che è molto importante per rendere il progetto un successo.

- **L'attuazione della retrospettiva non è efficace**

Uno degli obiettivi principali della realizzazione di progetti agili è quello di eseguire

retrospettive e discuterle con i membri del vostro team. Una retrospettiva serve a imparare dal processo - gli aspetti positivi e negativi. Vi aiuterà a sapere quanto bene la squadra sta eseguendo e come le prestazioni potrebbero essere migliorate. Se non si effettuano retrospettive, allora la vostra squadra non verrà a conoscenza dei suoi difetti.

Sarà molto più difficile conoscere la posizione attuale di ogni persona e sarà difficile collaborare tra di loro. Pertanto, le riunioni retrospettive dovrebbero essere fatte a intervalli regolari.

- **La squadra si concentra sul successo e non sull'arte di imparare**

Una delle enormi ragioni del fallimento dei progetti agili è la mancanza di ambizione di imparare prima piuttosto che avere successo all'inizio. I membri del team si concentrano troppo sul successo del progetto e dimenticano le opportunità di imparare i vari valori e metodi del project management agile. Gli errori dovrebbero sempre essere visti come un modo per migliorare e imparare qualcosa di nuovo. Per esempio, se un software non funziona come ci si aspettava, bisogna vederlo come un'opportunità per imparare qualcosa di nuovo piuttosto che vederlo come un fallimento.

- **Mancanza di un insieme di metodi migliori nella gestione di progetti agili**

Quando si confronta l'agile con politiche come Six Sigma, è non ha un insieme di buone pratiche o metodi che si possono seguire. Per questo motivo, le politiche agili di due diverse organizzazioni possono variare enormemente. Dovete far sapere chiaramente al vostro team le vostre aspettative.

Se alcune politiche non funzionano, bisogna cancellarle dalla lista il più velocemente possibile. E quando alcune politiche funzionano, bisogna aggiungerle alla lista. Il metodo per tentativi ed errori dovrebbe essere usato in questo caso perché la gestione agile del progetto non vi dà il quadro delle migliori procedure o metodi.

- **Il tempo è usato in modo inefficiente**

È abbastanza impossibile completare un progetto con successo senza seguire il tempo nel modo giusto. Le abilità di gestione del tempo sono molto importanti se si vuole avere successo in qualsiasi campo o industria. Se si spende troppo tempo nello sviluppo di una singola caratteristica, le altre caratteristiche del progetto ne soffriranno. Allo stesso modo, spendere meno del tempo richiesto renderà la caratteristica mezza cotta o buggata. La gestione del tempo non dovrebbe essere sottovalutata e con i metodi agili, bisogna sempre stare all'erta per ottenere i migliori risultati.

Strumenti per una maggiore efficacia del team nella gestione di progetti agili

La squadra

Il vostro team è la vostra più grande risorsa e strumento per un efficace Agile Project Management. Per questo motivo, volete assicurarvi che il vostro team funzioni nel miglior modo possibile.

Dichiarazione di missione del team

Proprio come le più grandi aziende hanno la loro dichiarazione di missione, le migliori squadre hanno la loro dichiarazione di missione. Questo è qualcosa che permetterà alla squadra di fare riferimento e servirà come guida per il funzionamento della squadra. La dichiarazione della missione non deve essere lunga, ma deve incarnare ciò che la squadra è e quali sono i suoi obiettivi generali. Assicuratevi di prendere un po' di tempo per pensare veramente a quale sia la missione della vostra squadra e assicuratevi anche che tutti i membri della squadra siano d'accordo con questa dichiarazione di missione. Un modo per consolidare il loro accordo è quello di far firmare la dichiarazione della missione ad ogni individuo e ricevere una copia del documento firmato.

Mantenere le riunioni e le interazioni brevi

Durante il corso del vostro progetto, avrete molte riunioni su vari argomenti. Un altro modo per mantenere la tua squadra efficiente è assicurarsi che le riunioni che vengono organizzate siano lunghe solo quanto basta per raggiungere l'obiettivo della riunione. Cerca di mantenere le tue riunioni brevi e di finire gli argomenti in 20 minuti.

Accordo rapido di risoluzione dei conflitti

Una cosa da considerare come parte della vostra dichiarazione di missione è di aggiungere un accordo per una rapida risoluzione dei conflitti. Come probabilmente avete sperimentato nel corso della vostra vita, i conflitti accadranno, tuttavia, se affrontati rapidamente, il conflitto non deve causare ritardi o deragliamenti nel vostro progetto. Una delle cose da considerare per questo tipo di accordo è impostare un limite di tempo per qualsiasi disaccordo e dopo quel tempo un altro membro del team viene coinvolto per aiutare a risolvere il conflitto

Festeggiare il successo

Quando ci si lega come una squadra e si comincia a migliorare, si comincia a raggiungere il successo. Una cosa che spesso manca in molte aziende è prendersi il tempo per festeggiare i successi. Probabilmente siete motivati dal successo personale come ricompensa.

Tuttavia, vi incoraggio a prendere il tempo per celebrare il vostro successo come squadra. Questo fa diverse cose. Una di queste è che permette alla vostra squadra di legarsi ad un livello più profondo. Quando siete in grado di portare la vostra squadra fuori dall'ufficio e in un ambiente dove possono essere un po' più liberi di dire la loro opinione, si costruiscono relazioni più profonde, e questo si traduce in una maggiore fiducia nell'ambiente di lavoro.

Capire sé stessi

Se avete intenzione di essere efficaci con qualsiasi tipo di soft skills o essere in un ruolo di leadership, è necessario prima capire se stessi. Sapere quali sono i vostri punti di forza e le vostre debolezze è fondamentale per il vostro successo.

Capacità di comunicazione

Mentre lavorate su un progetto Agile, la maggior parte della vostra interazione avverrà quotidianamente faccia a faccia con la vostra squadra. Inoltre, come scrum master, il vostro ruolo è quello di rimuovere tutto ciò che sta bloccando il progresso del vostro team. Questo può significare che devi andare dalla leadership o da altri individui ed essere in grado di negoziare per loro conto. La vostra capacità di comunicare nella parola scritta e di essere chiari sulle vostre intenzioni vi farà diventare un buon project manager Agile.

Bisogna andare ben oltre le forme di comunicazione scritte e verbali ed essere abili nella comunicazione non verbale.

Fiducia

Una delle componenti chiave della leadership è la fiducia. Avere fiducia è tanto uno stato mentale quanto un'abilità. Come ogni abilità, la fiducia può essere appresa e sviluppata. Tornando al linguaggio del corpo, una delle cose che potete fare per aumentare la vostra fiducia ha a che fare con il modo di sedersi e di stare in piedi.

Dovrete mostrare fiducia. La vostra postura dovrà mostrare che avete il controllo o almeno che avete le cose sotto controllo. Una cosa che devi ricordare è che la maggior parte dei membri del team non ha alcun desiderio di essere in una posizione di leadership e se tu sei in una posizione di leadership, allora devi appartenerci.

Delegazione

La delega è tanto un'arte quanto un'abilità. Se volete ottenere il massimo possibile, dovete imparare a delegare a coloro di cui sapete di potervi fidare efficacemente. Facendo questo, la quantità che puoi realizzare sarà molto più grande di quello che puoi fare da solo. Una delle chiavi della delega è un'altra soft skill, ed è avere pazienza.

Pazienza

Dovreste avere la pazienza di permettere agli altri di portarvi via le cose e di aiutarli se cadono. Per quelli di voi che sono davvero intraprendenti, e se state leggendo questo probabilmente lo siete, cedere il lavoro a qualcun altro è molto difficile.

Dopo tutto, se vuoi che qualcosa sia fatto bene, allora sai che devi farlo da solo. Tuttavia, imparare l'abilità della pazienza vi aiuterà in tutte le aree della vostra carriera e vita personale. In particolare, questo vi aiuterà ad essere un project manager più efficace e influente.

Adattabilità e creatività

Se avete intenzione di avere successo in qualsiasi aspetto della vostra carriera, dovrete essere in grado di adattarvi al vostro ambiente ed essere flessibili. Essere troppo rigidi, specialmente in un ambiente Agile, non funzionerà. Vi assicurerete il vostro fallimento se non sarete in grado di essere flessibili nelle vostre azioni e nel vostro pensiero. L'intera premessa dietro la metodologia Agile è l'adattabilità. Quindi, per voi come project manager o scrum master, dovete assicurarvi di adattarvi all'ambiente, al team e alle esigenze del progetto.

Mentorship

Come project manager sarai in una posizione di autorità e leadership. Per questo motivo, le persone verranno da te con domande e consigli. L'altra cosa che scoprirai è che le persone sono assetate di conoscenza e cercano qualcuno che possa aiutarle ad andare avanti. Attraverso la tua interazione, se percepiscono che tu puoi essere quella persona, potrebbero iniziare a farti domande e venire da te per un mentoring.

Il processo di sviluppo agile

In realtà non c'è una singola metodologia là fuori che possa funzionare per ogni progetto. Tuttavia, non c'è dubbio che molti team di sviluppo e aziende stanno lentamente abbandonando le metodologie più predittive e restrittive come Waterfall e abbracciando qualcosa di più adattivo come Agile.

Infatti, potreste essere sorpresi dal fatto che metodologie come Agile sono nate principalmente da una frustrazione su come le cose venivano fatte allora. Dando al team molto più controllo su come le cose vengono fatte e per quanto tempo, la teoria è che il prodotto finale sarà un software molto più completo pur rimanendo fedele alla visione originale del cliente.

Con questo, si può facilmente capire che il processo Agile seguirà un percorso di sviluppo considerevolmente diverso dalle metodologie convenzionali e tradizionali.

Come veniva fatto lo sviluppo prima

Il processo convenzionale di sviluppo del software comporta sei fasi che sono le seguenti:

1. Pianificazione

Ovviamente, ogni processo di sviluppo inizia con la definizione delle specifiche del progetto. Qui, il flusso di lavoro sarà identificato e segmentato in parti più piccole e gestibili.

Verranno anche identificate le funzionalità di ogni segmento ed elemento, così come il calendario per ogni fase del progetto.

Infine, il carico di lavoro sarà identificato qui così come i ruoli che ogni membro del team di sviluppo dovrebbe svolgere.

2. Analisi

Questa parte coinvolge l'identificazione degli obiettivi e la definizione della portata dell'intero progetto. Questo è un processo molto più dettagliato della fase di pianificazione, poiché ogni fase del progetto sarà esaminata.

Uno dei punti principali di questa fase è l'identificazione dell'allocazione delle risorse per ogni parte del progetto. Qual è il budget per ogni fase? Quali sono gli strumenti e i programmi necessari? C'è bisogno di esternalizzare il lavoro o di assumere persone completamente nuove per il lavoro (anche temporaneamente)? Queste domande devono avere una risposta sufficiente in questa parte del processo.

Naturalmente, questo processo implica anche l'identificazione di potenziali problemi che potrebbero sorgere nel mezzo del progetto. A sua volta, questo permette ai manager di trovare soluzioni per evitare che ciò accada.

3. Design

Una volta che la pianificazione e l'analisi sono state completate, il team può passare alla progettazione del prodotto. Questa è una fase puramente concettuale in quanto voi e il vostro team visualizzerete come sarà il progetto impostando la sua struttura.

Qui si stabiliscono gli standard per ogni fase del progetto. In questo modo, la squadra sa cosa deve fare per produrre il software desiderato ed eliminare i difetti.

4. Sviluppo e implementazione

Questa è la fase in cui il prodotto viene effettivamente costruito. A seconda della metodologia scelta, questa fase coinvolgerà più processi che includono la scrittura del codice e l'implementazione di strumenti e linguaggi di programmazione.

Una volta che il software è sviluppato, inizia il processo di implementazione, in cui passa attraverso vari studi e sperimentazioni per vedere se, come minimo, funziona senza crash.

5. Test

Una volta che la struttura di base del software è finita, passerà attraverso una serie di test. Qui, l'obiettivo è quello di identificare i bug e i difetti incorporati nel codice attraverso il processo di sviluppo e poi correggerli.

Come il processo di sviluppo, questa è una fase piuttosto estesa, poiché il programma deve essere esaminato in tutti i suoi aspetti e funzioni per vedere se è adatto alla produzione e distribuzione di massa.

L'aspetto più importante da affrontare qui è determinare se il prodotto soddisfa o meno i criteri stabiliti nelle fasi iniziali del progetto. In alcuni casi, il layout generale del programma verrebbe cambiato per affrontare i difetti intrinseci.

6. Manutenzione

Prima della produzione di massa, il team dovrebbe poi setacciare sistematicamente il codice per qualsiasi bug o glitch che non sono stati identificati e affrontati nelle fasi precedenti. Questa parte include anche gli aggiornamenti che verrebbero introdotti molto dopo che il prodotto è stato rilasciato. Patch al codice per risolvere problemi o migliorare la funzionalità del prodotto di base.

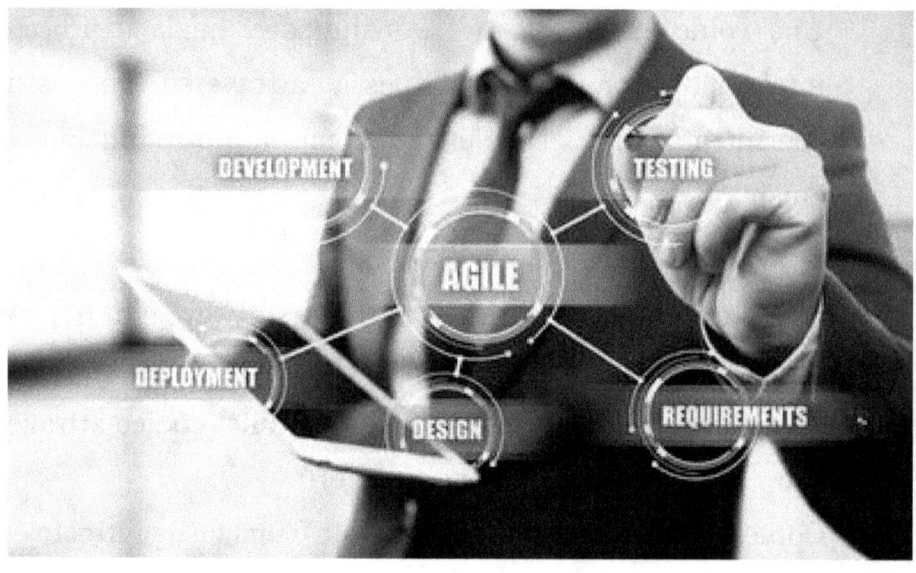

Difetti del metodo convenzionale

Quasi tutte le metodologie predittive seguono la sequenza di cui sopra. Tuttavia, alcuni metodi come il Waterfall vorrebbero aggiungere qualche passo in più nel mezzo, come la Ricerca e il Feedback.

In ogni caso, le metodologie predittive tendono a seguire una sequenza rigorosa per creare un prodotto che funzioni.

Tuttavia, questo non significa che sia applicabile in tutti i casi. In effetti, ci sono difetti inerenti a queste metodologie che possono renderle inapplicabili al vostro progetto o, meglio ancora, inferiori ad altre metodologie più adattive.

1. Natura restrittiva

A prima vista, le metodologie predittive sono così rigide che non hai altra scelta che seguire il piano come è stato stabilito nelle fasi precedenti. Naturalmente, questo significa che non si è esattamente reattivi ai cambiamenti che avvengono a metà del progetto.

Alla fine, produrrete qualcosa che potrebbe soddisfare i criteri del progetto ma che non tiene conto degli sviluppi che si sono verificati di recente. In breve, il prodotto potrebbe essere buono se fatto con metodi restrittivi, ma avrebbe potuto essere migliore.

2. Test tardivi

Questi metodi spesso mettono il processo di test in ritardo nel progetto. Questo significa che l'identificazione e la correzione dei bug non è così completa come si vorrebbe che fosse. Dopo tutto, se tutto ha una scadenza fissata e segue dei protocolli prestabiliti, state semplicemente trovando e correggendo problemi di livello superficiale; non quelli intrinseci, che rompono il programma.

È qui che i metodi adattivi sono superiori, poiché la fase di test è distribuita uniformemente su tutte le iterazioni. In poche parole, state correggendo i vostri errori mentre state costruendo il prodotto di base.

3. Il feedback dei clienti non ha impatto

Nella maggior parte delle metodologie restrittive, il feedback del cliente è spesso ignorato. E se riconoscono i feedback dei clienti, questi non hanno un grande impatto nel processo di sviluppo.

Per esempio, un cliente potrebbe voler aggiungere qualcosa al prodotto durante la parte di feedback e test. A seconda di quanto è grande questo cambiamento, può essere alla fine ignorato per non cambiare la struttura del prodotto o applicato a casaccio che alla fine rovina la qualità del software.

4. Alto rischio

Poiché queste metodologie sono così rigide nella loro applicazione, si corre il rischio di non affrontare i problemi principali nella codifica o aggiungere caratteristiche migliorative finché non è troppo tardi.

Inoltre, c'è la possibilità che abbiate a che fare con costanti periodi di crisi, poiché le scadenze per ogni fase sono fissate rigorosamente una dopo l'altra. Di conseguenza, il carico di lavoro della vostra squadra aumenta insieme al ritmo di lavoro. Come tale, si corre il rischio di imbottigliare il progetto al punto che il prodotto finale è completato in modo casuale.

Il ciclo del processo agile

Il processo di implementazione del metodo agile differisce da una strategia all'altra. Tuttavia, tutte seguono più o meno la stessa sequenza, che è:

1. **Concettualizzazione** - Qui, il prodotto viene visualizzato e progettato. La struttura del progetto sarà impostata e segmentata, il che aiuta a dare priorità a ciò che deve essere fatto. Questioni come l'allocazione delle risorse e la distribuzione del carico di lavoro saranno anche affrontate qui.

2. **Inception** - Una volta che il progetto è stato concettualizzato, il manager deve concentrarsi sulla costruzione della squadra (se non esiste ancora, ovviamente). Qui, i ruoli di ogni membro del team saranno identificati mentre i carichi di lavoro iniziali e i requisiti saranno designati a loro.

3. **Iterazione e costruzione** - La parte più estesa del progetto, questo processo coinvolge i team che passano attraverso ogni "sprint" o iterazione mentre costruiscono il prodotto. L'obiettivo qui è di presentare qualcosa che soddisfi i criteri stabiliti in ogni iterazione alla direzione superiore, agli azionisti e al cliente.

Poiché il metodo agile è iterativo per natura, è necessario che il team passi attraverso ciascuna delle iterazioni stabilite e le finisca secondo il tempo stabilito. Allo stesso tempo, il prodotto che stanno costruendo deve crescere e svilupparsi per soddisfare nuovi standard e altri cambiamenti dell'ultimo minuto per ciclo.

4. **Rilascio** - Una volta che il prodotto di base è pronto, sarà sottoposto a ulteriori controlli di qualità. Questo è il momento in cui vengono corretti i principali bug, mentre il layout generale e l'esperienza dell'utente del prodotto saranno rinnovati o migliorati.

Questo processo prevede anche test interni ed esterni, documentazione di ciò che è stato corretto e il rilascio finale dell'iterazione nella produzione di massa.

5. **Produzione** - In questa fase, gli sviluppatori dovrebbero fornire un supporto continuo al software. Questo include ulteriori test e manutenzione così come l'introduzione di patch al codice, se necessario.

Questo dovrebbe servire come un "ciclo" extra al processo in cui il prodotto viene migliorato anche se ha già superato la fase di distribuzione di massa. Il tuo team può anche costruire sulle caratteristiche di base del prodotto aggiungendone altre, mantenendo il codice il più funzionale possibile.

6. **Ritiro** - Alla fine, il prodotto raggiungerà la fine della sua vita, che dura un anno o pochi dopo il rilascio. In questa fase, il team dovrebbe avviare alcune attività di fine vita del prodotto, come notificare agli utenti ciò che verrà dopo e prepararli a migrare al nuovo prodotto.

La sequenza qui sopra presenta l'intero ciclo di vita dei prodotti realizzati con il modello agile. Infatti, ci può essere più di un progetto agile-centrico che si verifica nella stessa azienda o più iterazioni in corso su diverse linee di prodotto. Meglio ancora, il modello permette ad un'azienda di soddisfare diversi clienti, interni o esterni, con la propria gamma di esigenze che devono essere soddisfatte.

Il flusso di lavoro dell'iterazione

Il processo agile è dominato da cicli e iterazioni. Ogni segmento del progetto che viene completato costruisce effettivamente sul prodotto finale. In sostanza, con il metodo agile, non si ha solo un programma funzionale in ogni iterazione, ma anche caratteristiche di supporto, documentazione e un codice che può essere utilizzato per progetti futuri.

Le iterazioni di solito durano tra 2 settimane e un mese intero con un periodo fisso per il completamento. Poiché è legato al tempo, il processo è pensato per essere metodico e l'ambito è limitato a ciò che deve essere fatto in ogni iterazione.

Non è raro che un progetto abbia da 3 a 10 iterazioni, a seconda della sua dimensione e tipo. Ogni iterazione seguirà anche il proprio flusso di lavoro, che può essere visualizzato come segue:

A. **Requisiti** - Qui, le specifiche dell'iterazione saranno impostate. Queste devono essere basate sul backlog per il prodotto, il backlog per ogni ciclo, e il feedback dei clienti e degli azionisti, se presente.

B. **Sviluppo** - In questa fase, il team sviluppa o costruisce il software in base agli obiettivi fissati per quel segmento.

C. **Test** - Questa fase includerà test di garanzia della qualità, formazione interna ed esterna, e documentazione di ciò che è stato migliorato o sviluppato.

D. **Consegna** - Una volta che il prodotto è funzionale, sarà poi integrato per renderlo coeso. Dopo questo, l'iterazione del prodotto sarà inviata alla produzione di massa.

E. **Feedback** - Una volta che è sul mercato, il team di sviluppo controllerà come il software viene ricevuto dagli utenti finali. Ci sono grossi difetti che devono essere risolti? Quali bug sono sfuggiti al team ma i clienti hanno notato? C'è un modo per migliorare l'esperienza dell'utente? A queste domande si può rispondere a questo punto del ciclo.

Una volta che la fase di feedback è completata, il ciclo ricomincia di nuovo con il team che concettualizza ciò che deve essere fatto dopo per la nuova iterazione. La bellezza del metodo è che si può arrivare a un prodotto migliore o a un'iterazione completamente nuova in un breve periodo di tempo.

Cosa sono i Product Backlogs?

La definizione più elementare di backlogs di prodotto è che sono una lista di caratteristiche che possono essere aggiunte ad un software esistente creato in un'iterazione precedente. E a parte le nuove caratteristiche, i backlog possono includere modifiche all'infrastruttura, correzioni di bug e altre attività che sono necessarie per fornire un risultato specifico in un'iterazione corrente.

In altre parole, un product backlog risponde a questa domanda: *"Cosa possiamo fare per migliorare questo software?"*.

A parte il project manager, il product backlog funziona come una fonte autorevole di ciò che deve essere fatto per ogni iterazione. Questo significa che se un compito, una caratteristica o una correzione non è nel backlog, allora il team di sviluppo non dovrebbe nemmeno pensare di investire un briciolo di sforzo per eseguire tale compito.

Tuttavia, la presenza di un compito in un backlog non dà l'assicurazione che lo stesso possa essere consegnato esattamente alla fine di

quell'iterazione. Presenta solo al team un'opzione su come per consegnare qualcosa che era già stato promesso all'inizio di il progetto. Non è un compito obbligatorio a cui voi e la vostra squadra dovete impegnarvi.

Per esempio, voi e il vostro team potreste lavorare su un videogioco come, diciamo, un gioco di ruolo online multiplayer di massa (o un MMORPG per comodità). Forse il vostro backlog di prodotto includerebbe quanto segue:

- Aumentare i drop di oggetti e armi
- Espandere le mappe del mondo esistenti
- Aggiungere nuove mappe
- Bilanciare le abilità e le classi che i giocatori hanno scoperto essere troppo potenti
- Correzione del bug di crash del gioco nelle zone X3 e F10
- Migliorare le comunicazioni via chat
- Introdurre la modalità giocatore contro giocatore

Ora, a colpo d'occhio, puoi determinare da solo quali elementi devono essere aggiunti ASAP e quali possono essere rimandati per le prossime iterazioni. Il punto è che il backlog dà al tuo team un'idea di cosa dovrebbe essere migliorato nelle prossime iterazioni in modo che il prodotto complessivo sia migliore.

La parte migliore dei backlog di prodotto è che si può aggiungere su di essi quanto più il prodotto viene ampliato. L'aggiunta di nuove caratteristiche ad un software dà origine a nuove opportunità e problemi.

Tuttavia, tieni un po' a freno il tuo team quando si tratta di finire il backlog. Non c'è nessuna regola che il tuo team debba cancellare il backlog in ogni iterazione. Infatti, alcuni degli elementi in quel backlog possono essere introdotti come caratteristiche completamente nuove nel progetto successivo, a seconda della situazione.

Burndowns

Probabilmente, la cosa con cui si ha più a che fare in ogni progetto è il tempo. Per essere specifici, dovete assicurarvi che i progressi che la vostra squadra sta facendo siano sufficienti a coprire l'intero periodo di tempo per quell'iterazione.

E c'è questo fatto che le persone al di fuori del team di sviluppo che vogliono che tu finisca i tuoi compiti ieri. La loro intenzione, dopo tutto, è sempre questa: ottenere le cose fatte e velocemente.

Come tale, è compito dei project manager capire che il tempo è un elemento che devono controllare abilmente in ogni progetto che prendono. Più dati hanno quando si tratta di tempo in relazione al lavoro che deve essere fatto, meglio un manager può assicurarsi che la sua squadra si attenga al programma approvato.

È qui che entra in gioco un grafico di burndown che dice quanto deve essere fatto e quanto tempo è stato consumato dal team fino ad ora. Un diagramma di burndown è semplicemente una rappresentazione grafica di quanto velocemente il vostro team sta lavorando al progetto di un cliente.

Il modo in cui ogni strumento agile arriva ad una tabella di burndown varia, ma spesso trae informazioni dalle "storie", descrizioni dettagliate delle caratteristiche di un programma come fornite da un utente finale o dal project manager.

Allora, come si legge?

I grafici di burndown sono in realtà grafici piuttosto semplici. La quantità di lavoro rimanente è sempre mostrata su un asse verticale mentre il tempo trascorso dall'inizio e la fine prevista di un'iterazione è disegnata orizzontalmente.

L'asse X, quello che rappresenta la linea del tempo, è sempre in linea retta poiché il periodo è fissato. Tuttavia, l'asse y che rappresenta il lavoro che è stato fatto o deve essere completato potrebbe fluttuare di giorno in giorno. Come tale, è sufficiente leggere il grafico da sinistra a destra.

Ma, naturalmente, la domanda più pressante che potreste avere con il grafico è "qual è la tendenza ideale di burndown?" Per rispondere a questa domanda, dovete cercare alcuni elementi nella vostra lettura.

- **Lavoro ideale rimanente** - L'andamento ideale per questa parte dovrebbe essere una linea retta che collega dal punto di partenza a quello attuale. Questo è un segno rivelatore che ogni compito è stato sufficientemente eseguito e non ci sono obiettivi che non sono stati toccati a partire da quell'iterazione.

Inoltre, al punto finale, la linea dell'asse y dovrebbe incrociarsi con l'asse x. Questo indica che nessun lavoro viene lasciato in sospeso.

- **Lavoro effettivo rimanente** - Ma, naturalmente, non è esattamente facile tirare fuori una linea piatta quando si tratta di grafici. I cambiamenti nel tuo piano di lavoro possono causare alcuni spostamenti in quel grafico, con conseguenti picchi di attività in ogni punto del grafico.

Quindi, come farete a far funzionare la cosa? La migliore tendenza attuale in questa situazione è che la linea di lavoro attuale non vada mai sopra la linea di lavoro ideale. Se la linea di lavoro effettiva va al di sopra di quella ideale, è un'indicazione che c'è più lavoro non fatto di quello originariamente pianificato. Per dirla in modo semplice, la tua squadra è molto indietro rispetto alla tabella di marcia.

Vantaggi della metodologia Agile

È possibile che ci siano chiari benefici da una filosofia senza processi o strumenti? Anche se si potrebbe leggere il manifesto in un modo quasi alla Doctor Seuss, è un documento molto serio. L'Agile Alliance non ha creato il manifesto per mettere alcune idee nel mondo senza sapere che alcuni risultati si sarebbero verificati quasi ogni volta. Le idee, i valori e i principi che compongono Agile mettono le basi per molte grandi cose. Naturalmente, vorrete assicurarvi che state usando Agile correttamente. Non cercare di implementare Agile e aspettarti tutti questi benefici se non lavori nello sviluppo di software. I dipartimenti di conformità non sarebbero felici se il loro team consegnasse un rapporto mezzo finito, con incrementi di lavoro. Nella maggior parte dei dipartimenti, hai bisogno di consegnare versioni finalizzate di qualsiasi cosa su cui stai lavorando, non solo una versione funzionale del deliverable. Ci sono anche momenti in cui Agile non è giusto per il tuo approccio a causa dell'accesso limitato ai clienti. Se stai sviluppando alla cieca, allora è meglio rilasciare il tuo meglio assoluto, piuttosto che rilasciare la versione funzionale e poi migliorarla.

I molti benefici di Agile colpiscono gli sviluppatori di software, e includono:

Consegna prevedibile delle pietre miliari

Opportunità di implementare il cambiamento

Si concentra sui clienti o sugli utenti

Trasparenza

Riduzione del rischio

Consegna prevedibile delle pietre miliari

Circa l'unico aspetto prevedibile di Agile sono gli incrementi, o in Scrum gli sprint. Non è difficile tenere traccia dei vari compiti e obiettivi all'interno del progetto, il che è un piccolo bonus di questo beneficio. La consegna delle pietre miliari in periodi da una a quattro settimane aiuta tutti, anche quelli non coinvolti nel team di sviluppo, a sapere che sono sulla buona strada. Significa che possono rilasciare o testare il software molto prima del tempo. Significa anche che ogni piccola divisione del software è nota per funzionare e funzionare bene prima di andare avanti. Non c'è un rischio gigantesco per le aziende di mettere mesi di lavoro per imparare che qualcosa sta facendo fallire ripetutamente l'intera cosa.

Questo beneficio deriva dalla comunicazione faccia a faccia e dall'alta frequenza di comunicazione. È possibile implementare pietre miliari prevedibili senza Agile; tuttavia, avete probabilmente visto in prima persona le richieste di estensioni o le scadenze palesemente mancate. La ragione per cui le pietre miliari funzionano così bene in Agile è perché i metodi coinvolti suddividono i compiti e i piccoli obiettivi per la squadra piuttosto che per ogni persona.

Per vedere questo in azione, presenteremo questo esempio. In una riunione Scrum, l'obiettivo dello sprint potrebbe essere qualcosa come, "mappare su carta le interazioni dell'utente per la funzione di registrazione, iniziare a disegnare il design". Mentre in una normale riunione di project management, lo stesso obiettivo potrebbe suonare più come: "Jim, lavora sulla storia dell'utente e sulle interazioni preferite". Anette torna da noi con il feedback della pietra miliare della settimana scorsa. Jody, testa il design dell'utente quando è pronto". Vedi la disconnessione qui? Quando i manager in carica assegnano i compiti alle persone piuttosto che al team, non c'è garanzia che ogni persona stia usando correttamente le proprie competenze. Dall'esempio precedente, Jody, o Jim potrebbero avere connessioni migliori per ottenere un feedback, ma poiché il compito è stato assegnato ad Anette, quelle risorse rimarranno inutilizzate.

La consegna delle pietre miliari si basa in gran parte sulla struttura di un team auto-organizzato. Il team identifica il lavoro che è in grado di consegnare, e poi capisce il modo migliore per fare quel lavoro. Con tutto questo in mente, le pietre miliari diventano molto più prevedibili.

Opportunità di implementare il cambiamento

L'adattamento al cambiamento è stato l'inizio per la formazione di Agile Alliance e la stesura del Manifesto Agile. La crisi, che ha afflitto la comunità di sviluppo del software per tutta la fine degli anni '90, è venuta dall'incapacità di fare perno e adattarsi al cambiamento delle condizioni interne ed esterne. Agile permette che questo accada, e questo beneficio è la ragione principale per adottare i valori Agile. Attraverso ogni iterazione, è possibile per l'intera squadra riconoscere il bisogno di cambiamento e modificare il piano di conseguenza. È anche importante notare che la documentazione gioca un ruolo chiave nel realizzare molti dei benefici delle metodologie Agili. Laddove alcuni team si basano solo su un backlog, quell'unico pezzo di documentazione permette all'intero team di ridefinire le priorità delle preoccupazioni primarie di fronte al cambiamento. Permette anche di implementare i cambiamenti agli elementi del backlog che sono impostati per il prossimo sprint o iterazione. Questo significa che i cambiamenti possono avvenire in giorni o settimane piuttosto che in mesi.

Si concentra sui clienti o sugli utenti

La capacità di concentrarsi sulla soddisfazione del cliente è un enorme guadagno per molte aziende. Quando si lavora con un team Agile, il focus sul software funzionante e sul miglioramento ad ogni rilascio o sprint. Può estendere il ciclo di vita del prodotto rilasciando il prodotto prima e mantenendo il prodotto rilevante più a lungo.

È anche possibile mantenere i clienti più impegnati durante il processo. L'attenzione alla soddisfazione del cliente o dell'utente è qualcosa che deriva dalle tradizionali aspettative di sviluppo del prodotto.

Un effetto collaterale di questo beneficio è che i vostri clienti hanno accesso alle parti funzionali del software prima. Quindi, quando il cliente può usare e iniziare a sviluppare la formazione per il software prima, significa che il rilascio arriverà in tandem con materiali di formazione o risoluzione dei problemi completi. In definitiva, il prodotto è di qualità superiore e di maggiore utilità per gli utenti finali.

Trasparenza

Dire che la trasparenza è un beneficio è un po' un rischio perché funziona come beneficio solo se i membri della squadra la esercitano correttamente. Essenzialmente, funziona solo se il team la fa funzionare. Tuttavia, se i membri del team stanno lavorando con una comprensione dei principi Agile, allora dovrebbe andare da sé.

La trasparenza non consiste solo nel comunicare apertamente, ma nell'assicurarsi che gli obiettivi siano ovvi e nel rendere difficile allontanarsi da quegli obiettivi originali.

Lavorare con trasparenza richiederà anche diversi livelli di comunicazione.

In un esempio la trasparenza di successo includerebbe la comunicazione tra il Product Owner e gli amministratori dell'azienda, mentre lo Scrum Master deve assicurarsi che il Product Owner conosca i progressi del progetto e aiutare il team a mantenere i propri obiettivi. È un aspetto della gestione del progetto molto difficile da gestire, ma ha un enorme ritorno. Con la trasparenza, tutti hanno aspettative realistiche, tutti sono sulla stessa pagina, e quando è necessario, le persone possono chiedere aiuto. Senza dubbio, la trasparenza è un problema enorme nei metodi tradizionali di sviluppo del software. Nel metodo a cascata, era comune che nessuno sapesse cosa stava succedendo nell'unità di sviluppo che il team di sviluppo credeva fosse pronto per i test. Questo portava spesso molte persone coinvolte a sentirsi come se fossero state ingannate o che il team avesse fallito in un modo o nell'altro. La trasparenza agile inizia con la negoziazione del contratto, la collaborazione con il cliente e l'unione del team. Idealmente, i concetti di trasparenza sarebbero nella mente di chiunque assembli il team di sviluppo. Poi, il team lavorerebbe con le negoziazioni del contratto in modo aperto e onesto. Fornirebbe le informazioni o le intuizioni che potrebbe avere e sarebbe disponibile quando non è realistico o quando il team non è sicuro delle informazioni. Agile non significa seguire un piano; significa comunicare ciò di cui il prodotto e il cliente hanno bisogno. La trasparenza è un must se si vuole che Agile funzioni, e la presenza di trasparenza rende l'intero progetto più soddisfacente per tutte le persone coinvolte. Infatti, è così importante che la trasparenza è l'unica area di Agile che ha strumenti in ogni metodologia.

In Scrum, la lavagna dei compiti è la presenza della trasparenza in quanto chiunque può avvicinarsi alla lavagna e vedere le storie, il lavoro in corso e i compiti finiti. Una lavagna Kanban mostra i compiti del backlog, il loro stato, e ciò che è in test o finito. Anche le riunioni di Scrum e le retrospettive di sprint aumentano la trasparenza. Queste riunioni e la comunicazione faccia a faccia sono aspetti incorporati di Agile che la gente spesso trascura. Ci sono molte metodologie, ma ognuna di esse si concentra sull'assicurarsi che ogni membro del team possa accedere a ciò di cui ha bisogno e comunicare a che punto è il suo lavoro.

Riduzione del rischio

La riduzione del rischio è un affare enorme per le imprese in qualsiasi reparto. Agile affronta la questione del rischio a testa alta insistendo che i team agiscano in modo trasparente. Ma anche altri aspetti delle metodologie Agile aiutano a ridurre il rischio. Per esempio, lavorando in sprint come con Kanban o Scrum, i piccoli lotti rendono facile identificare e mitigare il rischio in tempo reale. Piuttosto che lavorare su un pezzo gigante dello sviluppo per apprendere di una lacuna nella sicurezza o nei progressi.

I piccoli lotti riducono il rischio di costi scandalosi, mentre il lavoro in corso riduce il rischio di perdite di tempo. La trasparenza aiuta a ridurre il rischio di bassa qualità, e la prioritizzazione del backlog riduce il rischio di perdita di valore per l'azienda. La riduzione del rischio per la metodologia Agile è eccezionale, e rende imperativo per gli sviluppatori di software capire come implementare Agile quando possibile. Usare Agile può aiutarvi a proteggere anche il vostro rapporto con i vostri clienti.

Quando decidete se Agile è giusto per voi, assicuratevi di guardare il quadro generale. State usando Agile per realizzare una cosa specifica, o state cercando un metodo di sviluppo che guardi ai vostri clienti? I benefici di Agile sono aspetti di grande immagine perché Agile opera a livello di grande immagine. Aiuta le aziende a garantire che il prodotto finale sia qualcosa che i loro clienti vogliono e di cui hanno bisogno.

Svantaggi della metodologia Agile

Avere un approccio Agile allo sviluppo del software non è certo una cosa terribile. Tuttavia, ci sono alcuni svantaggi in molte delle metodologie Agile. Possono avere un impatto sugli sviluppatori, sulle persone di business coinvolte, e anche sui clienti a volte. Alla fine si riduce alla gestione del progetto e del team, e come si accettano i vari compromessi dell'uso dei diversi metodi. Per esempio, usare Kanban quando ci sono pochi membri del team che capiscono Kanban porterà probabilmente ad una grave perdita di tempo per adattarsi alla curva di apprendimento. Gli svantaggi di Agile sono molti, ma quasi tutti sono evitabili o prevenibili, e dipende solo dall'approccio e dalla comprensione del team.

I principali svantaggi di Agile possono includere:

Progetti più lunghi
Molte richieste ai clienti e agli sviluppatori
Mancanza di sforzo progettuale
Pianificazione delle risorse
Fatto e finito sono cose diverse
La gente viene distratta
Debito tecnico

Progetti troppo lunghi

Gli sprint sono brevi, ma i progetti sono lunghi. Questo grado di impegno, i molti incontri faccia a faccia e la stretta collaborazione rendono i progetti lunghi. Mentre uno sprint sicuramente non durerà più di un mese, un progetto di due mesi può diventare rapidamente un progetto di sei mesi. Tuttavia, non sono solo le riunioni che allungano i progetti. Ricordate che queste riunioni sono vitali perché il software soddisfi le esigenze degli utenti. Il problema è che la stretta collaborazione e la natura amichevole verso il cambiamento fanno sì che gli sviluppatori aggiungano spesso numerose caratteristiche o aspetti al software. L'obiettivo qui è di assicurare che le aspettative degli utenti siano soddisfatte e che il team crei il miglior software possibile. Tuttavia, il tempo e l'energia coinvolti non sono sempre necessari. I team devono fare un passo indietro e identificare se quello che stanno facendo è necessario. Riferirsi al principio sette, "Il software funzionante è la misura primaria del progresso". Molti team perdono di vista che c'è un focus all'interno di Agile sull'obiettivo del software funzionante. Aggiungere il superfluo può fare un prodotto migliore, ma può anche portare ad un progetto molto più lungo. Lavorare per incrementi, che è lo standard per quasi tutte le metodologie Agile, incluso XP, Scrum, e anche Lean, può rendere facile per un progetto sentirsi breve quando in realtà è andato molto oltre la sua data di completamento.

Per evitare di fare progetti inutilmente lunghi, assicuratevi che tutti nel team evitino di aggiungere aspetti al progetto che non sono necessari. È del tutto possibile che il team di sviluppo, che rimane per gli aggiornamenti e i nuovi rollout, porti caratteristiche e idee avanzate nei mesi successivi al rilascio iniziale. Poi si libera il resto del team per lavorare su altri progetti.

Troppo esigente

È possibile che un progetto di sviluppo sia troppo esigente? Sì e no. Questo problema non è limitato allo sviluppo di software, ed è specificamente un problema per qualsiasi squadra responsabile della creazione. È anche un problema di percezione. Ciò che è troppo impegnativo per una persona è un normale volume di lavoro per un'altra. La radice di fondo di questo problema viene dai team Agile composti da una o due persone. Se c'è più lavoro che persone, allora non è giusto per nessuno e gli scopi di Agile allungheranno la vita del progetto, mettendo più tensione sugli sviluppatori, e più tensione sui clienti mentre si affrettano verso un rilascio. I clienti poi devono imparare il software e determinare se è di una qualità che possono sostenere.

Il modo migliore per mitigare questo problema è concentrarsi sulla collaborazione all'inizio del progetto. Scrum è una delle migliori metodologie in Agile a causa di questo problema.

Quando si lavora con Scrum, il team si incontra all'inizio del progetto per disegnare lo scopo del progetto. Poi il team di sviluppo lo suddivide in sprint, e il team completo si incontra alla fine di ogni sprint. Anche con team molto piccoli, Scrum può aiutare i Product Owner e i clienti a capire cosa stanno ottenendo e con cosa sta lavorando il loro team in termini di personale.

Mancanza di design

Questo problema percepito viene con una serie di svantaggi per il Product Owner e i clienti. Anche se il fondamento di Agile è la fiducia, è molto difficile da eseguire. Chiedere ai tuoi clienti di fidarsi di un team con cui non hanno mai lavorato prima è difficile per chiunque. Anche il Product Owner deve fidarsi del team e per loro lavorare con il lato amministrativo del progetto può essere difficile. Prima di Agile, con lo sviluppo di software pesante, i team usavano il metodo a cascata. Con quel metodo, il lato amministrativo era in grado di vedere il progetto completo prima che il lavoro iniziasse. Sapevano esattamente cosa stavano ottenendo e avevano un'idea di come sarebbe stato il prodotto finale. Tuttavia, quando si parla di sviluppo Agile non è così. Il design è fatto per ogni sprint, anche se il team di sviluppo avrà spesso uno schizzo molto grezzo del prodotto finale.

La soluzione a questo problema è la comunicazione. Quando il lato amministrativo del processo Agile si preoccupa, dovrebbero trasmetterlo al loro team di sviluppo. Fare richieste, fare domande, ma soprattutto chiedere se hanno fiducia nel loro prodotto. La fiducia è vitale, ma questo non significa che non si possa comunicare. Come cliente o Product Owner, Agile vi permette di avere un livello di coinvolgimento. Tuttavia, questo non significa che non si possa comunicare, e molti Product Owner o clienti coinvolti in un progetto Agile non capiscono questo aspetto. Non c'è una mancanza di design, ma spesso una mancanza di comunicazione sul design mentre si sviluppa.

Pianificazione delle risorse

Dove gli altri svantaggi sono solo velati problemi minori, la pianificazione delle risorse è un problema maggiore. Immaginate se qualcuno del dipartimento di marketing si rivolgesse ai suoi manager e dicesse che potrebbe sviluppare una strategia di marketing vincente. Ma non avevano idea di quanto sarebbe costata in termini di acquisizione di copie di vendita, costi di pubblicità, o il tempo per completarla. Questo è essenzialmente Agile.

Mentre la flessibilità di Agile lascia spazio a molte opportunità, il problema principale che i team affrontano è la pianificazione delle risorse. Alle aziende non piace operare in questo modo, rende i dirigenti a disagio, ed essenzialmente, solo le grandi aziende possono farla franca.

Ciò che è peggio è che più grande è il progetto, più sconosciute sono le necessità di risorse. C'è molto poco da fare per prevenire o mitigare questo problema se non seguire il flusso. Se state lavorando con un team Agile, dovrete fidarvi del fatto che stanno facendo del loro meglio con le risorse disponibili.

Tuttavia, se fai parte del team Agile, devi assicurarti che stai usando saggiamente le risorse disponibili con attenzione. È compito di ogni membro del team non sprecare le risorse. Se stai cercando modi per affinare le tue capacità di gestione delle risorse, considera di optare per un corso o due sui processi Lean. Ci sono molte sovrapposizioni tra Lean e Agile, e imparare entrambi potrebbe essere utile per tutti nel vostro team.

Fatto e finito sono cose diverse

La frase "Definition of Done" o DoD viene lanciata spesso nelle discussioni Agile perché presenta un problema unico. Non esiste una cosa come "finito". Poiché questi team rilasciano il software in incrementi, i clienti o gli utenti finali stanno probabilmente usando il prodotto molto prima che sia effettivamente "finito". La maggior parte degli utenti non se ne preoccupano, o a volte non se ne accorgono nemmeno, perché hanno un software funzionante, che continua a migliorare.

Spesso migliorando ad un ritmo rapido, i rilasci di patch, aggiornamenti e caratteristiche aggiuntive fanno sì che questi progetti possano durare per sempre.

L'approccio di uscita frammentato rende estremamente difficile sapere quando gettare la spugna. Poi ci sono gli aspetti del mantenere il software aggiornato con altri software e l'hardware su cui gli utenti fanno affidamento quotidianamente. Per esempio, il rilascio della suite Microsoft Office 2019 è avvenuto il 9 aprile con la versione numero 1903. Tuttavia, il 14 maggio, appena un mese dopo, è avvenuto un altro rollout con la versione numero 1904. Il sistema era disponibile, funzionante e gli utenti erano felici. Tuttavia, gli sviluppatori non avevano finito, quindi hanno continuato a lavorare. Gli aggiornamenti sul 2019 continuano, e con la traccia Microsoft, gli sviluppatori di record probabilmente continueranno a perfezionare la codifica e a ritoccare piccole cose fino al prossimo rilascio della suite Microsoft Office. Essenzialmente, una suite Microsoft non sarà mai finita. È in gran parte sul team di sviluppo e sul Product Owner sapere quando decidere che un progetto è finito. Questo metodo di lavoro è una delle cose che viene fuori ripetutamente come uno svantaggio. Se stai cercando un modo per aggirare questo problema, allora considera l'uso di Kanban. Con Kanban, avrete una rappresentazione visiva delle molte parti in movimento del progetto e degli aspetti iniziali così come delle caratteristiche aggiunte, che sono venute fuori in vari momenti durante lo sviluppo.

La gente viene distratta

Questo problema è presente nella giornata lavorativa di quasi tutti, ma per gli sviluppatori di software, essere distratti può costare all'azienda una fortuna.

Può far deragliare il team, la timeline, e su piccola scala, può far deragliare lo sprint. Il problema deriva dalla combinazione di accogliere il cambiamento, una prospettiva Agile di base e avere un piano minimalista. Molti incolpano l'alta disponibilità di essere sviati per una mancanza di processi. Tuttavia, quando si guardano le molte metodologie coinvolte, Scrum offre un sacco di struttura per i team e li aiuta a rimanere in pista. Dà anche una certa finestra di coinvolgimento per un check-and-balance orizzontale con lo Scrum Master e il Product Owner. Se siete in un team che viene sviato facilmente, allora tornate ai principi Agile e incontratevi con tutti faccia a faccia. Concentratevi sugli aspetti che stanno sviando il team e identificate perché il team sta andando fuori strada. Ora, se sei il Product Owner o lo Scrum Master, assicurati che il tuo team stia lavorando in modo produttivo. Riportate l'attenzione sul cliente, non solo su ciò che gli elementi mutevoli dell'ambiente tecnologico rendono possibile in termini di funzionalità. Non permettere all'ambiente circostante di dominare la produttività del team. Tornare sempre al principio sette; la prova del progresso è nel software funzionante. Questo è l'obiettivo, software funzionante.

Debito tecnico

Il debito tecnico è un argomento caldo perché anche se è un svantaggio, non è intrinsecamente una cosa negativa. Ci sono momenti in cui il debito tecnico è necessario per dimostrare che la squadra dovrebbe fare un cambiamento o semplicemente per far avanzare il progetto. Il debito tecnico è paragonabile al debito monetario e spesso non può essere ripagato. Essenzialmente, è alimentare l'entropia del software per realizzare un obiettivo più urgente o risolvere un problema più urgente. Ci sono due tipi di debito tecnico, ed entrambi sono svantaggi, ma in certi momenti, entrambi sono parti necessarie dello sviluppo Agile del software. I due tipi includono il deliberato e l'involontario. Il debito tecnico deliberato è quasi sempre preso a causa dei vincoli della data di rilascio o delle scadenze. Spesso la tagline è: "Rilasciamo ora e ci occuperemo delle conseguenze più tardi". Mentre il debito tecnico involontario, è beh, involontario. Spesso passa inosservato fino a quando qualcuno nel team può identificare l'entropia del software. Spesso se un team deve chiedere quale membro del team si sta occupando di qualcosa, allora hanno già un debito tecnico involontario. Per esempio, se qualcuno chiede, "Chi sta facendo il layering?" allora è chiaro che qualcosa è stato saltato o non pianificato durante lo Sprint Planning. Il modo migliore per evitare il debito tecnico involontario è usare Kanban o Scrum, anche se nessuno dei due garantirà che non ci siano opportunità di debito tecnico involontario.

Anche se Agile ha i suoi svantaggi, non sono niente che sia più o meno degno di nota degli svantaggi di altri metodi di gestione dei progetti. Come filosofia, naturalmente, c'è un sacco di spazio per gli errori. Tutto dipende dall'applicazione, e nella vera forma Agile, dipende dalle persone coinvolte. È facile per chiunque intervenire e dire che Agile porta allo spreco, o che i progetti Agile richiedono troppo tempo. Tuttavia, ci sono molti team Agile che sono consapevoli degli sprechi e scelgono di lavorare con la metodologia Lean-

Agile. Ci sono anche molti team che raggiungono la loro definizione di fatto in tempo, o addirittura in anticipo. Ogni volta che si guardano gli svantaggi di Agile, è vitale che si guardino gli elementi umani di quel team. Poi si può decidere da soli se il team è stato responsabile del fallimento del progetto o se il progetto è fallito perché Agile non ha processi rigorosi.

Come Agile: l'etica del lavoro e i valori

Agile è più di un modo di organizzare i diversi compiti che compongono un progetto.

In molti modi, agile è un modo di vivere. È uno standard che fissi come project manager e ispiri i membri del tuo team a seguire il tuo esempio.

Nulla in agile può accadere senza un'etica del lavoro e dei valori adeguati che si coordinano con l'obiettivo principale di questo approccio di gestione dei progetti: consegnare una qualità puntuale e attenta ai costi, indipendentemente da ciò che si sta costruendo.

Crediamo che sia molto importante che tu conosca i valori di base della gestione agile dei progetti. Quindi, l'ultima sezione del capitolo che spiega i fondamenti agili è proprio questa: una dedicata interamente all'etica del lavoro e ai valori che dovete abbracciare e poi trasferire al vostro team.

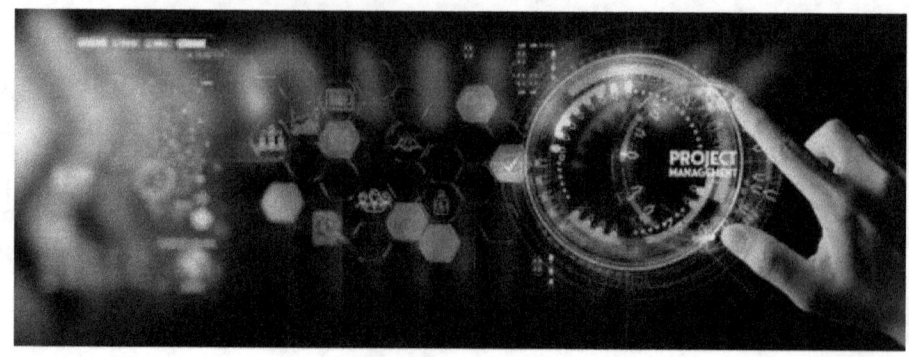

Pianificare giusto in tempo

In poche parole, la pianificazione è ciò che fanno i project manager. Naturalmente, chiunque lavori al di fuori dello spettro del project management sarà tentato di credere che tutto ciò che il loro PM fa è borbottare, annaspare e poi riempire qualche foglio di calcolo.

La realtà è piuttosto lontana da questo, in realtà. Certo, una buona pianificazione è il mattone e la malta di ogni project manager degno di questo nome. Ma oltre a questo, i PM devono essere grandi psicologi, devono capire i prodotti, devono avere acume per gli affari, e circa cento e una qualità diversa che fa funzionare loro e i loro team al massimo dell'efficienza.

L'Agile project management comprende il difficile lavoro di un PM e quante cose diverse si destreggiano ogni giorno. Come tale, il concetto di just in time (e il suo fratello, just enough) è nato.

La pianificazione just in time viene a servire sia il PM che il team. Da una parte, fa risparmiare al PM tempo prezioso che può usare facendo un milione di altre cose (invece di pianificare troppo le cose che sono percepite come intrinsecamente instabili in agile). Come project manager/Scrum Master agile, devi pianificare quanto basta perché il team sia in grado di fare il suo lavoro e perché il cliente riceva regolarmente i deliverable. D'altra parte, questo concetto è anche utile per i team. Quando il loro PM non pianifica eccessivamente (e potenzialmente microgestisce), i membri del team possono concentrarsi sul fare ciò che sanno meglio, come sanno meglio, nel minor tempo possibile.
È una situazione vantaggiosa per tutti, davvero!

Non sprecare

Nel mondo moderno, i rifiuti sono un problema enorme. Sprechiamo il cibo, rilasciamo rifiuti tossici nell'acqua e sprechiamo la plastica come se fosse la cosa più sana ed ecologica dopo le mele.

La gestione agile dei progetti comprende che lo spreco è un problema enorme anche quando si tratta di sviluppare prodotti.

Il concetto di non sprecare è strettamente connesso al Kanban - e, come tale, è strettamente connesso alle fabbriche giapponesi. Tuttavia, può essere applicato anche a tutto ciò che è agile.

Nella gestione dei progetti, lo spreco può assumere mille forme. Può consistere nel creare più prodotti del necessario (come nelle industrie manifatturiere). Può anche riguardare l'eccessiva pianificazione e la creazione di più caratteristiche di quelle effettivamente necessarie (il che riporta alla prima regola dell'etica del lavoro descritta in questa sezione). E può anche significare perdere tempo a guardare video di gatti al lavoro.

Dopo tutto, chi ha bisogno di creare mille ruote di automobili quando il cliente ne ha richieste novecento? E chi ha bisogno di una piattaforma di gestione dei social media che permette di cambiare il colore dello sfondo?

Da "facciamo i furbi" a "esageriamo" e "scorro su Facebook per un altro minuto", lo spreco è un problema multiforme nel business. Uno che l'agile promette di scoraggiare ed eliminare passo dopo passo, minuto dopo minuto.

Mostrare capacità di leadership

La gestione agile dei progetti non è una gerarchia di alcun tipo. Sì, alcuni dei titoli dati da alcuni framework agili ai PM possono sembrare pomposi (stiamo guardando te, Scrum Master!). In definitiva, però, sono solo questo: titoli.

Ciò che conta di più è che ogni singolo membro del team (project manager incluso) faccia il proprio lavoro, e ispiri gli altri a fare lo stesso. Ancora di più, è assolutamente essenziale che il project manager aiuti ogni singolo membro del team a crescere. È un beneficio per tutti: dà ai membri del team nuove prospettive e li aiuta a sentirsi utili, aiuta sicuramente l'azienda e aiuta anche il project manager a guadagnare un nuovo senso di soddisfazione.

È qui che entra in gioco la leadership. Non puoi ispirare e promuovere uno spirito di crescita se le tue capacità di leadership sono a terra. Lavora su questo - continuamente, regolarmente e attivamente.

Diventa il leader che hai sempre desiderato avere (se non ne hai uno).

Diventa la persona a cui la gente guarda e a cui chiede consiglio. Ma la cosa più importante è incoraggiare ogni singolo membro del team ad essere anche lui un leader - per aiutare gli altri, per ispirarli, per aiutarli a crescere.

La leadership è come la gentilezza: è un valore trasferibile, quasi contagioso. Una volta trasmessa, diventa un ciclo infinito di successo a tutti i livelli.

Essere onesti

Ciò che amiamo di più dell'agile è che favorisce un ambiente di fiducia. Costruisce il tipo di squadre che effettivamente amano lavorare insieme. Ancora di più, in molti casi, la fiducia tra i membri dei team agili si espande oltre i limiti dell'ufficio e cresce in vere e proprie amicizie.

È meraviglioso vedere questo accadere. E sì, sappiamo quanto sia un'utopia avere una squadra che sa veramente come funzionare insieme.

Niente di tutto questo sarebbe possibile senza l'onestà, però. Questo valore funziona a tutti i livelli dell'approccio di gestione agile del progetto, come colla destinata a tenere tutto insieme: I PM, i membri del team, i compiti e le parti interessate.

Dall'essere onesti con le vostre stime come parte del team agli standup quotidiani che sono tutti sulla schiettezza e l'onestà, questo valore si espande in tutto ciò che rappresenta l'agile.

E oh, quanto può giovare a tutti!

Impegnare

In un certo senso, è abbastanza inopportuno dire che i PM agili gestiscono i team.

I team si gestiscono da soli - e questa è la magia della gestione agile dei progetti in sé.

Oltre all'onestà, ogni membro del team deve mostrare impegno per il progetto, per il team, per gli obiettivi del progetto, e per i valori di agile in sé.

Non puoi essere auto motivato, autogestito e proattivo se non può impegnarsi in valori in cui crede sinceramente, se non può impegnarsi a fare ciò che si dice di fare, se non si può impegnarsi nella crescita personale.

Mantenere la semplicità

Sia una regola dell'etica del lavoro che un vero e proprio principio di base dell'agile, la semplicità è dove tutto inizia.

Quando l'agile era ancora agli inizi, le persone intelligenti hanno capito che complicare tutto tende ad essere, beh, complicato. Tende ad assorbire energia, tempo e denaro. Peggio ancora, tende a portare a processi di sviluppo lunghi e quasi infiniti che finiscono in modo anti climatico: prodotti mal costruiti.

D'altra parte, la semplicità trabocca e si riverbera in tutto, e permette a tutto di rispondere allo stesso modo: rendendo le cose più facili.

Abbiamo già parlato della semplificazione delle storie utente e dei compiti, quindi non ci soffermeremo su questo. Quello che vogliamo sottolineare, tuttavia, è che lo stesso concetto di semplicità dovrebbe essere applicato in tutto ciò che fate: come parlate ai membri del vostro team, cosa vi aspettate da loro e, infine, quanto siete diretti su ciò che volete veramente da loro quando le cose vanno male.

Dare priorità a

OK, questo potrebbe essere un po' ambiguo. Tutti i project manager danno delle priorità, fa parte della descrizione del lavoro.

In agile, tuttavia, dare priorità ai compiti diventa ancora più importante perché farlo male potrebbe significare non essere in grado di consegnare un software funzionante.

Al di là dell'applicazione effettiva della "prioritizzazione" nel modo in cui si assegnano i compiti, il termine dovrebbe essere incluso anche nel vostro insieme di valori.

Cos'è più importante, dare la colpa o trovare una soluzione? Arrabbiarsi o trovare la radice del problema? Fare fogli di calcolo in mille colori, o creare processi senza soluzione di continuità che permettano alle persone di comunicare e consegnare?

Scommettiamo che ormai conoscete le risposte agili a queste domande.

Rispettare

Nessuno dei valori menzionati finora significa qualcosa senza il rispetto.

Non si può avere onestà, non si può evitare lo spreco e non si possono proiettare capacità di leadership se non si ha rispetto per:

Ogni singolo membro della sua squadra, dal più giovane al più anziano.

Il tuo progetto e gli obiettivi che intende raggiungere.

Il tuo cliente/stakeholder.

La vostra organizzazione e il suo denaro.

Se l'onestà è la colla del vostro approccio di gestione agile del progetto, il rispetto è il lucido che fa brillare e scorrere tutto senza intoppi.

Ovviamente, questi sono solo alcuni dei valori che crediamo tu debba incorporare nella tua vita lavorativa come PM agile. Quando proiettate questi valori nel mondo, accadono cose buone - professionalmente e anche a livello personale. Si diventa migliori, si cresce, si spingono le cose oltre, e si aiuta il mondo intero ad essere un po' migliore consegnando un prodotto che alla fine aiuterà gli altri, in un modo o nell'altro.

Porta questi valori con te la sera quando vai a dormire e riavvolgi la tua giornata di lavoro. Regolate e cambiate se necessario. Nessuno fa le cose per bene la prima volta, e nemmeno le prime cento volte. E nessuno è senza macchia.

Ma finché avete qualcosa a cui mirare, le vostre abilità di gestione di progetti agili saranno su un percorso continuo verso il vero successo.

L'autenticità della gestione agile

Le caratteristiche dell'Agile Project Management sono le forze trainanti per avere un team di persone che sono agili e possono mettere in pratica con successo questa tecnica di gestione.

Iterazioni a lunghezza fissa

Le metodologie di Agile Management sono strutturate intorno alle iterazioni (conosciute anche come pietre miliari) che hanno una durata fissa e sono costituite da caratteristiche che devono essere completate.

Le iterazioni dovrebbero durare da 2 a 4 settimane e il risultato di ogni iterazione dovrebbe essere un software pronto per essere testato, attualmente funzionante e pronto per essere rilasciato al cliente. Un'iterazione dovrebbe essere un flusso costante di compiti che vengono messi insieme per creare caratteristiche che vengono trasformate in software di alta qualità. Le iterazioni aiutano uno Scrum Team a sentire che ogni singola ora e giorno conta per l'obiettivo finale del progetto.

Software testato

I team agili non consegnano mai un software che non sia il migliore. Ogni pezzo di software che lascia l'ufficio di un team agile dovrebbe funzionare al meglio delle sue capacità e dovrebbe essere stato testato.

Il software non dovrebbe mai essere rilasciato se non è stato prima testato.

In effetti, dovrebbe essere stato testato in ogni fase dello sviluppo. I test coerenti permettono ad un team di sapere che il loro software funziona e creano fiducia, concentrazione e membri del team impegnati; dai manager ai programmatori e tutti quelli che si trovano nel mezzo.

Orientato al valore

I progetti che un team Agile intraprende dovrebbero sempre essere orientati al valore. Se non fornirà valore al cliente, non è una caratteristica che dovrebbe essere inclusa in un programma. Non solo il prodotto dovrebbe
essere di valore, ma dovrebbe anche essere fornito su una base coerente.

Non dovrebbe mai verificarsi un'iterazione in cui la qualità dei deliverable di valore non è realizzata da un cliente. Anche se un aggiustamento deve essere fatto, i deliverable di valore dovrebbero sempre lasciare un team su una base coerente.

Pianificazione adattiva

Quel piano non è la fine di tutto, e come le circostanze cambiano, così dovrebbe essere il piano. Un piano obsoleto non è mai buono, specialmente nello sviluppo del software. I team dovrebbero ricevere aggiornamenti della pianificazione su una base costante in modo da poter delegare correttamente e rilasciare le caratteristiche corrette per ogni iterazione.

Pianificazione multilivello

La pianificazione non dovrebbe mai avvenire semplicemente per ciò che sta accadendo nel momento attuale. Dovrebbe avvenire su due livelli: quello che stiamo facendo ora e quello che faremo in futuro. Tuttavia, si dovrebbe anche pianificare per la prossima iterazione mentre si va avanti. Dovreste pensare in anticipo a quali caratteristiche saranno la prossima priorità. Il breve termine può essere importante, ma non dovreste mai pianificare solo per ciò che è a breve termine. La tua prossima iterazione ti raggiungerà rapidamente e dovresti essere pronto o almeno avere alcune idee che puoi far rimbalzare. I progetti di Agile Management sono veloci, e la pianificazione avanzata è necessaria per rispettare le scadenze rigide.

Stima relativa

Le stime possono aiutare a mantenere un team in pista e mostrare quali caratteristiche possono aver bisogno di essere suddivise in ulteriori compiti. Per esempio, una caratteristica media dovrebbe richiedere 1 giorno per essere completata e può essere completata ovunque da 4 ore a 2 giorni. Se si stima che una caratteristica richiederà più di 2 giorni, potrebbe essere necessario suddividerla in compiti più piccoli e gestibili.

Test continui

Difetti, errori e glitch possono essere facilmente evitati in ogni fase con i test. Molti progetti di gestione tradizionale a cascata hanno una fase di "test e correzione".

Questo è il momento in cui, prima del rilascio, un team deve passare attraverso e testare il suo programma e correggere eventuali glitch o errori. Tuttavia, l'Agile Management permette che i test avvengano in ogni fase dello sviluppo in modo che gli errori siano presi in modo tempestivo invece che alla fine di un progetto. Questo accelera il processo di test e può essere più efficiente del metodo "prova e ripara" che è così popolare nel mondo del software.

Conclusioni su Agile

Un'enorme richiesta di Agile Project Management rose nel mercato qualche anno fa, quando è emerso. C'era un'urgenza di adottarlo il più presto possibile per quelle organizzazioni che lo usavano come test e avevano successo nel realizzare i loro progetti in modo più efficace dei loro concorrenti. Con l'avanzare della tecnologia, ci sono cambiamenti che devono entrare nei processi e l'intera organizzazione deve passare attraverso questi cambiamenti a cui alcune persone possono resistere. Cambiare i processi in un'organizzazione può far sì che alcune persone lascino il loro lavoro, ma se vogliono accettare le sfide non c'è niente che una persona non possa imparare.

Le tecniche e i metodi che sono inclusi in questo libro vi aiuteranno a passare attraverso un progetto con la gestione Agile anche se lo state provando per la prima volta. Tutte le aziende di maggior successo sul mercato seguono attualmente l'Agile Project Management, a seconda dei generi in cui eccellono.

Se le organizzazioni non adottano cambiamenti, allora può essere difficile per loro sopravvivere, a causa delle richieste dei clienti che cambiano ogni giorno. Un'organizzazione deve modificarsi per soddisfare queste richieste, poiché il mercato è diventato guidato dal cliente ed è necessario che il cliente sia soddisfatto del suo servizio. Soddisfare i bisogni del cliente è un fattore critico per il successo in un mercato competitivo. Se non state offrendo qualcosa di cui il cliente ha bisogno, allora ci sarà qualche altra azienda simile che lo farà e il cliente si sposterà da loro per ottenere i servizi che vogliono e di cui hanno bisogno.

Il passo successivo è capire come implementare questa metodologia nella vostra azienda. Abbiamo discusso molti dei benefici dell'uso del metodo Agile e anche alcune delle sfide che si possono affrontare lungo la strada. La prima cosa su cui dovrete concentrarvi è guardare al management e assicurarvi che siano d'accordo e pronti a lavorare con questo sistema. Una volta che tutti sono d'accordo e pronti ad usarlo, diventa infinitamente più facile implementare questa metodologia anche nel vostro business.

In superficie, l'Agile Project Management può sembrare confuso. Può sembrare che richieda di buttare via tutte le vostre vecchie abilità di gestione e di adottarne di nuove. Ma una volta che si scava più a fondo si impara che questo non è ciò che riguarda l'Agile Management.

Abbracciando l'Agile Management, fai una dichiarazione di cura e impegno non solo verso i tuoi dipendenti ma anche verso i tuoi clienti. Adottando pratiche Agili, dite al cliente che il valore e la qualità del suo lavoro sono importanti. Mostri loro che il loro input è importante e che ciò che vogliono alla fine prevale su ciò che un team potrebbe voler fare. I dipendenti di un team agile vedranno che state prendendo in considerazione le loro idee e i compiti e le istruzioni non saranno più "passate di bocca in bocca". Invece, i membri del team saranno parte di piccoli team che delegano compiti consegnati direttamente dal cliente. Impareranno a fidarsi dei loro membri del team e formeranno un legame che permetterà loro di lavorare diligentemente, efficientemente e rapidamente; fornendo un lavoro di alta qualità in una frazione del tempo che un sistema di gestione a cascata avrebbe.

La gestione agile è lo stile di gestione del futuro. Anche se non funziona per tutte le aziende, molte che lo mettono in pratica hanno successo. Con questa guida, sai di avere tutto quello che ti serve per implementarlo nella tua azienda e con il tuo team.

Cos'è Scrum?

Possiamo dire che l'atteggiamento accettato riguardo allo sviluppo del sistema è che questi processi sono altamente compresi. La filosofia dietro a questo è che ogni approccio può e deve essere pianificato. Ogni atto può essere calcolato, strutturato e implementato in modo efficiente. Eppure, la pratica dice il contrario. D'altra parte, la convinzione di base dietro Scrum è che il sistema è imprevedibile e che lo sviluppo è complicato. Ecco perché Scrum si basa generalmente sulla loro definizione del sistema sulla progressione globale piuttosto che su un processo prevedibile. Secondo Scrum, lo sviluppo del sistema è un insieme di attività che sono sciolte. Lo sviluppo combina tecniche praticabili che conosciamo e strumenti che possono essere utilizzati dai team di sviluppo. Inoltre, questi strumenti sono ideati dai team per costruire i sistemi desiderati. Scrum suggerisce che le attività sciolte disabilitano una gestione precisa. Questo è il motivo per cui i team devono essere pronti a prendere una certa quantità di rischio. Detto questo, Scrum rappresenta una sorta di miglioramento per i cicli di sviluppo che sono orientati sugli oggetti.

Storia di Scrum

Le pratiche che sono considerate il meglio di Scrum si sono evolute nel corso dei decenni. Sono anche cambiate. Nei primi documenti, Scrum era semplificato e alcune aziende come

Patient Keeper non avevano la fase di chiusura del progetto alla fine del XX secolo. All'inizio, Scrum doveva superare molti test per ottenere l'accettazione. Questi test insieme alla formazione e ad altra documentazione erano tutti parte del cosiddetto Sprint che è una delle sezioni di Scrum. In seguito, il framework Scrum è stato prodotto e venduto a molte aziende.

In quel momento, la demo di Scrum divenne un framework avanzato con una grande rete di utenti. Alcuni dicono che è diventato un sistema vivo che ha implementato variazioni avanzate di Sprint. I principi e le pratiche avanzate di Scrum sono stati messi in un corso.

Questo corso si chiama Certified Scrum Master ed è uno dei principali strumenti di formazione. È stato sviluppato dal primo team di Easel Corporation che ha utilizzato questo framework. Certified Scrum Master è diventato ufficiale nel 1993. Consiste di diverse categorie come iterazioni mensili, sprint, riunioni con tre domande al giorno, ecc. Questo primo Scrum Master non solo aveva ulteriori backlogs e impedimenti, ma implementava anche i principi ingegneristici di eXtreme Programming qualche anno prima che il noto Kent Becks codificasse XP.

Il primo documento ufficiale su Scrum fu scritto nel 1995 da Jeff Sutherland. Era uno dei relatori delle conferenze OOPSLA. Sutherland stava organizzando una serie di workshop sulla progettazione di Business Object, ed era il principale relatore delle implementazioni di Ken Schwaber di questi progetti tra il 1995 e il 2000.

Il primo documento su Scrum fu pubblicato per la conferenza annuale OOPSLA'95. Jeff Sutherland ebbe l'opportunità di osservare come funziona il primo Scrum. Più tardi, stabilì i principi di base per il suo funzionamento.

Ancora oggi, lo scritto di Sutherlands rimane uno dei documenti più importanti e più popolari dei workshop OOPSLA. Il documento originale su Scrum può essere trovato sul sito di Jeff Sutherlands: http://jeffsutherland.com/Scrum.

La teoria complessa di Scrum è introdotta insieme alla differenza tra il processo empirico e la previsione. Questa distinzione è importante perché le imprese commerciali sono complesse. Rappresentano sistemi adattivi, e lo stesso vale per i programmi software che le fanno funzionare. Alcuni esperti paragonano le imprese commerciali ai sistemi biologici. La complessità e la velocità del cambiamento e degli adattamenti sono simili. È come l'evoluzione di un sistema vivo. Tuttavia, l'esistenza artificiale è più flessibile e più veloce ad adattarsi. La sua flessibilità aumenta proporzionalmente al caos. Abbiamo bisogno di processi empirici per prevenire e controllare il comportamento caotico e indesiderato. Sutherland crede che questa sia l'essenza di Scrum. Il leader di questo primo processo empirico nella pratica reale di Scrum è stato Mike Beedle. Ha impostato l'elaborazione e i modelli di organizzazione insieme a Jeff Sutherland - l'autore del documento, e Ken Schwaber

Ulteriori informazioni sui principi fondamentali di Scrum sono stati descritti nei successivi articoli di Mike Beedle e Ken Schwaber. Questi documenti sono chiamati "Agile Development with Scrum". I contributi di Jeff Sutherland sono stati aggiunti in un volume chiamato "Agile Can Scale: Inventing and Reinventing Scrum in Five Companies" Negli ultimi 15 anni, Ken Schwaber ha lavorato come consulente Scrum in diverse aziende, mentre Sutherland stava conducendo ricerche in almeno cinque.

Le maggiori imprese commerciali che ha usato per la sua ricerca su Scrum sono IDX, Easel, Patient Keeper, VMARK e Individual. Schwaber e Sutherland hanno continuato a testare ed evolvere Scrum insieme negli anni. Una delle cose che li interessava di più era l'iperproduzione dei team. Questo è successo anche con il primo Scrum. Credevano che l'iperproduttività fosse legata alla struttura del deployment nei team Scrum. Dipende anche dalla maturità delle fasi che sono implementate nella struttura del team.

Vantaggi e benefici

Se Scrum è applicato correttamente usando i processi e le regole appropriate, può portare molti benefici a un progetto e risultare nella consegna di un prodotto di alta qualità in un lasso di tempo accettabile.

Vantaggi principali di Scrum

Migliore morale della squadra.

Migliori relazioni con i clienti.

Sistemi e prodotti di qualità superiore.

Un maggior tasso di produttività significa che i clienti vedono i risultati più rapidamente.

I costi sono mantenuti bassi

Adattabilità più rapida del prodotto ai requisiti di cambiamento.

Migliore portata per gli aggiornamenti del prodotto o del sistema e per i miglioramenti continui.

Meno rischi di fallimento del progetto rispetto alle strutture convenzionali.

Quadro e principi

1. Si concentra sulle esigenze del cliente

Scrum si concentra sui bisogni del business, degli utenti e dei clienti. I prodotti o i sistemi sono costruiti intorno alle informazioni raccolte dalle parti interessate. Coinvolgere i clienti dall'inizio di un progetto li fa sentire coinvolti e dà loro un motivo per essere investiti in esso.

Per esempio, se a una persona viene detto: "Questo è quello che avrai", si sente come se le si spingesse qualcosa addosso.

Il sistema o il software non otterrà la stessa risposta che avrebbe avuto se fossero stati inclusi fin dall'inizio e prima che il sistema fosse introdotto - "Stiamo cercando di introdurre un sistema per... o come possiamo migliorare il sistema attuale?"

Dare al pubblico la conoscenza del sistema è finalizzato alla possibilità di incorporare le loro idee, bisogni e desideri e mostra loro che la loro opinione conta. Le persone che useranno il prodotto si sentono più investite in esso e quindi saranno più aperte e accomodanti quando verrà messo in funzione.

Questo porta anche a clienti più soddisfatti, dato che possono vedere lo sviluppo del prodotto mentre gli viene chiesto di testare e dare un feedback su ogni iterazione man mano che è finita.

2. Proprietario del prodotto dedicato

Lo Scrum Product Owner è costantemente coinvolto sia con gli stakeholder che con il team Scrum. Si assicura proattivamente che non ci siano cambiamenti dell'ultimo minuto alla lista dei desideri, e se ci sono, si assicura che raggiungano il Product Backlog in tempo per lo Scrum quotidiano.

3. Ruoli e responsabilità

I team sono più piccoli e sono incoraggiati ad assumersi la proprietà e la responsabilità della loro parte di sviluppo. Devono autogestirsi e assicurarsi che la loro giornata sia pianificata di conseguenza per essere in grado di riferire sui loro progressi ad ogni Scrum quotidiano. Possono anche scegliere su quale parte del progetto o "user stories" lavorano.

Poiché ogni ora del giorno è ben gestita e "timeboxed", si assicura che il progetto rimanga in pista e che non ci sia un burn out dei membri del team dovuto al dover lavorare ore extra per recuperare. Se uno Sprint non è sulla buona strada, il carico di lavoro giornaliero viene riadattato, e se un membro del team è in difficoltà, gli altri membri del team si impegneranno per assicurare che completino il loro compito.

Hanno uno Scrum Master dedicato che è il project manager che assicura che tutte le esigenze dei suoi team di progetto siano soddisfatte.

Ha la responsabilità di assicurarsi che il loro lavoro sia sulla buona strada, di risolvere eventuali problemi e di fornire al team Scrum gli strumenti necessari e le informazioni di cui hanno bisogno per avere successo nei compiti assegnati.

4. Scrum quotidiano

Il Daily Scrum è un incontro giornaliero di 15 minuti in cui il team aggiorna lo Scrum Master, il Product Owner e a volte gli Stakeholder sui progressi dei giorni precedenti. Questo è il momento in cui riferiscono tutto ciò che è andato bene e tutto ciò che è andato male, le loro preoccupazioni, i problemi e così via.

E' dovere dello Scrum Master assicurarsi che tutte queste questioni siano affrontate in modo efficiente e appropriato per assicurare che il progetto rimanga in pista e che il team sia felice.

5. Sprint

Il Product Owner raccoglie tutti i requisiti del cliente e produce un Backlog che è prioritario e suddiviso in quelli che sono chiamati Sprint. Gli Sprint sono pezzi del progetto composti da caratteristiche che lavorano insieme per formare una sezione del sistema.

Per esempio, in un sistema ERP, potrebbe essere la sezione del database dei clienti in cui l'azienda vorrebbe vedere una raccolta di tutte le credenziali dei loro clienti, i dettagli di pagamento e tenere una storia dei pagamenti. Il team di sviluppo vede questa come una parte importante del software in quanto sono le informazioni di cui l'azienda ha bisogno per essere pagata. Pertanto, questo può essere il primo modulo di lavoro su cui iniziano.

Il team guarderà tutto il lavoro richiesto per creare questo modulo, le caratteristiche, come si integra con altre parti del software, ecc. Da lì, possono anche suddividere il modulo in sprint più piccoli se il lavoro richiesto richiederà più di 30 giorni per essere completato.

Gli Sprint sono a tempo, il che significa che hanno un certo numero di giorni in cui devono essere completati. Questo metodo distribuito significa che un progetto può essere facilmente misurato per assicurarsi che rimanga in pista, se ha deviato, è più facile da correggere per ogni Sprint che per l'intero.

Questo riduce anche le possibilità che gli sviluppatori debbano lavorare a lungo dopo l'orario di lavoro per assicurarsi di essere in pari e che tutte le modifiche siano state fatte.

Scrum Framework cade sotto l'ombrello dei metodi di gestione dei progetti Agili. Può funzionare efficacemente da solo o può essere combinato con altri framework Agile come XP, Lean, Kanban, e così via per essere adattato alle varie esigenze aziendali.

Capire Scrum

Quindi, a cosa serve esattamente Scrum? Per cosa può essere usato e perché usarlo? Qual è lo scopo, e vale la pena usarlo?

Ci sono diverse ragioni per usare Scrum e implementarlo nel vostro business è sicuramente un'idea intelligente. Pensate al fattore competitività. Il mercato cambia sempre più velocemente ogni giorno, e solo chi è flessibile e contemporaneo può stare al passo con esso. Usando Scrum, una persona può rimanere competitiva e creare un vantaggio unico per se stessa. E la parte migliore è che non è una moda non provata! È un Agile Framework solido e di successo che è stato provato più e più volte in vari progetti e team. Le università lo usano per consegnare progetti ai clienti. Le forze armate si affidano a Scrum per preparare le loro navi per il dispiegamento. Anche nel mondo automobilistico, un'auto viene costruita usando Scrum! E non un'auto qualsiasi; una che è veloce, economica, efficiente, sicura, e che dovrebbe essere venduta a meno di 20.000 dollari!

Scrum permette anche lo sviluppo di funzionalità e dà al cliente la possibilità di essere coinvolto. Il cliente è in grado di ricevere versioni funzionanti durante tutto il processo, vedere i progressi che vengono fatti e anche aggiungere nuove idee se necessario. Tutto questo è importante perché aspettare fino alla fine del progetto per mostrarlo al cliente potrebbe essere potenzialmente un errore enorme. Potrebbero odiare la versione finale e richiedere un rifacimento completo, che è uno spreco di tempo e denaro. Pensaci così - se ti stai facendo tagliare i capelli, guardi il processo del tuo stilista o chiudi gli occhi fino a quando non è tutto finito? A meno che tu non voglia essere sorpreso e non ti interessi veramente del risultato finale, naturalmente tieni d'occhio quello che sta facendo il parrucchiere. Se iniziano a tagliarti i capelli troppo corti o a tingerli di un colore strano, alza la voce e chiedi loro di fermarsi e/o di rifarli. Non vuoi finire con dei capelli terribili che odi! Usare Scrum Agile Framework è tutta una questione di trasparenza; una visione chiara per tutte le parti coinvolte. Permette anche a tutte le parti interessate di essere informate, il che aiuta specificamente a scoprire i punti deboli e rende il lavoro di squadra più efficace. Scrum permette a tutti di essere informati durante un progetto, il che significa che ci sono meno errori da fare.

Anche la qualità gioca un ruolo importante in Scrum. Il test è qualcosa che avviene ad ogni Sprint, il che significa che avviene spesso; di solito quotidianamente! Questo assicura la qualità di ogni prodotto fin dall'inizio e permette che i problemi siano riconosciuti e risolti in tempo e prontamente.

Aiuta anche con i costi, che è qualcosa che ogni azienda ama sentire. Ogni progetto di solito ha un periodo fisso, il che significa che c'è un costo definitivo e non aumenterà. E mentre lo sforzo e i piccoli dettagli possono cambiare durante il processo, il costo rimarrà sempre lo stesso, dato che il periodo di un progetto è definito.

Una cosa che il cliente amerebbe davvero di Scrum è che i cambiamenti sono sempre benvenuti! Possono essere mostrati al Product Owner in qualsiasi momento, che poi li esegue nella successiva riunione dello Sprint. Il Product Owner informa lo Scrum Team, che poi implementa i cambiamenti già il giorno successivo. In questo modo il cliente ottiene il prodotto che desidera, e un cliente felice è sempre un bene per l'azienda.

Implementare lo scrum

Scrum può anche aiutare con capacità di comunicazione efficienti e creatività. Coinvolge tutti all'interno del progetto e richiede una forte comunicazione, collaborazione, rispetto e comprensione. Un progetto di successo è costruito a partire da ciò che il cliente richiede e da ciò che il team sviluppa, e Scrum può aiutare a farli rispettare entrambi.

Coloro che fanno parte dello Scrum Team beneficiano particolarmente dell'acquisizione di capacità di comunicazione. Sviluppano queste abilità per gradi, e alla fine del processo sono in grado di comunicare efficacemente. Questo può essere usato sia nella vita professionale che in quella personale.

Lo sviluppo di sistemi complessi e di progetti molto lunghi può essere difficile e molto frustrante. Fortunatamente, Scrum può aiutare con l'esatta pianificazione necessaria per questi tipi di progetti, che permette l'integrazione di nuove funzionalità e un nuovo modo di pensare. L'uso di Scrum aiuterà le cose ad andare lisce e non permetterà una terribile realizzazione alla fine del progetto che qualcosa è andato storto. Fondamentalmente snellisce il processo e lo rende migliore per tutte le persone coinvolte.

Ci sono anche diversi casi in cui Scrum può aiutare un'azienda in modi molto specifici. Dopo tutto, forse la vostra azienda sta andando bene, e pensate che non abbia bisogno di un cambiamento. Tuttavia, considerate questo - le organizzazioni che implementano Scrum sperimentano dei cambiamenti nella loro cultura aziendale. Diventano più orientate al team, più orientate al valore, e danno più valore ai clienti stessi. Preferiresti lavorare per un'azienda che si preoccupa solo dei profitti, o lavorare per una che si preoccupa di più delle sue persone? Le aziende che usano i team Scrum diventano performanti e mostrano risultati molto più alti dei team normali.

E l'altro lato delle cose? Invece di un'azienda che sta andando bene, diciamo che c'è un'organizzazione che potrebbe essere nei guai, ma che vuole adottare il sistema Scrum. L'adozione di un nuovo sistema scuote l'azienda, e permette una nuova cultura, un nuovo processo e un nuovo ambiente di squadra, che poi aiuta l'azienda ad uscire dai guai. L'azienda cambia completamente, e le persone vogliono effettivamente iniziare a lavorare lì. La cosa più importante di questo scenario è che l'azienda è disposta ad ammettere che ha davvero bisogno di aiuto! A volte alle organizzazioni non piace ammettere che ci sono cose sbagliate, il che porta a brutte cose per il business. Usando Scrum, possono rimettersi in piedi e tornare dove vorrebbero essere.

Un altro modo in cui Scrum può aiutare un'azienda è quando c'è una piccola azienda che ha uno stato di alte prestazioni ma sta lottando per mantenere dette alte prestazioni quando stanno anche cercando di crescere allo stesso tempo. Possono facilmente implementare Scrum nella loro organizzazione, e questo aiuterà immensamente a bilanciare le cose. Scrum può aiutare la linea di vapore della loro produzione in modo che non siano così sopraffatti da tutto in una volta. L'organizzazione aiuta immensamente e fa sembrare che le cose siano più facili da realizzare.

Ciclo di sprint

Mettere insieme un gruppo di persone per realizzare qualcosa di così sofisticato come il processo Scrum può essere un compito difficile. È necessario assicurarsi che tutti stiano lavorando verso un obiettivo comune e richiede un processo specifico chiamato Processo di sviluppo del gruppo. Questo processo è un programma in 5 fasi che assicura che il team Scrum abbia il massimo successo possibile. Le prime 4 fasi (Forming, Storming, Norming e Performing) sono state sviluppate da Bruce Tuckman nel 1965. Tuckman ha detto che queste fasi sono necessarie per la crescita dello Scrum Team e che l'uso di questo processo lo aiuta ad affrontare le sfide, ad affrontare i problemi, a pianificare il lavoro, a trovare soluzioni e a fornire i migliori risultati possibili. Tuckman ha poi aggiunto la quinta fase finale (aggiornamento) nel 1977. È interessante notare che, specificamente nello sviluppo di software Agile, le squadre esibiranno un comportamento chiamato "swarming". Si tratta di una performance mostrata quando il team si riunisce, collabora e si concentra sulla risoluzione di un singolo problema. Questo comportamento è adattato da quando uno sciame di insetti si concentra su un evento comune, come uno sciame di vespe che attacca una persona perché detta persona ha deciso che sarebbe stato saggio colpire il nido di vespe con una mazza da baseball.

L'utilizzo del metodo Group Development Process porta alla maturità e a un team Scrum altamente efficiente. È necessario ricordare che a volte un processo come questo può richiedere tempo. La maggior parte delle aziende sono più preoccupate dei risultati immediati e di buttarsi subito nei compiti, senza pensare a quanto sia importante il team building. Usare un metodo come questo porterà a impatti positivi e al successo dello Scrum Team.

1. **Fase di formazione** - È molto importante per far partire lo Scrum Team con successo. Questa fase serve ai membri del team per conoscersi l'un l'altro e scoprire diverse cose che hanno in comune. Lo usano per connettersi in un modo che permetterà loro di lavorare insieme senza soluzione di continuità. Se questa fase viene saltata, la squadra potrebbe avere difficoltà a muoversi attraverso le fasi successive del processo. Un modo per la squadra di connettersi l'un l'altro è fare dei divertenti rompighiaccio. I membri del team possono condividere informazioni personali; i film che gli piacciono, la loro musica preferita o i loro cibi preferiti. Potrebbe esserci un altro membro del team a cui piacciono le stesse cose, il che li aiuterà a connettersi tra loro. Inoltre, durante questa fase, i membri del team fanno affidamento su un leader del gruppo per la guida e la direzione. I membri stanno cercando l'accettazione da parte del gruppo e vogliono sentirsi come se fosse uno "spazio sicuro". Stanno cercando di mantenere

le cose semplici e vogliono evitare le controversie, il che significa che i tipici argomenti seri e i sentimenti vengono evitati. Anche l'orientamento gioca un ruolo importante in questa fase. I membri del team cercano di diventare più orientati non solo l'uno verso l'altro, ma anche verso i compiti. Di solito, le discussioni ruotano intorno al capire lo scopo di ogni compito, come affrontarlo e preoccupazioni simili. Affinché i membri del team crescano da questo compito al successivo, devono uscire dalla loro scatola di comfort e rischiare la possibilità di conflitto.

2. **Fase di Storming** - Storming è un nome appropriato per questa fase. Questa è la più probabile che abbia conflitti e competizione. La "paura del fallimento" o la "paura di esporsi" potrebbero entrare in gioco e aumentare il desiderio di chiarimento strutturale e di impegno. I membri si chiederanno chi sarà al comando, chi è responsabile di cosa, quali sono le regole, il sistema di ricompensa e quali sono i criteri di valutazione. Potrebbero anche esserci cambiamenti comportamentali negli atteggiamenti basati su questioni di competizione. I membri della squadra potrebbero allearsi con altri membri della squadra, specialmente quelli con cui hanno già familiarità. È anche possibile che si

formino delle cricche, alle quali alcuni membri della squadra sarebbero contrari. Alcuni membri potrebbero sentirsi più a loro agio a parlare, mentre altri sentirebbero che è meglio rimanere in silenzio. Potrebbe finire che lo Scrum Team si senta diviso e non come se fosse una squadra. È importante capire i diversi stili di lavoro e altri ostacoli che si frappongono al completamento dell'obiettivo del gruppo. Il modo migliore per risolvere i conflitti è attraverso un approccio collaborativo e basato sulla risoluzione dei problemi. È l'unico modo per i membri del team di unirsi e lavorare insieme. L'unica ragione per saltare un passo come questo è se lo Scrum Team è già stabilito e lavora insieme da un po'. È possibile che conoscano già lo stile di lavoro dell'altro e siano già uniti come una squadra. Se questo passo è necessario, allora l'unico modo per il team Scrum di passare a quello successivo è adottare una mentalità di problem-solving. E la caratteristica più importante che ogni membro deve avere è la capacità di ascoltare.

3. **Fase di normalizzazione** - Questa fase riguarda la coesione all'interno del gruppo. È importante che ogni membro riconosca i contributi dell'altro, la costruzione della comunità e il tentativo di risolvere i problemi del gruppo. I membri del team devono

essere disposti a cambiare le loro idee e opinioni precedenti quando vengono presentati i fatti dagli altri membri del team. Questo dovrebbe andare di pari passo con il porre domande all'altro. La squadra riconosce che la leadership è condivisa, e non c'è bisogno di cricche. Far sì che tutti i membri si conoscano e si identifichino l'uno con l'altro è importante per rafforzare la fiducia, che poi contribuisce allo sviluppo del gruppo come unità. È anche importante avere regole stabilite per il funzionamento della squadra in ogni riunione. I membri della squadra devono discutere la logistica, come il luogo della riunione, quanto tempo durerà la riunione e a che ora inizia. Hanno bisogno di parlare di come la riunione scorrerà e di cosa fare in caso di conflitti. L'inclusione gioca un ruolo importante all'interno dello Scrum Team. Ogni membro del gruppo deve sentirsi parte del gruppo, in modo che partecipi effettivamente a tutte le attività. L'obiettivo principale è quello di trovare una serie di regole su cui tutti possono essere d'accordo, e poi effettivamente seguite. Fare questo aiuterà la squadra ad operare al meglio. Il gruppo proverà un senso di cameratismo e quasi una sensazione di sollievo quando i conflitti interpersonali saranno risolti. In questa fase specifica, la creatività è alta; c'è un senso di apertura e condivisione delle informazioni, sia a livello personale che di compito. Tutti si sentono bene a far parte di un gruppo che porta a termine le cose. L'unico inconveniente in questa fase è che i membri resistono al cambiamento di qualsiasi tipo, e quelli che temono l'inevitabile rottura futura del gruppo. Possono decidere che l'unico modo per evitare la rottura è quello di resistere alla formazione del gruppo in primo luogo.

4. **Fase di esecuzione** - Questa fase non è raggiunta da tutti i gruppi. Se l'hanno raggiunto, il gruppo ha formato una squadra affiatata che si fida l'uno dell'altro ed è pronta a svolgere i compiti in modo efficiente ed efficace. I membri della squadra sono in grado di lavorare indipendentemente, in sottogruppi, o come gruppo nel suo insieme con uguale produttività. I ruoli di ognuno sono in grado di cambiare e adattarsi a seconda delle esigenze del gruppo e degli individui. Questo è lo stadio in cui il gruppo è più produttivo. Ogni singolo membro è diventato sicuro di sé e si sente come se non fosse necessario cercare l'approvazione del gruppo. I membri del team sono sia orientati al compito che alle persone. C'è una certa sensazione di unità e. Il morale del gruppo è alto, la lealtà del gruppo è forte, e tutti sanno chi sono come gruppo. I prodotti su cui

lavora lo Scrum Team possono cambiare nel tempo, quindi c'è una forte sensazione di supporto per la sperimentazione nel risolvere i problemi. Il team è capace di lavorare insieme abbastanza bene da adattarsi e accettare quel cambiamento. Tutti sanno che l'obiettivo generale è la produttività raggiunta attraverso il problem-solving e il duro lavoro. La performance è anche migliore se la squadra segue le regole stabilite nella fase di normalizzazione perché è usata per risolvere i conflitti personali. Se si verifica una tale situazione, la squadra dovrebbe rivedere le regole e far rispettare ciò che la squadra ha deciso originariamente.

5. **Fase di aggiornamento** - Questa fase non faceva originariamente parte del processo ed è stata aggiunta negli anni successivi. Ma solo perché è stata aggiunta in un momento successivo, non significa che sia meno importante! A questo punto, la squadra ha molto probabilmente realizzato la visione del progetto. Mentre i lati tecnici delle cose sono fatti, la squadra ha bisogno di controllare le cose ad un livello più personale. Hanno bisogno di riflettere su come hanno lavorato insieme come squadra e vedere se ci sono dei miglioramenti che potrebbero essere fatti. La squadra riconosce anche la partecipazione e i risultati. Possono anche usarlo come

un'opportunità per salutare personalmente. La squadra ha lavorato a stretto contatto l'uno con l'altro su un progetto intenso. È importante concludere le cose a livello personale, altrimenti potrebbe esserci una sensazione di incompletezza. E cosa succede se il team torna insieme in qualche progetto futuro? È importante che discutano il processo e le metodologie che hanno avuto successo e quelle che hanno fallito. Il team può esaminare e decidere se c'era qualcosa che poteva essere recuperato con un po' di cambiamento. Le informazioni raccolte durante questo periodo potrebbero anche essere usate per le valutazioni delle prestazioni. Quindi, è importante che la squadra prenda seriamente questa fase.

A volte può essere difficile seguire le tappe. Ci potrebbe essere una persona che è particolarmente testarda, o forse alcune persone non lavorano particolarmente bene con gli altri. Affinché il gruppo raggiunga il suo miglior potenziale, deve essere abbastanza flessibile da accettare quando ha bisogno di aiuto. Ci sono alcuni passi diversi che un gruppo può fare per assicurarsi di svilupparsi correttamente attraverso le diverse fasi:

1. Il gruppo deve assicurarsi di cambiare la responsabilità di facilitatore del gruppo. Ogni persona dovrebbe avere la possibilità di essere "in

carica" e così facendo si crea una sensazione di inclusione e uguaglianza.

2. Lo scopo e la missione del gruppo devono essere chiari a tutti i membri coinvolti. E la missione dovrebbe essere rivista spesso, solo nel caso in cui qualcosa sia cambiato o qualche membro abbia dimenticato cosa doveva essere originariamente. È del tutto possibile che la missione cambi, a seconda del feedback del cliente dopo uno Sprint. Mantenere la dichiarazione della missione aggiornata aiuterà tutti a rimanere sul compito.

3. Le regole sono molto importanti e devono essere stabilite e monitorate durante l'intero processo. Avere le regole aiuta tutti a sapere come stanno le cose e cosa fare se una regola viene infranta o messa in discussione.

4. Il gruppo dovrebbe ricordare che il conflitto può essere una cosa positiva ed è del tutto normale. Il conflitto potrebbe anche essere necessario per lo sviluppo del gruppo. Un membro potrebbe essere in disaccordo con un altro su come completare un compito. A causa del disaccordo tra i due membri, potrebbero inventare un terzo modo per completare tale compito che è molto più efficiente.

5. Il gruppo dovrebbe ricordarsi di ascoltarsi a vicenda. Avere una persona che parla sopra tutti non è produttivo e può far sì che il gruppo si arrabbi o si risenta. Se tutti si ricordano di ascoltare, allora tutti si sentono ascoltati dagli altri membri. Le persone tendono a rispondere meglio e ad accettare di più gli altri se sentono di aver avuto la possibilità di essere ascoltati.

6. Ogni sessione dovrebbe finire con una critica costruttiva invece di un duro "consiglio". È importante sollevarsi l'un l'altro ed essere utili l'uno verso l'altro, invece di abbattersi a vicenda. Ed è anche importante ricordare che la critica costruttiva dovrebbe riguardare il processo di gruppo e niente di personale.

7. Tutti dovrebbero contribuire e fare il lavoro. Avere una persona che fa tutto il lavoro la fa sentire risentita verso tutto il gruppo. E se solo una persona sta facendo il lavoro, allora è del tutto possibile che il prodotto non sarà finito in tempo e le scadenze saranno in ritardo. La stessa cosa vale per una persona che non partecipa mentre il resto del gruppo fa tutto il lavoro. Quella persona si prenderà il merito per il lavoro che non ha fatto, e non è giusto per il resto della squadra.

I ruoli di Scrum

Uno Scrum ha tre ruoli o responsabilità principali, cioè un proprietario del prodotto, uno Scrum master e i membri del team di sviluppo. Questi ruoli possono spesso essere confusi con i titoli di lavoro effettivi, ma non sono la stessa cosa.

Ruoli di Scrum contro titoli di lavoro

I tre ruoli Scrum coinvolgono e delineano le responsabilità chiave all'interno del team Scrum. Non sono titoli di lavoro e non sostituiscono i titoli di lavoro esistenti. Un ruolo di Scrum master, per esempio, può essere svolto da qualcuno con qualsiasi titolo di lavoro appropriato. L'essenza della

metodologia Scrum è di operare con un approccio iterativo che implica empirismo, continui cicli di feedback e miglioramento. Ciò che è fondamentale per i ruoli Scrum di cui sopra è che sono

in grado di soddisfare gli obiettivi di Scrum eseguendo ciò che il loro ruolo richiede. L'assunzione di questi ruoli non influisce

sul loro titolo di lavoro o su altre responsabilità all'interno di un'organizzazione.

Strumenti e metodologie

La ragione per cui approcci metodologici troppo dettagliati non hanno avuto successo nel processo di sviluppo è che non sono definiti completamente. Se ci si comporta come se questi processi fossero prevedibili, non si è preparati a situazioni e risultati imprevedibili.

Diverse metodologie dettagliate sono basate sui metodi attuali di sviluppo. Nei prossimi paragrafi, discuteremo la metodologia Waterfall, che è una delle prime metodologie dettagliate e definite per lo sviluppo di sistemi. Parleremo anche delle metodologie a spirale e iterativa. Infine, discuteremo più dettagliatamente il funzionamento e le fasi di Scrum.

Metodologia a cascata e a spirale

L'approccio a cascata funziona sulla premessa che esistono processi indefiniti che devono essere controllati. Tuttavia, questa metodologia ha una natura lineare ed è per questo che ha alcuni difetti. Per esempio, Waterfall non offre alcuna soluzione per gli output inaspettati. La metodologia a spirale creata da Barry Boehm ha affrontato questo problema più tardi. Al contrario, in ogni fase Waterfall, c'è una fine causata dal rischio di valutazione o da attività che suggeriscono di fare prototipi.

La metodologia a spirale si basa sugli "strati" e prevede più aspetti e variabili nei processi di sviluppo del sistema. Per esempio, a differenza di Waterfall, la metodologia Spiral permette di provare il prototipo. Permette di valutare se il progetto è sulla strada giusta. In questo modo si può vedere, in prima persona, se il progetto ha bisogno di tornare ad alcune delle fasi precedenti. Puoi anche determinare se il progetto ha successo o non ha successo e terminarlo. Anche se i principi della Spirale danno più comprensione nello sviluppo rispetto al metodo Waterfall, le fasi dei progetti hanno ancora una costruzione lineare. Questo significa che se il tuo requisito è progettato, devi fare solo il design in quella fase. Se si tratta di codifica, si deve fare solo la codifica, e così via. Ogni processo è rigorosamente definito e spiegato in dettaglio senza alcuno spazio per la flessibilità.

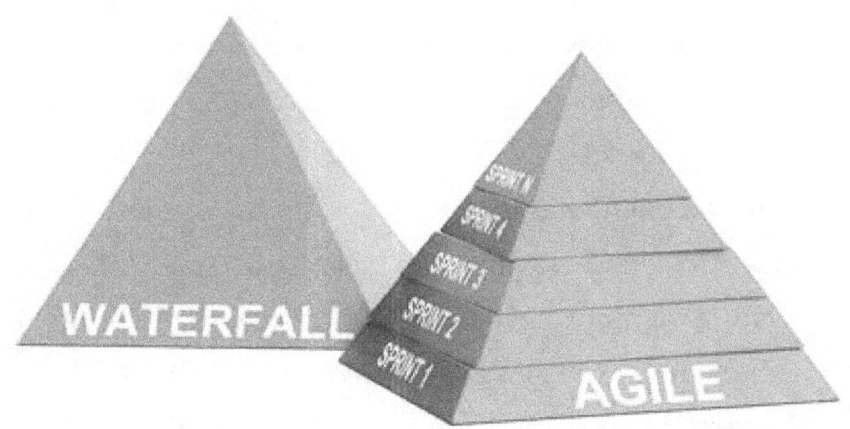

Metodologia iterativa

La metodologia iterativa è un miglioramento delle prime due. Le iterazioni hanno fasi che sono standard per le fasi Waterfall; ancora, le iterazioni affrontano solo un insieme di funzionalità.

I deliverable del progetto sono divisi in sottosistemi e ordinati per priorità. L'interfaccia è chiara e definita per i sottosistemi individualmente.

Questa metodologia è utile per testare la tecnologia del sottosistema e la sua fattibilità. Il vantaggio è che questo può essere fatto in alcune delle fasi iniziali. Man mano che il progetto avanza, le iterazioni possono essere usate per ottenere risorse aggiuntive, e può accelerare la consegna del progetto. La metodologia iterativa significa che avrete un buon controllo sui costi e migliora il sistema di consegna e la flessibilità. Tuttavia, ci sono alcuni processi nell'approccio iterativo che hanno mantenuto la sua definizione lineare.

Metodologia Scrum

Il processo di sviluppo del sistema non è semplice. Ha molte variabili imprevedibili, quindi la sua complessità richiede soluzioni flessibili.

L'evoluzione della tecnologia ha dimostrato che per avere un progetto di successo bisogna lavorare con piena flessibilità.

 Questo significa anche che bisogna essere preparati ad essere completamente esposti ai cambiamenti ambientali.

In quest'epoca, è inutile cercare di rendere il proprio ambiente meno complesso e cercare di evitare il caos. I team di lavoro devono abbracciare un approccio che li aiuti ad adattarsi ai cambiamenti eccessivi e a prevedere soluzioni efficienti e non sempre troppo precise.

È già chiaro che ogni sviluppo di sistema avviene in circostanze che possono cambiare rapidamente. Questo significa anche che anche la produzione di sistemi basati su tecnologie esistenti sotto variabili caotiche e diverse deve essere flessibile.

Il team deve essere pronto a lavorare sotto la pressione di condizioni caotiche e mantenere l'ordine. Anche se questo richiede flessibilità e molte aree sconosciute, aumenta anche la competitività e porta una produzione più efficiente. La teoria della complessità introdotta da Langton era basata su un effetto modellato che veniva usato nelle simulazioni al computer. Questa simulazione fu poi riconosciuta come una delle scoperte fondamentali che spiegava i principi della complessità nei processi di sviluppo dei sistemi. Uno dei fattori più importanti nella stima della probabilità di successo è la metodologia usata nel progetto. È stato dimostrato che le metodologie che promuovono approcci flessibili hanno un maggior grado di successo e una migliore reattività ai cambiamenti delle variabili.

Le metodologie Waterfall, Spiral e Iterative sono state usate per lo sviluppo del software in aziende come Easel, ADM e VMARK, e riflettono le loro esperienze.

Queste aziende erano pronte a correre un rischio e hanno costruito il software di maggior successo del momento. In questo contesto, hanno aumentato l'impatto dei loro prodotti e cambiato il significato dei risultati includendo fattori ambientali.

La metodologia Scrum definisce tutti questi processi come

completamente indefiniti. Lo scopo dello Scrum è quello di utilizzare meccanismi che migliorino effettivamente la flessibilità e il controllo. La distinzione principale tra gli approcci completamente definiti come Waterfall o Spiral e Scrum è che Scrum ha un'ipotesi che lo Sprint è imprevedibile in termini di analisi o progettazione. Questo è il motivo per cui Scrum ha un'attenzione speciale sul controllo del rischio e la gestione delle variabili imprevedibili. L'obiettivo generale di Scrum è quello di migliorare la reattività e aumentare i risultati durante il processo di sviluppo del sistema.

Alcune delle caratteristiche principali della metodologia Scrum sono:

- Gli unici processi completamente definiti sono la prima fase chiamata pianificazione e l'ultima fase chiamata chiusura. Tutti i processi durante queste due fasi devono avere input e output chiari. Scrum usa alcune delle iterazioni nella parte di pianificazione che gli dà un flusso lineare.
- La categoria sprint che abbiamo menzionato più volte è in realtà una fase empirica. È qui che si confrontano le premesse indefinite di Scrum con la scatola nera. Questi processi incontrollabili hanno bisogno di avere meccanismi esterni di controllo. Scrum lo prevede con le sezioni come la gestione del rischio per le iterazioni individualmente durante lo Sprint. È così che un team può raggiungere la massima flessibilità e ridurre il caos.
- Lo sprint può avere più parti e non è lineare. Fa parte dell'approccio Scrum che è il più flessibile. Le squadre possono usare la conoscenza esplicita se possono, ma se non è il caso, si può usare la conoscenza tattica. La conoscenza tattica significa che il team costruisce esperienza e cerca soluzioni attraverso prove ed errori. Lo scopo della fase Sprint è di aiutare il prodotto finale ad evolversi al massimo.
- In Scrum, le variabili ambientali possono influenzare il progetto fino alla chiusura. Permette anche il cambiamento dei deliverable durante tutta la prima fase e lo Sprint. Le variabili possono cambiare durante queste due sezioni e comprendono il tempo, le risorse, i cambiamenti ambientali e la qualità del prodotto.

Ultimo ma non meno importante; Scrum è diverso perché permette ai team di determinare i deliverable seguendo i requisiti ambientali.

Una delle divisioni della fase Scrum

Le fasi della mischia possono essere divise in gruppi. Il primo gruppo è il Pregame. Consiste nella pianificazione che deve fornire una definizione di un rilascio pianificato. Questa definizione deve essere basata sulla conoscenza del backlog e avere una stima dei costi e dei tempi. Se il team vuole sviluppare un sistema completamente nuovo, deve fornire un concetto e un'analisi del suo prodotto in questa fase. Anche l'architettura è in questo gruppo. Significa che il team ha bisogno di fornire il concetto per un design per i loro elementi del backlog. Hanno anche bisogno di spiegare come implementeranno questo design.

Il secondo gruppo è il Gioco. Questo gruppo comprende gli Sprint per lo sviluppo. Il team ha bisogno di determinare la funzionalità della loro nuova release.

Devono includere le variabili ambientali e prevedere modi flessibili per aumentare la loro reattività in termini di qualità del loro prodotto, requisiti del loro prodotto, tempi di consegna. Hanno bisogno di avere un piano flessibile per i costi e i finanziamenti durante la fase di sviluppo del sistema e di includere la concorrenza e il suo impatto sulla produttività del team. Ci devono essere più Sprint durante questa fase per far evolvere i deliverable del sistema.

Il terzo gruppo è chiamato Postgame. In questa fase, le squadre che implementano l'approccio Scrum entrano nella Chiusura. Questo significa che i team hanno finito con successo tutte le fasi precedenti e che sono pronti a preparare il rilascio finale del loro prodotto. Una volta che il team di gestione vede che le variabili sono state risolte con successo, dichiarerà il progetto chiuso. Ulteriori compiti per la chiusura sono la preparazione per l'integrazione del prodotto e gli aggiustamenti necessari per il rilascio generale. Scrum include i test finali prima di rilasciare il prodotto. Include anche tutta la documentazione necessaria come rapporti finanziari, licenze del prodotto, diritti di brevetto, ecc. Questa fase copre anche i manuali utente, i controlli finali del sistema, la documentazione per la formazione, e così via. Uno degli aspetti significativi del Post-Game è che la squadra deve preparare una campagna di marketing che lancerà il loro prodotto finale.

Evitare il caos dovuto a molti fattori imprevedibili è una delle caratteristiche più forti della metodologia Scrum. Una gestione matura e ben strutturata è necessaria per potenziare questo tipo di approccio. Scrum è usato per fornire un controllo esterno per input e output non definiti. La ragione per cui Scrum è così popolare è che permette ai team di avere una buona visione dei loro compiti e li aiuta ad aumentare la loro produttività e la qualità dell'intero processo di sviluppo del sistema. Alla fine, un'implementazione Scrum di successo significa che il vostro prodotto è pronto per essere sul mercato.

Pianificazione dei progetti

Il processo di organizzazione Scrum stabilisce i desideri dei partner. Questi partner incorporano gli individui che sostengono l'impresa, gli individui che si aspettano di utilizzare l'utilità fatta dal compito, e gli individui che saranno in ogni caso influenzati dall'impresa. L'accordo è un metodo per sincronizzare i desideri dei partner con i desideri del Team.

Per quanto riguarda i partner che saranno clienti dell'utilità dell'impresa, l'accordo li fa ordinare il loro lavoro con l'obiettivo che possano essere preparati a sfruttare l'utilità man mano che viene attualizzata.

Per i partner che finanziano l'impresa, l'accordo sottintende il loro desiderio per ciò che è necessario sovvenzionare e quando i vantaggi dell'impresa devono essere calcolati. L'accordo è inoltre la premessa della rivelazione dell'impresa. Verso la fine dello Sprint, i partner vanno alle riunioni di sondaggio dello Sprint e guardano l'avanzamento reale dell'impresa rispetto al suo avanzamento organizzato.

I cambiamenti di rotta e gli aggiornamenti all'accordo fatti nelle riunioni di organizzazione Sprint sono rivelati ai partner. Per gli individui che non possono andare alla riunione di sondaggio

Sprint, i rapporti di impresa contrastano i risultati reali con l'accordo - sia il primo accordo che l'accordo come è stato modificato dall'inizio del compito.

Il processo di organizzazione di Scrum comprende la risoluzione di tre domande:

Cosa possono sperare di aver cambiato coloro che finanziano il compito quando l'impresa è finita? Quali progressi saranno stati fatti prima della fine di ogni Sprint?

Per quale motivo coloro che vengono contattati per sostenere l'impresa dovrebbero accettare che l'impresa è una speculazione significativa, e per quale motivo sarebbe consigliabile che accettassero

che coloro che propongono il compito possono trasmettere questi vantaggi previsti?

Le imprese Scrum richiedono meno organizzazione delle imprese basate su diagrammi di Gantt regolari, alla luce del fatto che quelle che cercano di trasmettere i vantaggi normali danno la percezione del loro avanzamento verso la fine di ogni Sprint. Dal momento che le imprese Scrum sono troppo complesse per essere rappresentate in modo incredibilmente dettagliato all'origine, noi le selezioniamo e le guidiamo con l'obiettivo di trasmettere i risultati più ideali.

La disposizione di base importante per iniziare un'impresa

Scrum comprende un sogno e un Product Backlog. La visione descrive perché l'impresa è stata tentata e qual è lo stato finale ideale. Per una struttura utilizzata all'interno di un'associazione, la visione può raffigurare come l'attività commerciale sarà diversa quando la struttura sarà introdotta.

Per il software che viene prodotto per il commercio esterno, la visione può descrivere i nuovi punti salienti e le capacità principali del software, come beneficeranno i clienti e quale sarà l'influenza prevista sul centro commerciale.

Il Product Backlog caratterizza le necessità utili e non funzionali che il quadro dovrebbe soddisfare per trasmettere la visione, organizzata e valutata.

Supervisionare il contante a MegaBank:

MegaBank è uno dei più grandi istituti monetari del pianeta. Considereremo l'utilizzo di Scrum da parte di MegaBank qui e nelle parti successive. Due anni dopo che Scrum è stato presentato per la prima volta a MegaBank, il 20% di tutto il software di MegaBank si estende ora usando Scrum. Un gruppo aveva sentito che Scrum era stato un trionfo in diverse parti di MegaBank e aveva bisogno di provare un'avventura pilota che includeva lo spostamento di una delle applicazioni di MegaBank da strutture informatiche centralizzate al Web.

L'applicazione a cui si faceva riferimento, nota come "applicazione denaro", era utilizzata per registrare e rivelare i movimenti di denaro. La sovvenzione era stata approvata, il gruppo era stato inquadrato e l'accordo era stato composto. Al gruppo fu dato un avviso che esprimeva che la variante basata sul web dell'applicazione di denaro sarebbe stata finita e preparata per l'uso in cinque mesi. Non erano necessarie altre sottigliezze alla luce del fatto che la nuova applicazione sarebbe stata una riproduzione coordinata del suo precursore su server centralizzato; in seguito, nessuna nuova utilità era stata approvata per questa impresa.

I Runs normalmente iniziano con una riunione di un giorno per organizzare lo Sprint. Per le imprese come questa, sia come sia, aggiungo un giorno extra per costruire un Product Backlog per il compito anche per educare il nuovo ScrumMaster, il Product Owner e il Team come funziona Scrum. Vedo queste riunioni di due giorni come particolarmente fattibili per mostrare Scrum - in gran parte alla luce del fatto che l'argomento dell'esercizio è caratteristicamente pratico, riguardante il lavoro genuino che deve essere fatto nel termine estremamente vicino.

La riunione di pianificazione dello sprint di due giorni:

Il gruppo era composto da cinque designer. Il Product Owner, Julie, era presente a questa riunione, così come Tom, lo

ScrumMaster, e Ed, l'amministratore dello sviluppo dei frameworks. A quel punto ho detto a tutti che eravamo praticamente pronti per iniziare la consueta riunione di organizzazione dello Sprint; la cosa principale che ci mancava era il Product Backlog. Julie aveva bisogno di una lista di Product Backlog in modo da poter riconoscere l'eccesso di bisogno più degno di nota.

Il gruppo si aspettava di vedere la lista del Product Backlog per potersi concentrare a cambiarla in un'aggiunta di utilità degli articoli. Ho garantito a tutti che avremmo finito il Product Backlog prima della fine della giornata, ma tutti si sono lamentati in ogni caso.

I colleghi hanno specificamente considerato questo come un overhead superfluo. Si sono chiesti perché non potevamo semplicemente dare un senso a ciò che dovevamo realizzare per lo sprint successivo. Tutto sommato, questo era ciò che significava essere agili, hanno contemplato. Ho avvisato il gruppo che ci aspettavamo di capire l'impresa all'interno dell'impostazione di Scrum; avremmo utilizzato il Product Backlog per stabilire un punto di riferimento dei desideri rispetto al quale il consiglio di MegaBank avrebbe potuto tracciare l'avanzamento dell'impresa.

Abbiamo attaccato carta a fogli mobili al divisorio e abbiamo iniziato a pubblicare la totalità delle capacità dell'attuale struttura centralizzata del server, che dovevano essere tutte duplicate sul web. Abbiamo anche considerato alcune necessità non funzionali, per esempio, costruire un'affermazione di qualità (QA) e una condizione di creazione per la struttura. In due ore, avevamo registrato essenzialmente la totalità del Product Backlog, e positivamente i componenti più significativi.

Valutare il Product Backlog:

La fase successiva è stata quella di valutare quanto lavoro sarebbe stato associato a soddisfare le necessità del Product Backlog. I colleghi si lamentavano ancora una volta, aspettandosi che questa commissione durasse un'eternità.

Hanno messo in dubbio di poter pensare a valutazioni precise, in particolare valutazioni che fossero sufficientemente esatte per impostare accuratamente i desideri e guidare la loro determinazione del Product Backlog in ogni futuro Sprint.

Prima di continuare con la valutazione, abbiamo parlato dell'idea di complessità e del suo effetto sullo sviluppo del software. Per valutare ogni necessità in modo decisivo, avremmo bisogno di conoscere la struttura specifica e la comunicazione del prerequisito, l'innovazione usata per produrre la necessità e le attitudini e lo stato d'animo degli individui che compiono il lavoro. Potremmo investire più energia nel tentativo di caratterizzare queste caratteristiche e le loro collaborazioni di quanta ne spenderemmo per cambiare realmente la necessità in utilità. Ancora più spiacevole, indipendentemente dal fatto che abbiamo fatto così, la natura delle questioni complesse alla fine renderebbe i nostri sforzi inutili. L'idea dei problemi complessi è con l'obiettivo finale che piccole varietà in qualsiasi parte del problema possono causare varietà incredibilmente enormi ed eccentriche nel modo in cui il problema si manifesta. Quindi, indipendentemente da quanto tempo abbiamo speso per migliorare l'esattezza delle nostre valutazioni, le valutazioni sarebbero al momento ferocemente errate.

Monitoraggio

Il termine scalabilità si riferisce al processo di prendere un processo o un quadro definito ed espandere il processo in modo da creare un impatto maggiore. Alcuni processi o pratiche sono più facili da scalare di altri, e spesso ci si chiede se Scrum sia scalabile o meno, e se sì, come è meglio farlo. Scalare Scrum, per esempio, potrebbe significare prendere i meccanismi di un team Scrum e implementarli in più team per progetti più grandi.

Quindi, la domanda è: "Scrum è scalabile? Inizialmente, si pensava che Scrum fosse applicabile solo ai team che lavorano su progetti più piccoli, e che non fosse adatto all'applicazione su più team per progetti più grandi. Tuttavia, questo si basava solo sul fatto che Scrum non era ancora stato usato su progetti su larga scala, e dal suo inizio Scrum è stato applicato e scalato con successo.

Quindi, quando e come un team dovrebbe fare una mossa per scalare un progetto Scrum? La risposta a questa domanda di solito dipende dalla natura del progetto e a quale livello un team vorrebbe scalare.

Lo scaling di solito si verifica a uno dei tre diversi livelli, poiché lo scaling può avvenire attraverso progetti, programmi o portafogli.

A seconda del livello a cui una squadra vorrebbe scalare determina quanto coordinamento è richiesto. Quando si tratta di alla scalabilità, risorse aggiuntive e project manager possono essere necessario per assicurare che lo sviluppo rimanga sulla strada giusta.

Quando si tratta di team Scrum, di solito si raccomanda che i team stiano sotto i dieci membri. Nel caso in cui un'organizzazione desideri scalare i suoi progetti Scrum, si raccomanda che un team più grande sia diviso in gruppi più piccoli che si incontrano regolarmente per discutere i loro progressi e riportare qualsiasi problema o preoccupazione. Mantenere la cadenza di questi incontri e assicurarsi che avvengano ad intervalli regolari è cruciale e potrebbe essere gestito da un project manager.

Ogni team Scrum seleziona un rappresentante del team che si unisce alle riunioni Scrum e aggiorna sui progressi del team, sulle sfide che possono affrontare, sulle scoperte che possono aver avuto, così come coordina qualsiasi attività futura con altri team. Quando si tratta di decidere quanto spesso uno Scrum of Scrum dovrebbe incontrarsi, è la dimensione del progetto, il livello di interdipendenza, la complessità e le raccomandazioni della direzione superiore, che dovrebbero essere prese in considerazione.

Come sappiamo, Scrum raccomanda che le riunioni e la collaborazione avvengano faccia a faccia. Anche se non è impossibile implementare Scrum in luoghi geografici diversi, ci vuole molto più coordinamento e sforzo.

Quando si tratta di scalare un progetto con squadre in diversi uffici, la scansione delle riunioni di Scrum avviene tramite strumenti di videoconferenza.

Quando vengono implementati progetti più grandi, sarà necessario assumere un capo Scrum, e questa persona è responsabile di facilitare tutte le sessioni tra gli Scrum of Scrum. Il capo di Scrum determinerà esattamente quando le riunioni devono avere luogo e delineerà le loro agende. Questi incontri, come altri check-in, comporteranno la condivisione di aggiornamenti sui progressi, le sfide e le dipendenze riconosciute tra i progetti. Una volta che i team ricevono un'agenda dal capo Scrum master, dovrebbero preparare i loro aggiornamenti prima della riunione. Se qualche membro particolare di un team sta affrontando delle sfide, queste dovrebbero essere sollevate in queste riunioni, poiché è spesso probabile che altri team possano sperimentare le stesse sfide. Questo permette ai team di condividere la soluzione dei problemi e superare gli ostacoli più velocemente.

Quando queste riunioni hanno luogo, ogni rappresentante del team di solito fornisce un aggiornamento che risponde a quattro domande principali. Queste includono ciò su cui la squadra ha lavorato dalle ultime riunioni, su cosa la squadra ha intenzione di lavorare tra ora e la prossima riunione, chiedendo agli altri rappresentanti se ci sono altri elementi di sviluppo per i quali le altre squadre dipendono da loro, e infine, su cosa potrebbe lavorare la squadra che avrebbe un impatto diretto sulle altre squadre.

Il risultato di queste riunioni di Scrum of Scrum è di solito una migliore coordinazione del lavoro, che viene svolto attraverso i team.

Questo è particolarmente vero quando ci sono compiti che si svolgono attraverso diversi team, e ci sono alti livelli di dipendenza.

Questo assicura che se ci sono ostacoli, discrepanze tra le aspettative, o cambiamenti nelle consegne, sono esposti e affrontati il prima possibile. Queste riunioni funzionano anche come un forum aperto in cui i rappresentanti possono fornire un feedback onesto e ricevere raccomandazioni o input da altri rappresentanti.

Nel caso in cui un progetto sia scalato al di sopra delle capacità di uno Scrum of Scrums, viene creato un ulteriore quadro di incontro in cui un rappresentante di ogni Scrum of Scrums viene inviato ad un incontro più grande conosciuto come "Scrum of Scrum of Scrums". Questo permette a tutti i progetti che sono collegati l'un l'altro di essere coordinati in modo tale da permettere la massima qualità e un output tempestivo. Ciò che è importante notare è che questo tipo di coordinamento, specialmente se i team più grandi sono distribuiti in luoghi geografici, richiederà uno sforzo di coordinamento e di gestione molto maggiore.

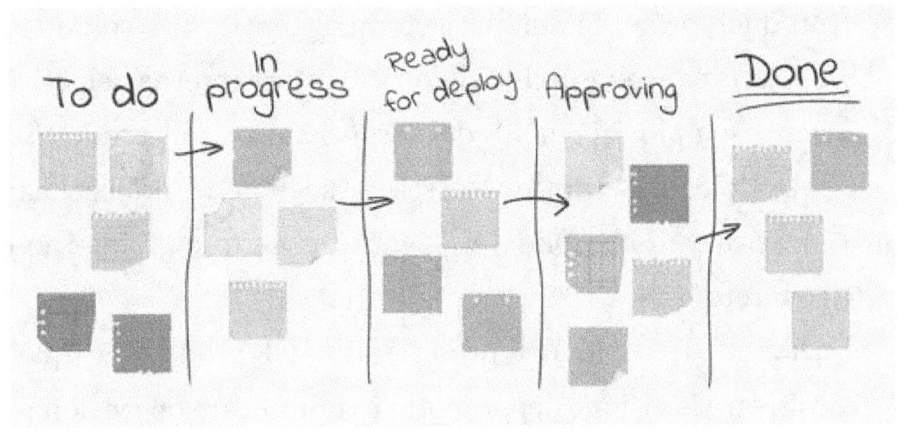

Suggerimenti per la padronanza di Scrum

Affronteremo alcuni dei problemi che potrebbero verificarsi durante l'implementazione delle fasi di Scrum. Per esempio, come si può trovare una soluzione per finanziare alcuni dei problemi che devono essere risolti senza conoscere il risultato concreto, e come si presenterà la possibilità di assegnare i fondi ai possibili finanziatori quando alcuni rischi e circostanze non possono essere previsti, ma sono ancora in controllo dal ROI?

La persona responsabile della pianificazione del progetto è il proprietario del prodotto, come già sappiamo. Nelle grandi aziende, questo ruolo è spesso assegnato al capo del dipartimento. Questo può essere il direttore della sezione di produzione, il capo del controllo dell'inventario, e così via.

Quando si tratta di organizzazioni di prodotto, il product owner è di solito il product manager stesso perché ha già familiarità sia con il software che con i prodotti. Ci sono casi in cui il product owner è un project manager IT. Di solito, questa persona è responsabile dell'infrastruttura interna nel settore IT. Per esempio, il ruolo del proprietario del prodotto nella metodologia Scrum può essere assegnato al project manager incaricato di consolidare i server nel settore IT interno di un concreto

azienda. Il ruolo del proprietario del prodotto è quello di coltivare la visione del prodotto e comunicare tale visione a tutti gli altri membri del team

membri. Il proprietario del prodotto ha anche bisogno di ottenere il finanziamento iniziale per il progetto e di lavorare costantemente per raccogliere le risorse. Questo si ottiene facendo il backlog iniziale del prodotto e i piani iniziali per il rilascio del progetto.

Perché la pianificazione è necessaria?

Avere un piano è il modo più efficace per determinare che la visione giusta è condivisa tra coloro che finanziano il progetto e coloro che lavorano al progetto e consegnano il prodotto desiderato. Lo scopo di un piano ponderato e realizzato con cura è quello di creare un legame tra tutte le persone che sono coinvolte nel progetto. Questo legame li aiuta a valutare il progresso generale del progetto e a prendere decisioni che massimizzeranno la produzione all'interno della visione che è stabilita e del contesto in cui la decisione deve essere presa.

Avere un piano è importante in termini di affermazioni necessarie per raggiungere il valore previsto del progetto rispettando i tempi stabiliti. Fare un piano significa che il project manager progetta le attività che possono influenzare il valore del progetto. Questo include le tempistiche per finire il progetto per consegnare questo valore. Questo tipo di impostazione diventa il punto di riferimento rispetto al quale gli investitori e il management valutano il progresso complessivo del progetto.

Fondamenti della pianificazione del progetto Scrum

In Scrum, la fase di pianificazione è di solito costituita da uno sprint che
è più breve degli altri e dura 15 giorni più o meno. Tutte le pratiche usate in Scrum per gli sprint di backlog o Scrum giornalieri si applicano a questo sprint di pianificazione. Gli output che sono definiti durante lo sprint di pianificazione sono usati per preparare la documentazione del progetto e il prototipo del progetto. Nel caso che il prototipo non possa essere fatto, la fase di pianificazione ha bisogno di consegnare almeno la prova del concetto che di solito è una parte della funzionalità che funziona in un ambiente predeterminato. Quindi, la prima cosa in ogni progetto è determinare che tipo di sistema il team di progetto costruirà e qual è l'importanza di quel sistema.

Nell'approccio tradizionale, la pianificazione del progetto è fatta di preparazione completa di tutti i compiti in tutte le fasi con istruzioni esatte che ogni membro della squadra deve fare e per quanto tempo. La pianificazione tradizionale del progetto significa che l'intero processo di sviluppo è previsto e quindi predeterminato. Questo tipo di pianificazione richiede compiti programmati e con personale e attività e il piano stesso rappresenta un modo per controllare il progetto e gestirlo di conseguenza. In questo modo il project manager ha il ruolo di assegnare i compiti ad ogni membro del team e dare loro il lavoro che è pianificato in anticipo. La metodologia Scrum, su al contrario, si basa sull'agilità e promuove l'emergenza e l'auto-organizzazione. In questo modo il team può costruire un sistema complesso anche se l'ambiente di business può essere complicato.

Indipendentemente dalle richieste iniziali del progetto, Scrum aiuta i team di sviluppo a lavorare con tecnologie nuove e anche complesse, a volte anche non testate.

Anche se la visione del sistema nella fase di pianificazione è stata impostata, la realtà del prodotto e la sua funzionalità funzionante saranno note dopo l'inizio di tutte le attività. Ecco perché la tecnologia e i requisiti cambiano spesso durante la fase di sviluppo del progetto.

Quando c'è una nuova opportunità di business, il Product owner da priorità al backlog del prodotto e alle funzionalità del prodotto finale.

Quando il Product Owner vede questa nuova funzionalità funzionante, lui o lei deciderà come quella funzionalità deve essere rilasciata o regolata. I cambiamenti possono anche avvenire se la nuova tecnologia appare nel frattempo, o se quella già usata non è adatta al progetto.

In Scrum, le funzionalità del sistema sono definite solo al livello più alto. Scrum si concentra sulle funzionalità che sono al primo posto e sono le uniche abbastanza dettagliate per qualsiasi tipo di stima adeguata. La funzionalità che viene definita rappresenta la priorità al team di sviluppo perché questo è il prodotto potenzialmente spedibile che devono consegnare entro la fine dello sprint. È anche il più prezioso per il business. Queste funzionalità I dettagli sono di solito dati per una caratteristica alla volta. Ancora, A volte ci possono essere fino a sei funzionalità che sono prioritarie nel product backlog.

Abbiamo già detto che in Scrum, il management non ha alcuna influenza sulla definizione e la divisione dei compiti per la fase di sviluppo. Questo è il lavoro dei team di sviluppo.

Hanno bisogno di fare brainstorming e stabilire il programma di lavoro per se stessi, il che li motiva e dà loro la possibilità di auto-organizzarsi.

Il team può gestire da solo l'intera fase di sviluppo e il project manager (Scrum master) è lì solo per guidarlo se qualcosa non va bene.

Nessuno dà al team un piano di progetto con dettagli di lavoro e orari; ricevono solo la lista delle funzionalità che devono essere consegnate. Il flusso di lavoro e gli incarichi sono determinati dallo sviluppo della squadra senza influenze esterne.

Scrum e progetti nuovi, non finanziati o già finanziati

Se iniziate con un progetto nuovo di zecca, avrete bisogno di finanziamenti. Ogni investitore vuole sapere se avrà un ritorno sull'investimento (o ROI in breve) e come potrà beneficiare di il progetto. Dopo aver conosciuto questi pochi punti, gli investitori faranno una valutazione in cui confronteranno
il progetto offerto a tutti i progetti concorrenti disponibili e al loro finanziamento. Per una migliore valutazione, gli investitori devono avere abbastanza
informazioni sulla visione del progetto; rischi che il progetto affronterà e ipotesi di base sul prodotto.
Pianificare un nuovo progetto è un modo di esporre agli investitori una visione rispetto alla quale essi possono valutare la loro visione dell'investimento e adattarla se la trovano accettabile. È un insieme di intese che devono essere comuni e da cui possono emergere collaborazione e adattamento. Questo tipo di comprensione si sviluppa nella determinazione delle aspettative e delle misure che possono essere riportate e riviste. A volte il progetto può essere approvato per il finanziamento, ma deve ancora essere avviato. Inoltre, alcuni progetti hanno cercato di essere avviati ma erano troppo complessi o la loro tecnologia bloccava qualsiasi tipo di progresso.
Alcuni progetti sono già stati approvati e finanziati, ma devono ancora partire. Oppure, forse un progetto ha cercato di partire ma la complessità della tecnologia o dei requisiti ha precluso qualsiasi progresso. Se questo è il caso, il vostro rappresentante

di progetto dovrebbe avere familiarità con entrambi gli utenti e clienti. Nel metodo Scrum, questa persona sarebbe il vostro Product Owner. Gli daresti l'autorizzazione a fare i primi requisiti con alta priorità per il backlog del prodotto.

Dopo che avete trovato un product owner adatto, il prossimo ruolo che dovete riempire è quello dello Scrum Master. Quando questa persona ha trovato che è necessario iniziare con Scrum quotidiani.

Il primo product backlog che dovete fare per il vostro progetto deve avere le funzionalità di base del business e i requisiti per la tecnologia che userete.

Una volta definita la tecnologia, il team costruisce un design preliminare e una struttura in cui il sistema opererà. Quando questo è finito, il team ha bisogno di implementare determinate funzionalità utente nel quadro.

A volte il team avrà bisogno di collegare il database esistente ad alcune funzionalità o di fare un database preliminare per il progetto. Se queste sono le circostanze del vostro progetto, allora l'obiettivo del vostro primo sprint è definito. Dovete cercare di consegnare il pezzo chiave della funzionalità utente usando la tecnologia che avete selezionato.

Una volta che lo sprint backlog è in armonia con gli obiettivi del progetto, si può creare un ambiente che lo sviluppo ha bisogno. Questo è il momento in cui si imposta l'intero team di sviluppo, si definisce il codice che verrà utilizzato e si discute la gestione e le pratiche che verranno implementate durante il progetto. In questo fase, è anche necessario iniziare a implementare la tecnologia mirata e costruire una funzionalità che può essere testata sulla piattaforma precedentemente realizzata dal team. Tutte queste attività sono più o meno tutto ciò che accade durante il primo sprint completo.

Ci sono due scopi di questo sprint iniziale. Prima di tutto, ci deve essere un ambiente di sviluppo per il team in modo che possano costruire la migliore funzionalità possibile. E in secondo luogo, la parte funzionante del sistema costruito dal team di sviluppo è in realtà il deliverable che sarà dimostrato ai vostri clienti e al proprietario del prodotto entro il primo sprint di sviluppo.

Se consegnate la vostra prima funzionalità funzionante velocemente e con successo, convincerete sia il proprietario del prodotto che i clienti che il vostro progetto è reale. Mostrerete loro la vostra determinazione e risultati reali e misurabili e saranno coinvolti. Il primo sprint è il passo più importante per ogni nuovo progetto perché collega voi e il vostro team con i clienti e i proprietari del prodotto. Li introduce al regolare ritmo dello sprint in cui possono sempre aspettarsi le consegne che hanno chiesto attraverso i loro requisiti.

Il proprietario del prodotto aggiorna il product backlog mentre il team lavora al suo primo Sprint. Tieni presente che Scrum non insiste per avere un product backlog completo. Ha solo bisogno di avere abbastanza requisiti per la durata di diversi

sprint successivi. Una volta che i clienti e il proprietario del prodotto si sentono
dall'approccio Scrum, iniziano ad usare viste più lunghe del backlog. Se l'attuale visione del progetto non segue più la realtà del progetto, il Product owner farà una nuova visione insieme ai clienti. Quando forgiano un nuovo visione, anche i loro requisiti di backlog del prodotto cambieranno.

In alcuni casi, Scrum è usato per ottenere un codice generato per un progetto già esistente. In altri casi, Scrum viene implementato per aiutare un progetto già esistente in termini di produttività e di attenzione.

Questo accade spesso perché durante la fase di sviluppo i team hanno problemi a costruire il sistema complesso mentre seguono i cambiamenti nella tecnologia e nei requisiti. Può succedere che il team sia rimasto bloccato nel tentativo di consegnare documenti o modelli piuttosto che la funzionalità funzionante per il business. Questo non significa che il team non abbia un buon ambiente di sviluppo o una tecnologia selezionata, significa solo che le priorità non sono state comunicate correttamente.

Se questo è il caso del tuo nuovo progetto, devi anche nominare un Product owner che rappresenti gli utenti e i clienti. Proprio come nel primo caso, questa persona ha bisogno di presentare dei requisiti ri prioritarizzati. Anche il passo successivo è lo stesso, dato che hai bisogno di avere uno Scrum master e di iniziare gli Scrum quotidiani il più presto possibile. La differenza è che ora avete già il team di sviluppo e alcuni deliverable. Dovete usare gli Scrum quotidiani per scoprire quali sono gli impedimenti. Non stupitevi se le riunioni quotidiane di Scrum durano ore in questa fase.

Il team di sviluppo deve parlare di tutti i problemi e cercare di determinare perché non è riuscito a costruire il software. Si può motivare il team usando una semplice sfida. Chiedete loro cosa possono costruire in un mese.

Questo può essere un buon modo per far lavorare insieme la squadra e per dimostrare che possono sviluppare il software previsto nel progetto. Devi far sì che il team si concentri sulla costruzione di funzionalità poiché sono importanti per il Product Owner. La realtà è che il proprietario del prodotto, in questo caso, sarà impressionato dal fatto che il team ha costruito qualcosa di funzionale in così poco tempo. La ragione di questo è il fatto che il team dell'approccio precedente stava lavorando per mesi senza consegnare alcuna funzionalità funzionante. Questo tipo di team improduttivo può indurre i clienti e i proprietari dei prodotti a rinunciare.

Sistemi di controllo in Scrum

Scrum utilizza diversi metodi per fornire un controllo esterno nel processo di sviluppo del sistema.

Questi controlli sono:

- Un backlog è una forma di controllo in cui dobbiamo affrontare le funzionalità del prodotto e i suoi requisiti che non sono stati definiti proprio nella descrizione corrente del rilascio del progetto. Questo significa che nel backlog, Scrum si occupa dei miglioramenti richiesti dai clienti e dei bug o difetti del prodotto. Affronta anche gli aggiornamenti in termini di tecnologia e competitività del prodotto.

- Nella fase di rilascio o miglioramento, Scrum usa gli elementi del backlog. Questi elementi sono migliorati nella fase di rilascio del prodotto usando le informazioni che i team hanno raccolto su variabili come la qualità, il tempo e la forza della concorrenza.

- I componenti di ogni progetto usano i pacchetti come un'altra forma di controllo esterno. Se i pacchetti vengono utilizzati, il prodotto cambia, seguendo gli elementi del backlog e un nuovo piano di rilascio.

- Una delle forme di controllo esterno più frequentemente usate in Scrum è il cambiamento. Si prevede che i cambiamenti debbano accadere ad ogni pacchetto se vogliono implementare i miglioramenti degli elementi del backlog.

- In molti casi, incontriamo problemi durante i processi di sviluppo. Ma se vogliamo avere un'implementazione di successo dei cambiamenti, dobbiamo risolvere tutti i problemi tecnici che potrebbero verificarsi.
- Ogni sistema nel processo di sviluppo deve affrontare dei rischi. I rischi possono influenzare seriamente il progetto e il suo successo. Ecco perché è necessario essere preparati e reattivi in questa fase. La valutazione dei rischi può influenzare ogni altra fase e può cambiare totalmente il corso del progetto.
- I team sono sempre chiamati a fornire soluzioni a questi rischi e problemi. A volte le soluzioni a certi rischi o la risoluzione dei problemi portano a grandi cambiamenti nella fase di rilascio del prodotto.
- I team devono anche essere preparati ad affrontare problemi che non sono descritti in nessun metodo di controllo precedente. Ci possono essere alcuni problemi generali del progetto in diverse fasi di Scrum. Questi problemi sono di solito usati dal management per gestire correttamente gli elementi del backlog. D'altra parte, i team li usano per trovare soluzioni e fare cambiamenti. Tuttavia, la gestione e i team non possono controllare i rischi o le soluzioni individualmente. Hanno bisogno di lavorare insieme se vogliono aumentare la loro produttività. Inoltre, questi meccanismi di controllo sono modificabili. Sono rivisti in ogni riunione di Sprint quando l'intera squadra li discute, li modifica e li riconcilia.

Deliverables in Scrum

Il prodotto che viene consegnato alla fine del processo di sviluppo è flessibile. Il contenuto di questo prodotto dipende da molte variabili, specialmente quelle ambientali.

Come è già stato menzionato, alcune di queste variabili sono il finanziamento, il tempo, il lavoro della concorrenza e la funzionalità del prodotto stesso. Quando parliamo di fattori determinanti per i nostri prodotti, dobbiamo considerare l'intelligenza del mercato. Dobbiamo anche includere i contatti dei nostri clienti e le competenze dei nostri sviluppatori. Nella fase di sviluppo, si verificano molti cambiamenti. Questi cambiamenti o aggiustamenti sono frequenti per i prodotti. Rappresentano la risposta del team alle variabili ambientali. Tieni presente che in Scrum, puoi determinare i deliverable in qualsiasi fase del progetto.

Team di progetto in Scrum

Il team di progetto in Scrum è un team di sviluppatori che lavorano a tempo pieno sul prodotto. Il team di progetto include anche parti esterne che saranno interessate dal rilascio di quel nuovo prodotto. Le parti esterne sono i clienti e le vendite di marketing. Quando si tratta di processi tradizionali di rilascio del prodotto, i gruppi che

non sono sviluppatori non sono inclusi nel processo di sviluppo del sistema perché c'è la possibilità di rendere il progetto troppo complicato. C'è anche la possibilità di una forte interferenze che non sono necessarie o utili per il progetto. D'altra parte, Scrum permette ai gruppi esterni di essere coinvolti

anche se si tratta di un coinvolgimento controllato a brevi intervalli di tempo. Secondo l'approccio Scrum, questo tipo di feedback aumenterà i risultati del rilascio del progetto. È uno strumento orientato agli oggetti che aiuta gli sviluppatori a indirizzare i comportamenti giusti del prodotto e ad avere un'interfaccia chiara.

Le strategie di mischia hanno molte somiglianze con le strategie dello sport chiamato Rugby. Scrum, come il Rugby, usa l'ambiente (nel Rugby è il campo) per stabilire il contesto delle loro strategie. Questo li aiuta anche a stabilire il loro sistema di controlli esterni (lo paragoniamo alle regole del Rugby). Inoltre, Scrum usa il suo primo ciclo per far avanzare il suo prodotto (palla) nel gioco (o in questo caso il processo di sviluppo del sistema). Inoltre, proprio come il Rugby si è evoluto perché alcune regole del calcio sono state infrante, lo Scrum ha usato lo stesso principio per evolversi. Entrambi sono riusciti ad adattarsi ai cambiamenti dell'ambiente. Alla fine, il gioco non finirà finché ci saranno cambiamenti nell'ambiente circostante (in Scrum, questo si riferisce alle esigenze del business, ai tempi, al lavoro della concorrenza e alla funzionalità generale del prodotto).

La metodologia Scrum e i suoi vantaggi

A differenza delle metodologie di sviluppo tradizionali, Scrum non è progettato per rispondere ai cambiamenti ambientali solo all'inizio del ciclo di miglioramento. Non è progettato per rispondere a fattori esterni troppo imprevedibili. Questi approcci che sono più recenti, come Boehm spirale
La metodologia per esempio ha ancora alcune limitazioni.
Questo è soprattutto perché non sono abbastanza flessibili per essere reattivi a tutte le variabili che possono cambiare una volta che il progetto inizia.
Al contrario, Scrum rappresenta una metodologia flessibile durante tutto il progetto, in tutte le sue fasi. È una struttura progettata per fornire meccanismi che controllano esternamente la pianificazione del prodotto e il suo rilascio. Scrum gestisce aspetti come la valutazione dei rischi, le variabili ambientali, ecc. e tutte le altre questioni che possono accadere durante il progresso del progetto. Con questa flessibilità, il team può cambiare il progetto in qualsiasi momento e creare deliverable che si evolveranno e diventeranno più adatti al rilascio. Questo permette al prodotto di trovare un posto migliore sul mercato.
Scrum aiuta gli sviluppatori a trovare soluzioni per molti problemi diversi o aggiustamenti che devono essere fatti attraverso l'intero processo di sviluppo del sistema. Permette loro di imparare e costruire esperienza nel prevedere i risultati dei cambiamenti ambientali e creare una risposta appropriata a

questi cambiamenti.

Questo ha un risultato ancora migliore se il team è piccolo e collaborativo. Scrum ha anche una modalità di formazione ambientale che è disponibile per tutte le parti coinvolte nel progetto. Il principio centrale della metodologia Scrum è la tecnologia orientata agli oggetti.

Secondo la filosofia di Scrum, gli oggetti che sono effettivamente caratteristiche del prodotto offrono già un proprio ambiente che è discreto ma anche gestibile.

Il codice che ha molte interfacce intrecciate durante le procedure non funziona bene in Scrum. Tuttavia, Scrum può essere applicato selettivamente a questi sistemi di sviluppo procedurale. Può essere usato solo nelle sezioni che offrono un forte orientamento ai dati, e può essere applicato solo su interfacce chiare.

Progetto Scrum

Possiamo stimare un progetto Scrum attraverso alcuni dei criteri standard per la stima. Tuttavia, quando si tratta della metodologia Scrum, la raccomandazione è di raddoppiare questa stima in termini di produttività. Razionalmente, tutto questo è possibile determinarlo solo per l'inizio del progetto. Il tempo reale e il costo globale del progetto sono le cose che possono cambiare nel corso del progetto, e dipendono dalle variabili e dalla loro modificabilità.

Si ritiene che Scrum abbia entrambi gli aspetti più importanti della stima del progetto. Questi aspetti sono l'accelerazione e la velocità in tutte le fasi del processo di sviluppo del sistema. Questi due criteri possono essere previsti dalle loro funzioni consegnate, o la stima può essere fatta osservando gli elementi del backlog che hanno completato. In questi termini, vedremo che l'accelerazione e la velocità del progetto sono più basse all'inizio poiché l'infrastruttura generale del sistema deve ancora essere costruita o modificata.

Inoltre, man mano che mettiamo la funzione di base del progetto in oggetti, l'accelerazione aumenterà. Ancora, l'accelerazione diminuirà quando un team ha bisogno di sviluppare nuove metriche per processi empirici. In questo caso, la velocità è alta e rimane sostenibile fino a quando lo sviluppo delle metriche richieste è finito.

Applicazioni di Scrum

Stiamo cominciando a giungere al tratto di strada. Ma c'è ancora molto da discutere.

Guarderemo le applicazioni di Scrum. Cioè, discuteremo come e dove Scrum può essere applicato. Questo vi darà una prospettiva più ampia su come Scrum non è solo limitato allo sviluppo del software. Dato che Scrum ha applicazioni trasversali, vale sicuramente la pena saltare in una discussione più profonda su come Scrum può essere applicato alla vostra organizzazione.

Nato dallo sviluppo di software

Quando è stato sviluppato Agile, le metodologie tradizionali di gestione dei progetti non erano state in grado di affrontare le questioni relative ad ambienti dinamici e in continuo cambiamento. Questo ha portato i project manager a cercare alternative che abbracciassero il cambiamento e aiutassero gli sviluppatori di software a trovare il modo giusto per affrontare queste dinamiche, sfruttando al massimo le attuali tecniche di project management disponibili.

Da questo bisogno, approcci come l'Extreme Programming hanno permesso agli sviluppatori di trovare una serie di principi che potrebbero affrontare meglio le circostanze che affrontano come sviluppatori in un ambiente di volatilità.

Dal 2001, il movimento Agile ha portato all'emergere di Scrum come una metodologia praticabile che può fornire agli sviluppatori una serie di passi e procedure al fine di creare un quadro di progetto favorevole per ottenere risultati.

Dato che abbiamo già trattato la storia di Scrum, vale la pena menzionare a questo punto che l'industria del software è il luogo più comune in cui Scrum può essere trovato in azione. Ma non è l'unico posto in cui Scrum può essere implementato. Infatti, Scrum può essere implementato in qualsiasi tipo di industria e business.

Inizia con la mentalità agile

A questo proposito, la mentalità Agile è tutta incentrata sul mettere le persone al primo posto. In questo caso, le persone che vengono prima sono il cliente e i singoli membri del team.

Quando ci si allontana dall'ottenere risultati basati sulle fredde metriche che sono solo numeri su una pagina per un approccio in cui il successo è misurato dal successo degli individui, allora ci si sta preparando per una corsa di successo ad ogni progetto. Uno dei fattori di successo più cruciali in Scrum è determinare se i membri del team hanno la giusta mentalità. Questo può implicare dover "vendere" gli individui sui meriti di Scrum, specialmente se sono stati esposti ad altre metodologie di project management che sposano principi più rigidi.

Il fatto è che chiunque sia veramente dedicato a fornire il miglior valore in ogni momento vedrà rapidamente i meriti di Scrum per quello che sono. Finché i membri del team sono disposti a concentrarsi sulla fornitura di valore in ogni momento, e non solo sul "portare a termine il lavoro", allora si può essere sicuri che si avrà successo nel lungo periodo.

Un approccio trasversale

Scrum ha un approccio trasversale, nel senso che può essere applicato praticamente a qualsiasi industria e business là fuori. Questo è qualcosa che è importante da prendere in considerazione perché il project management è un campo molto vario.

Dato che non c'è una sola metodologia "perfetta", vengono costantemente sviluppati nuovi approcci. Come tale, ogni approccio tenta di affrontare le lacune che altri approcci non sono riusciti a colmare, sia a causa dell'obsolescenza che dell'inadeguatezza da parte dei loro professionisti.

In ogni caso, Scrum può essere implementato in quasi tutti i campi della vita. Sempre più industrie stanno ottenendo la certificazione Scrum per il loro personale in modo che possano affrontare la gestione dei progetti e i compiti quotidiani in un ambiente Agile.

Di conseguenza, essere "Agile" significa essere in grado di tagliare via il grasso dalla vostra organizzazione e concentrarsi sull'ottenere risultati piuttosto che sembrare intelligenti. In effetti, sembrerete ancora più intelligenti quando sarete in grado di mantenere le vostre promesse invece di dover giustificare il vostro team sul perché i vostri obiettivi non sono stati raggiunti.

A questo proposito, avete il potere di scegliere Scrum come mezzo per portare la vostra squadra in un approccio più dinamico che può permettervi di diventare più veloci, più rapidi e anche di anticipare il gioco soprattutto nei momenti di incertezza.

Dal settore farmaceutico alla produzione all'outsourcing dei processi aziendali, Scrum ha guadagnato sempre più trazione poiché i praticanti di Scrum sono stati in grado di fare progressi nell'applicazione di Scrum a vari aspetti del mondo degli affari. Questo è qualcosa che non dovrebbe essere preso alla leggera, dato che la maggior parte delle organizzazioni sono alla costante ricerca di migliorare i loro processi in modo tale da poter ridurre sia il tempo che i costi.

Detto questo, è importante prendere in considerazione che Scrum è solo una delle metodologie sotto l'ombrello Agile. Così, avete una miriade di opzioni che potete anche controllare. Imparando sempre di più su Agile, si può vedere quanto sia vantaggioso essere Agile.

Altre metodologie da considerare

Se siete seriamente intenzionati a diventare Agile, vi incoraggerò a controllare altre metodologie che possono aiutarvi a ottenere il massimo dalla vostra mentalità Agile.

Il primo è il Lean Manufacturing.

Questa metodologia si concentra sulla riduzione del grasso il più possibile durante i processi di produzione. Il Lean Manufacturing consiste nel ridurre gli errori massimizzando la produzione. Spesso, questo si ottiene attraverso la razionalizzazione dei processi che non sono sempre i più efficienti.

Nel Lean Manufacturing, l'idea del "tempo è denaro" è davvero presa a cuore.

Quando si diventa "snelli", ciò che si sta essenzialmente facendo è ridurre lo "spreco" dai propri processi. Quindi, questo spreco può essere visto come uno spreco di tempo, uno spreco di denaro e anche uno spreco di personale. Spesso, le aziende assumono più persone di quelle di cui hanno realmente bisogno. Inoltre, spenderanno molto più tempo in compiti che possono essere svolti in un periodo di tempo ridotto.

Ora, non stiamo parlando di licenziare il vostro personale e assumere un gruppo di robot per fare il loro lavoro.

Difficilmente.

Quello che stiamo sostenendo è di avere la giusta quantità di persone, all'interno di processi correttamente progettati, che possono dare risultati più efficienti. Di conseguenza, l'efficienza porterà a migliori margini di profitto e migliori entrate per le aziende.

Diventare snelli significa abbracciare un approccio fuori dagli schemi in cui si è disposti a considerare diverse angolazioni sui processi che si potrebbe considerare freddi. Ma è quando si comincia a pensare fuori dagli schemi che si fanno i veri progressi.

Inoltre, diventare snelli è una mentalità, proprio come Agile, in cui si cerca di massimizzare il tempo di attività. Man mano che si diventa più snelli, il tempo di attività renderà di più. Quindi, sarete in grado di sfruttare i risparmi ottenuti in termini di tempo e risorse.

Un grande complemento alla Lean Manufacturing è Six Sigma.

Six Sigma è una metodologia che traccia i difetti e cerca di trovare i modi migliori per ridurli. Quindi, il primo passo per i praticanti di Six Sigma è quello di identificare il numero di difetti che compongono l'intero processo produttivo.

Six Sigma è un complemento ideale a Scrum, poiché sia Six Sigma che Scrum cercano di trovare i modi migliori per produrre date le circostanze che si stanno affrontando. A questo proposito, mantenere un atteggiamento maturo sulla realtà di un'azienda è l'ideale per trarre il massimo da qualsiasi processo di ristrutturazione.

Quindi, Six Sigma cerca di incoraggiare i team di gestione a trovare modi per ridurre l'incidenza dei difetti. Questo si collega alle metriche di Scrum che cercano di misurare i difetti in linee di codice, per esempio.

Lo spirito che guida Scrum è il miglioramento continuo. Questo è lo stesso atteggiamento che guida Six Sigma. Come tale, Six Sigma vi permetterà di quantificare i vostri difetti in modo tale da poter vedere a che punto siete, e poi, fare uno sforzo concertato per migliorare la qualità complessiva del vostro processo produttivo.

Quindi, vi incoraggerei a controllare queste metodologie qui menzionate. Vi aiuteranno a trovare ulteriori elementi che possono aiutarvi a migliorare i vostri processi complessivi in modo tale da poter garantire uno sviluppo continuo attraverso il ciclo di vita dei progetti, così come i compiti quotidiani della vostra organizzazione.

Come tale, mantenere una mente aperta sarà utile a voi e alla vostra organizzazione tanto quanto qualsiasi seminario o corso di formazione ad alto costo che potete seguire. Tenete a mente che investire in voi stessi e nel vostro team sarà sempre vantaggioso per assicurare risultati coerenti ai vostri clienti e alle parti interessate.

Impilare Scrum alle metodologie tradizionali di gestione dei progetti

Dato che Scrum è relativamente nuovo sulla scena del project management, le metodologie di project management più tradizionali sono diventate sempre più scrutinate nel modo in cui gestiscono molte delle funzioni associate alla gestione dei progetti.

Vale la pena notare che il confronto che faremo in questa sezione non riguarda la vendita di Scrum come un mezzo superiore di gestione dei progetti. Semmai, sia Agile che la gestione tradizionale dei progetti condividono molti tratti comuni.

Tuttavia, sono le loro differenze che sembrano generare qualche controversia tra i sostenitori e i praticanti delle varie metodologie di gestione dei progetti. Quindi, vorrei sottolineare che è importante per voi conoscere bene i vari approcci là fuori. Quando si acquisisce familiarità con la miriade di approcci di gestione del progetto là fuori, si sarà in grado di venire con una lista di elementi che si possono applicare con fiducia al proprio stile di gestione del progetto, così come, aiutare la propria squadra a radunarsi intorno a quello che si sente essere il mezzo più efficace per portare avanti i progetti.

Poiché Agile, e di conseguenza Scrum, sostiene una struttura gerarchica piatta, tutti i membri del team Scrum hanno la stessa voce in capitolo su ciò che viene fatto e come viene fatto. Questo è un cambiamento fondamentale rispetto alla gestione tradizionale dei progetti, poiché un approccio tradizionale richiede una struttura gerarchica in cui il project manager regna sovrano.

Mentre abbiamo stabilito chiaramente questa differenza in precedenza, è importante considerare come la gestione tradizionale del progetto è pesante su un singolo punto di responsabilità. Inutile dire che questo può diventare opprimente per quell'individuo che deve sopportare la responsabilità di un intero progetto.

Detto questo, è importante considerare come l'empowerment gioca un ruolo chiave nel fornire ai team di progetto l'opportunità di fare le cose come meglio credono, dato che sono i membri del team che hanno il compito di consegnare il valore effettivo alla fine del progetto.

Inoltre, il project management tradizionale considera i processi come gli elementi più importanti all'interno di un progetto. Come tale, abbiamo affermato che le persone sono più importanti dei processi. Naturalmente, anche gli individui più talentuosi hanno bisogno di avere processi e procedure chiare su cui poter contare. Tuttavia, quando viene data maggiore enfasi ai processi rispetto alle persone, allora il talento dei singoli membri del team può essere soffocato.

Quindi, è importante promuovere l'empowerment tra i membri del team. Questo può essere ottenuto permettendo ai membri del team di usare i loro criteri, il loro giudizio e il loro buon senso per dettare il modo in cui affronteranno i compiti che devono completare.

Questo è un altro cambiamento fondamentale nella mentalità, poiché più i singoli membri del team sono autorizzati a pensare da soli, meno il peso diventa per i capi progetto. Questo è il motivo per cui gli approcci tradizionali di gestione del progetto fanno così tanto affidamento sui project manager. Alla fine, è il project manager che porta il peso di tutto ciò che va male.

Eppure, se il progetto fila liscio e tutto è rose e fiori, allora è il project manager che può rivendicare il merito di tutto quello che è successo nel progetto.

Questo è un altro cambio di mentalità fondamentale quando si ha a che fare con Scrum. Se il progetto è un successo, l'intera squadra se ne prende il merito. In un certo senso, è come gli sport di squadra che non si basano su un solo giocatore per fare la differenza.

Pensa al rugby.

Nel rugby, un solo giocatore non può fare la differenza. Un giocatore può diventare un fattore decisivo, ma un giocatore non è sufficiente per vincere una partita da solo. È da qui che deriva il termine "mischia". Viene dal Rugby; un vero sport di squadra in tutti i sensi.

Questo è il motivo per cui la natura collaborativa di Scrum è alla base del modo in cui tutto viene fatto. Se i praticanti di Scrum abbracciano veramente il modo di questa natura collaborativa, allora c'è una buona probabilità che i progetti che si intraprendono avranno successo.

Come per le metodologie tradizionali di gestione dei progetti, viene sposata una divisione del lavoro più segregata e differenziata. L'intento dietro questa divisione del lavoro è di favorire la specializzazione tra i membri del team in modo tale che ogni individuo sarà nella sua area di competenza e quindi produrrà risultati.

Mentre questa logica ha tutto il senso del mondo, porta alla rottura della comunicazione e persino alla competizione tra i vari componenti del team del progetto. Così, il project manager è spesso un mediatore tra le diverse sezioni del progetto. Indubbiamente, questo rappresenta compiti aggiuntivi che potrebbero non essere veramente necessari. Questo non è un buon esempio di essere "lean".

Come affrontare la resistenza

L'ultimo argomento che vorrei affrontare è la resistenza.

Spesso, i praticanti di Scrum incontrano resistenza, specialmente con quelle persone che non hanno familiarità con i principi che Agile sostiene.

Questa resistenza è dovuta principalmente al fatto che ogni volta che si chiede alle persone di cambiare il loro modo di fare le cose e anche di approcciarsi alla vita, si incontra resistenza. Dato che questa è una risposta perfettamente naturale da parte di un essere umano, è anche importante considerare che non tutti sono aperti ad abbracciare la mentalità Agile.

In questo senso, ci sono persone che preferirebbero non far parte dei processi Agile e allontanarsi da ciò che conoscono meglio. Come tale, alcune persone credono che sostenere l'implementazione delle metodologie Agile significhi sostituire le idee e le credenze precedenti poiché Scrum è in qualche modo molto meglio di altre metodologie.

Come ho detto prima, Scrum non è "migliore" di altre metodologie di gestione dei progetti. È solo "più adatto" per alcuni tipi di progetti e settori. Questa è una differenza chiave poiché non tutti i progetti sono creati uguali, e certamente non tutti i settori hanno le stesse caratteristiche.

Ecco perché il fascino trasversale di Scrum è così utile. Tuttavia, sfruttare al meglio il talento e le risorse disponibili è un must per tutti i project manager. Quindi, essere in grado di comunicare i benefici di Scrum ai membri del team è un primo passo prezioso sulla strada per diventare Agile.

Mentre attraversate i percorsi per diventare Agile, i membri del vostro team possono sollevare obiezioni sul perché gli approcci Agile e Scrum non sono la strada migliore da percorrere.

Uno dei problemi più comuni sollevati dalla gente è la mancanza di una struttura gerarchica.

Poiché la gerarchia è qualcosa che è profondamente radicata nella psiche di tutti gli esseri umani, può essere difficile per alcune persone avvolgere la loro mente intorno al fatto che non c'è un capo, ma piuttosto, è un team di "capi" che gestisce il progetto.

Inoltre, alcune persone possono resistere al fatto che l'implementazione di Scrum di solito richiede qualche tipo di riqualificazione o corsi da seguire. Come tale, la resistenza può certamente essere forte soprattutto tra le persone più anziane che potrebbero non essere troppo entusiaste di seguire corsi o passare attraverso sforzi di riqualificazione.

Tuttavia, vale certamente la pena di sfruttare al massimo il vostro tempo per imparare di più su come Scrum può avere un impatto diretto sul vostro modo di lavorare e su come la vostra organizzazione può trarre beneficio dal passare ad Agile. Inoltre, i team che abbracciano Scrum sono spesso più uniti e danno risultati migliori.

Quando gli individui cominciano a vedere i modi in cui Scrum può essere implementato in modo positivo, la mentalità Agile comincerà a prendere piede nella cultura della vostra organizzazione. Alla fine, Scrum e Agile diventeranno una seconda natura a tal punto che tutto ruoterà intorno a questa nuova cultura.

Quindi, vi incoraggerei certamente a motivare il vostro personale a dare un'occhiata più da vicino a come Scrum e Agile possono aiutarli a diventare

una squadra molto migliore. Dal momento che Agile è tutto un continuo

miglioramento, allora il primo concetto importante da abbracciare è

esattamente questo: <u>miglioramento continuo.</u>

Come tale, il miglioramento continuo inizia con gli individui all'interno della vostra organizzazione che si impegnano a migliorare continuamente i processi, i risultati e, soprattutto, se stessi. Pertanto, l'approccio al miglioramento continuo e allo sviluppo dovrebbe diventare la norma tra tutti i membri del team.

Detto questo, la vostra organizzazione diventerà presto un terreno fertile per il successo man mano che i membri del team diventano sempre più consapevoli della necessità di aiutarsi a vicenda per migliorare. Questo è qualcosa che non posso sottolineare abbastanza: la natura collaborativa di Agile. Senza di essa, l'intero edificio crolla.

Inoltre, la collaborazione genera fiducia tra i membri del team. Più i membri del team possono imparare a fidarsi l'uno dell'altro, più saranno disposti ad assumere i ruoli e le responsabilità che Agile chiede loro. Inoltre, quando i compagni di squadra si fidano davvero l'uno dell'altro, svilupperanno istinti acuti in cui saranno in grado di percepire tutto ciò che sta accadendo intorno.

Questo è proprio come nello sport. Quando i compagni di squadra si conoscono veramente alla perfezione, possono produrre quei "passaggi no-look" semplicemente perché sanno dove saranno i loro compagni. Così, questa connessione tra compagni di squadra può portare a produrre risultati su una base costante.

Infine, vorrei sottolineare l'importanza che la leadership ha su una squadra di successo. Quando la leadership di un team è in grado di fornire un esempio di coerenza e dedizione, questo è qualcosa su cui il team può radunarsi. Mentre è vero che Agile non sostiene la leadership in termini di essere il capo, Agile sposa un concetto di leadership in cui i leader devono diventare lo standard con cui i membri del team devono esibirsi.

Metriche in Scrum

Uno dei principi fondamentali della gestione efficace di un progetto è la produzione di metriche che possono tracciare il progresso di un progetto. Senza una solida misurazione quantitativa delle prestazioni del progetto, è quasi impossibile misurare accuratamente quanto sia efficace il progetto. Infatti, offrire una misura qualitativa dell'efficacia di un progetto fornisce una portata molto limitata di quanto bene stia facendo il progetto.

Di conseguenza, è vitale che i capi progetto sviluppino una serie di indicatori che possono essere usati per determinare il progresso del progetto e verificare quanto bene i risultati del progetto siano stati raggiunti. Sulla base di questa premessa, Scrum, proprio come ogni altra metodologia di project management là fuori, cerca di usare indicatori, formalmente noti come Key Performance Indicators (o KPI) per misurare il successo del progetto e tracciare i suoi risultati.

Esamineremo i KPI che possono essere utilizzati per tracciare lo sviluppo del progetto al fine di garantire che i risultati stabiliti all'inizio del progetto siano soddisfatti.

Chi è responsabile del monitoraggio dei KPI?

Il primo punto da prendere in considerazione è: chi è incaricato di tracciare i KPI?

La misurazione del successo e del progresso generale del progetto è uno sforzo collaborativo, proprio come tutto il resto in Scrum. Il Product Owner è responsabile del processo generale di reporting, specialmente quando si riferisce al cliente e agli altri stakeholder sull'avanzamento del progetto.

Inoltre, lo Scrum Master è incaricato di compilare le informazioni rilevanti che sono usate per generare gli indicatori. Per esempio, questo si riferisce al tracciamento dei risultati dei singoli Sprint Tasks che costruiscono gli elementi del Product Backlog.

Il team di sviluppo è anche incaricato di tracciare i propri progressi come il numero di ore che sono state lavorate e che rimangono nello sprint, i progressi che hanno fatto nei loro compiti individuali oltre a qualsiasi bug o problema incontrato nella parte di test dei deliverable.

Va notato che anche se il Product Owner è incaricato di compilare i KPI per il progetto, questo non significa che il Product Owner ha l'autorità di "supervisionare" il progetto. Tenete a mente che Scrum sposa un concetto di trasparenza e responsabilità reciproca. Ciò significa che tutti sono incaricati di tracciare il progresso del progetto e non solo il Product Owner.

Inoltre, lo Scrum Master sta solo tenendo traccia dei compiti che vengono completati in modo tale che se ci sono problemi che sorgono all'interno il progetto stesso, il team di sviluppo ha l'opportunità di portarli al prossimo momento disponibile che sarebbe la riunione di standup giornaliera.

Di conseguenza, non c'è un tracker o un supervisore ufficiale. Ognuno ha il compito di tenere d'occhio tutti. Se ci dovesse mai essere qualche problema disciplinare, la squadra, nel suo insieme, ha la responsabilità e l'autorità di affrontare il problema tra di loro. Questa è una delle caratteristiche più importanti delle squadre auto-organizzate.

Metriche e KPI di Scrum

Le metriche usate in Scrum fanno parte del gruppo più ampio dei KPI Agili. Queste metriche servono come i parametri con cui il progresso del progetto è misurato in modo oggettivo e quantitativo. Ora, ci sono altre metriche e metodologie che potrebbero entrare in gioco come la combinazione di un progetto Scrum con Six Sigma o l'uso di metriche Kanban che tracciano il flusso di lavoro.

Il fatto è che c'è una vasta gamma di metriche che potrebbero essere usate, e tutte dipendono dal progetto stesso. Come tale, i praticanti di Scrum si rendono presto conto che non ci sono due progetti uguali e tutti possono finire per richiedere metriche diverse per misurare i loro risultati.

Tuttavia, ci sono tre grandi tipi di metriche che possono essere utilizzate per generare KPI.

- **Misurare i deliverable.** Queste metriche misurano l'output del team Scrum e la quantità di valore fornito ai clienti. Questa misurazione può essere in termini di tempo risparmiato, riduzione dei costi, aumento delle vendite, o qualsiasi altro tipo di impatto che il progetto ha avuto sul cliente. Inoltre, i deliverable possono essere misurati in termini di funzionalità individuali. Questo si riferisce alle caratteristiche specifiche del progetto e a come può essere tracciato per assicurare che il prodotto finale faccia quello che si suppone faccia.

• **Misurare l'efficacia.** Queste metriche misurano l'efficacia generale e il successo del team Scrum. C'è una miriade di metriche qui. Alcune che spiccano sono il Return on Investment (ROI), il time to market, e così via. Queste metriche si concentrano sull'impatto che le azioni del team Scrum hanno avuto sul business stesso, o anche sul settore.

• **Misurare il team Scrum.** Queste metriche cercano di determinare lo stato di salute generale del team in termini di soddisfazione dei membri, di turnover e anche di logoramento. Questa misurazione permette allo Scrum Master e al Product Owner di determinare se il modo in cui il progetto viene gestito è appropriato, se il ritmo si sta muovendo troppo velocemente, o se ci sono altre considerazioni che devono essere prese in considerazione.

Le tre grandi categorie di metriche descritte sopra sono per fornire un senso di ciò che il team Scrum dovrebbe produrre, dove si trova in termini di progresso generale del progetto e se ci sono problemi potenziali che potrebbero essere presi prima del tempo e trattati in modo proattivo.
Quindi, è compito del Product Owner aiutare lo Scrum Master a determinare se il team sta sparando su tutti i cilindri o se ci sono dei problemi all'interno del team che devono essere affrontati subito.

Inoltre, è importante che il Product Owner sia consapevole di come le metriche di altre discipline, come Six Sigma, potrebbero potenzialmente aiutare il team di sviluppo, e qualsiasi altro stakeholder, ad ottenere una prospettiva migliore di come sta andando il progetto. In definitiva, il successo del progetto si misura nella soddisfazione del cliente e nel raggiungimento complessivo dell'obiettivo del progetto. Inoltre, il successo di un progetto è misurato dalla quantità di valore che è stato alla fine consegnato al cliente come risultato dei deliverable.
Ora, scaviamo più a fondo nelle specifiche di ciascuna delle tre grandi categorie che abbiamo descritto sopra.

Difetti sfuggiti

Questa metrica traccia il numero di bug che il team di sviluppo ha incontrato durante lo sviluppo del prodotto. Questa metrica particolare è ideale per tracciare quei prodotti che dipendono dai test per assicurarsi che funzionino bene.

Questa metrica può essere usata nella produzione, nello sviluppo del software, nel settore farmaceutico e persino nella produzione alimentare. Se la si guarda in questi termini, si può usare Scrum in qualsiasi campo in cui i difetti sono tracciati. La grande differenza tra Scrum e altri sistemi di produzione come la Qualità Totale è che non si aspetta la fine del ciclo di produzione per vedere dove sono i difetti. Con Scrum, si può misurare quanti errori stanno spuntando durante la fase di produzione. Quindi, sarete in grado di determinare se ci sono correzioni che devono essere fatte.

Densità dei difetti

E, a proposito di difetti, la metrica Defect Density misura quanti difetti sono stati trovati per unità di produzione. Nel caso del software, per esempio, si potrebbe tracciare il numero di errori per linee di codice. Nella produzione, si potrebbe tracciare il numero di errori per mille unità di produzione. Le misure possono variare, ma il concetto è lo stesso. Come tale, è importante tenere traccia di questa misurazione perché è vitale per assicurarsi di avere il giusto numero di difetti.

Squadra Velocity

Questa è una misura più simile a quella di Scrum. In sostanza, la velocità del team è misurata dal numero di storie utente completate in uno sprint, o dalla quantità di elementi del Product Backlog finalizzati.

Ora, questa metrica non è una metrica esatta nel senso che alcuni sprint possono produrre il completamento di un numero significativo di prodotti mentre altri sprint possono produrre un numero molto limitato. Tutto dipende dall'effettiva suddivisione del lavoro che è stata determinata all'inizio dello sprint.

Tuttavia, è una misura utile per tracciare il lavoro effettivo che il team di sviluppo sta realizzando per ogni sprint.

Tuttavia, potrebbe essere ingiusto confrontare uno sprint con un altro poiché le condizioni possono cambiare e le dinamiche del progetto possono richiedere una serie di compiti piuttosto che un'altra.

Così, questo può portare il team a produrre un alto numero di risultati in uno sprint mentre il numero rimanente di sprint può produrre una quantità inferiore di risultati.

Alla fine della giornata, il team serve come mezzo per tracciare la quantità di lavoro fatto. Man mano che il lavoro completato si accumula, il team Scrum può vedere il successo delle sue azioni.

Una parola di cautela però: nel caso in cui ci siano più team Scrum, è importante evitare la certezza della velocità del team come mezzo per confrontare le prestazioni del team.

A meno che non abbiate più squadre che completano esattamente gli stessi compiti (il che sarebbe inutile) non avreste un confronto "mele con mele".

Questo significa che mentre una squadra sta apparentemente ottenendo più lavoro di altre squadre, questa misurazione non è equa poiché ogni squadra sta lavorando su compiti completamente diversi. Come tale, questa è una metrica difettosa in termini di utilizzo come confronto tra le squadre.

Bruciatura di sprint

Lo Sprint Burndown è una misura in cui le ore di lavoro totali dello sprint sono divise per il numero di giorni di lavoro disponibili.

Supponiamo che un team Scrum abbia quattro settimane per completare uno sprint. Quindi, supponiamo che lavorino 8 ore al giorno per una settimana di 5 giorni, cioè 20 giorni di lavoro per un totale di 160 ore di lavoro.

Questo significa che ogni giorno, 8 ore spunteranno dal grafico di burndown. Se il team sta andando a gonfie vele, potrebbe non esserci bisogno di fare gli straordinari. Tuttavia, potrebbe essere che il team di sviluppo ha incontrato problemi e ha bisogno di fare qualche ora in più. Questo si rifletterebbe nel numero di ore che il team sta lavorando su base giornaliera.

Di conseguenza, è possibile tracciare un grafico del lavoro della squadra generando un grafico a barre che rappresenta il numero di ore lavorate al giorno.

La linea di tendenza del grafico si snoderebbe gradualmente fino a zero

man mano che il numero di ore si esaurisce.

Lo Sprint Burndown Chart serve come un organizzatore grafico in cui il team può vedere dove sono diretti in termini di ore rimanenti nello sprint contro la quantità di lavoro rimanente. Va detto che se tutto sta andando alla perfezione e il lavoro assegnato a quello sprint richiede meno tempo del previsto, il tempo rimanente viene automaticamente assegnato ai test. In questo modo non si perde tempo.

Tempo di commercializzazione

Questa metrica traccia la quantità di tempo che il progetto Scrum impiega effettivamente prima che il prodotto cominci a generare reddito per il cliente. Quindi, questo sarebbe il numero di sprint che impiegherebbe il team Scrum prima che il prodotto finale sia ufficialmente rilasciato e cominci a generare reddito per il cliente.

Consideriamo il rilascio di un software come un videogioco. Il team Scrum ha determinato che ci vorrebbero quattro sprint di quattro settimane prima che il team Scrum abbia una versione demo disponibile per il test. A questo punto, il gioco non sarebbe ancora in vendita, ma la speculazione anticipata fornirebbe al cliente una certa trazione. Come tale, il valore viene creato senza essere effettivamente in vendita.

Quando il videogioco è completamente operativo e pronto a generare reddito, allora il team Scrum avrà il rilascio finale del prodotto al cliente. A questo punto, il cliente può iniziare a generare reddito dal rilascio finale del prodotto.

Questa misura dipende anche dalle procedure di alpha e beta testing del team Scrum. Potrebbe essere che il beta testing possa occupare un intero sprint, dato che il prodotto stesso è così esteso. E una volta che il beta testing è completo, il prodotto può entrare nel mercato sotto le linee guida dell'alpha testing. Come tale, questo può rappresentare un altro sprint completo mentre i bug finali vengono risolti per il prodotto.

Come potete vedere, il time to market diventa sempre più critico man mano che il progetto cresce in dimensioni e portata. Perciò, è cruciale per il team Scrum impostare tempistiche realistiche in modo che il cliente possa essere consapevole della quantità di tempo di cui il progetto avrà bisogno prima del rilascio del prodotto finale.

Ritorno sull'investimento (ROI)

Questa metrica può essere usata su entrambi i lati della palla. Per lo Scrum team, il loro lavoro genera un reddito per l'azienda che li ha impiegati per fornire il servizio al cliente.

Come tale, il ROI per l'azienda che impiega il team Scrum può essere misurato in termini di costi associati ad ogni sprint rispetto a quanto il cliente ha effettivamente pagato per i servizi resi.

Questo è abbastanza semplice, e il team di Scrum genererebbe molto probabilmente dei costi in termini di salari, attrezzature e altri materiali usati per produrre il prodotto finale per il cliente. Poiché il team Scrum potrebbe essere impiegato da una società esterna al cliente, questa società esterna, forse una società di consulenza, dovrebbe fare un investimento iniziale in attrezzature e formazione per rendere il team Scrum pienamente operativo.

Dal lato del cliente, il cliente misurerà la spesa che è nata dal pagamento effettivo dei servizi resi dal team Scrum. Questo pagamento potrebbe essere calcolato e concordato in diversi modi. Alla fine della giornata, il cliente spera di generare molto più reddito rispetto alla spesa che ha sostenuto durante la produzione degli output del progetto.

Il modo più semplice di suddividere i costi per un progetto Scrum è per sprint. Poiché ogni sprint può avere attività molto diverse, il team Scrum può ridurre o aumentare i costi a seconda delle azioni che vengono fatte.

Come costruire un team Scrum

Scrum è un quadro generale che diversi project manager possono usare per applicare i processi. Fornisce la struttura necessaria per eseguire progetti di successo, che sono di natura complessa. Mentre Scrum è incredibilmente utile nella sua adattabilità alla diversa materia, non è un approccio unico per tutti. Come un progetto e i suoi stakeholder variano, così i membri del team e i ruoli appropriati che dovrebbero occupare saranno diversi. Quando si costruisce un team Scrum, questo è qualcosa da considerare attentamente. Per esempio, un team Scrum che lavora su un'applicazione per un negozio online varierà significativamente da un team Scrum che lavora allo sviluppo dell'integrazione di un gioco per Xbox. Uno richiederà una conoscenza tecnica dei sistemi backend e dell'e-commerce, mentre l'altro richiederà grafici e ingegneri del suono.

A seconda della complessità di un problema, costruire e selezionare un team può essere più impegnativo. Alcuni progetti possono includere molte variabili sconosciute che potrebbero lasciare un team senza competenze rilevanti e più specialistiche. Al fine di soddisfare una varietà di sfide e argomenti, il framework Scrum delinea tre responsabilità principali per assicurare che la maggior parte delle basi e delle responsabilità siano coperte.

1. Il proprietario del prodotto

Il proprietario del prodotto gioca un ruolo vitale nell'inquadrare un progetto e assicurare che i suoi obiettivi chiave siano raggiunti dal team. Sono responsabili del lato commerciale del progetto in termini di responsabilità del progetto nel suo insieme, e per assicurare che la visione del progetto rimanga chiara a tutti i membri del team. Uno degli strumenti principali che un product owner usa per raggiungere questo obiettivo è attraverso un product backlog. Con una lista ben organizzata di priorità che viene costantemente rivista e modificata quando cambiano i bisogni, il product owner è in grado di controllare e guidare il focus del team in modo più efficace. La comunicazione all'interno del team Scrum è anche responsabilità del product owner. Deve assicurarsi che tutti i membri del team capiscano chiaramente gli obiettivi generali del progetto, così come ogni cambiamento richiesto che viene fatto allo scopo del progetto.

Il ruolo del proprietario del prodotto è meglio assunto da qualcuno che capisce appieno quale sia il prodotto finale così come la funzionalità che ci si aspetta che offra. È idealmente più adatto a qualcuno che ha un background di test di prodotto o di marketing, anche se questo non è un requisito rigoroso. La capacità di comunicare chiaramente è l'attributo più importante che una persona deve avere. Devono non solo assicurarsi di aver compreso appieno ciò che ci si aspetta dal cliente, ma devono anche trasmettere chiaramente questo messaggio al team e mantenere la comunicazione durante tutto il processo di sviluppo. La capacità di un product manager di prevedere e misurare quali possono essere le condizioni future del mercato o cosa stanno sviluppando i concorrenti può aiutare il suo successo nel guidare un team Scrum.

L'approccio che un proprietario di prodotto prende nella gestione di un team può anche essere un fattore determinante per il successo del team. Non dovrebbe adottare un approccio micro-manageriale o dittatoriale e permettere al team di possedere il proprio spazio e i propri compiti con autonomia. Questo ruolo dovrebbe assicurare di lavorare con tutti i membri del team per fornire chiarezza quando necessario e una comunicazione continua.

Un'altra importante responsabilità del proprietario del prodotto è quella di valutare il completamento dei criteri della storia utente all'interno di uno sprint e se è "Done" o no.

Sono la misura di assicurazione della qualità all'interno dei team Scrum e devono costantemente valutare se la qualità fornita è all'altezza dello standard che ci si aspetta.

Avere competenze relative a prendere decisioni di business per quanto riguarda la funzionalità e la redditività sarà anche pertinente per il successo di un product owner.

Una delle ultime responsabilità chiave del proprietario del prodotto è quella di valutare e mantenere il ritorno sull'investimento. Devono vedere il progetto dal punto di vista dell'utente finale e assicurarsi che il prodotto sviluppato fornisca una soluzione credibile al problema che stanno cercando di risolvere. Il proprietario del prodotto dovrà anche dare la priorità allo sviluppo delle singole caratteristiche e guidare il team con una visione chiara per assicurare che il prodotto finale desiderato sia raggiunto. Gli sarà richiesto di rispondere in modo rapido ed efficiente a qualsiasi battuta d'arresto o ostacolo che il team può affrontare, evidenziando ancora una volta l'importanza di questo membro del team per mantenere la comunicazione.

Anche se tutti gli altri membri del team svolgono efficientemente i loro ruoli, un product owner inefficace o incompetente può far deragliare un progetto di successo. Sono quindi la pietra angolare del successo del progetto. Il proprietario del prodotto è coinvolto in ogni fase del progetto e mantiene questo coinvolgimento per tutta la durata del progetto. Sono tenuti ad indossare molti cappelli rappresentando l'interesse di tutte le parti coinvolte nel processo di sviluppo.

2. Il Maestro di Scrum

Lo Scrum master è responsabile di assicurarsi che ogni membro del team capisca il suo ruolo specifico e gli obiettivi generali del progetto.

Nel corso di un progetto Scrum, faranno da mentori, coach e forniranno supporto a tutti i membri del team, assicurandosi che si attengano alle pratiche specifiche e alla teoria della metodologia Scrum. Dovrebbero sempre dare l'esempio ed esercitare la pazienza mentre bilanciano la considerazione di tutti gli aspetti del progetto e dei loro proprietari dei compiti. Lo Scrum master lavora in collaborazione con il proprietario del prodotto per gestire il backlog del prodotto e trovare modi per assicurarsi che sia continuamente ottimizzato.

Lo Scrum master ha anche la responsabilità di assicurare che tutti i membri del team abbiano una chiara comprensione di ciò che deve essere raggiunto e quando. Questo è un compito cruciale quando si tratta di cambiamenti all'interno di un progetto e dell'approccio iterativo di Scrum. Ci si aspetta che prendano qualsiasi azione necessaria per aiutare il team a completare con successo un progetto. Insieme al proprietario del prodotto, dovrebbero assicurare che qualsiasi impedimento o ostacolo al successo del team sia rimosso.

Uno Scrum master dovrebbe sempre essere consapevole di ciò che un team può creare in un tempo specificato, in modo da evitare che un team si impegni troppo su ciò che può realisticamente raggiungere in uno sprint specifico.

Impegnarsi troppo nella consegna può causare stress e ansia all'interno di un team, qualcosa che lo Scrum master dovrebbe assicurarsi di evitare quando possibile. Questo stress inutile ostacolerà il progresso di un team e porterà a una produttività ridotta.

Lo Scrum master dovrebbe sfidare gli altri membri del team a pensare fuori dagli schemi in termini di innovazione e di ciò che è possibile. Dovrebbe fare domande in un modo di coaching, che incoraggia i membri del team a rispondere alle proprie domande in modo da facilitare l'apprendimento e lo sviluppo dei team.

Anche se lo Scrum master non è responsabile del successo dell'esecuzione di un team, il suo ruolo è vitale nel sostenere e guidare il team. Sono fondamentali nel funzionamento del backstage di un progetto. La differenza più significativa tra un team leader e uno Scrum master sta nel fatto che un team leader guida fisicamente il team mentre uno Scrum master osserva il team, si assicura che aderisca ai processi Scrum e che la metodologia Scrum sia realizzata con successo. Lo Scrum master non dovrebbe interferire con le decisioni prese dal team su specifiche di sviluppo. Invece, opera in una capacità consultiva. Interverrà attivamente solo quando è chiaro che i processi richiesti dalle metodologie Scrum non sono seguiti.

Lo Scrum master condivide con il proprietario del prodotto la responsabilità di rimuovere gli ostacoli da un team.

Questi generalmente rientrano in tre diverse categorie, la prima delle quali è costituita da problemi che la squadra non può risolvere.

Questi problemi potrebbero essere infrastrutture in ritardo, aggiunte all'ultimo minuto di funzionalità da parte di stakeholder esterni o hardware insufficiente necessario per testare i prodotti sviluppati.

Il secondo tipo di problema, che potrebbe sorgere, riguarda le conseguenze non volute delle decisioni strategiche. Possono sorgere conflitti di interesse, o i membri del team possono essere influenzati negativamente dalle decisioni prese. Questo porta al terzo tipo di problema, che uno Scrum master sarà responsabile di gestire, e che è la gestione dell'elemento più personale della leadership relativa agli stessi membri del team.

3. Il team di sviluppo Scrum

Lo sviluppo effettivo di un prodotto è portato avanti dal team di sviluppo Scrum, che è un gruppo di individui che lavorano insieme per sviluppare e consegnare un prodotto finale. Questo team potrebbe includere membri del team come analisti di business, sviluppatori di software o tester di prodotto.

Per assicurare che questi membri del team lavorino in modo coeso, è importante che tutti i membri capiscano l'obiettivo comune. Questo team è responsabile dell'effettiva consegna del prodotto e quindi deve anche rispondere dei fallimenti della consegna delle formiche, ma condividerà anche il riconoscimento e la celebrazione dei successi del progetto. Il team di sviluppo è tenuto a riferire i propri progressi giornalieri negli Scrum quotidiani, così come a condividere qualsiasi successo o sfida che stanno affrontando.

Di solito ci si aspetta che un nuovo team Scrum impieghi alcune settimane per entrare nel suo passo e consegnare l'incremento del prodotto, che è al 100% sul brief.

I membri del team hanno bisogno di tempo per adattarsi a lavorare insieme e costruire relazioni interpersonali che permettono un grande lavoro di squadra. Questo team ha una quantità significativa di autonomia che può decidere indipendentemente quanto lavoro può consegnare in un prossimo sprint e impegnarsi di conseguenza. Il modo in cui un team Scrum opera in questo modo, decidendo essenzialmente i progetti e autogestendosi, è l'esempio perfetto dell'essenza di Scrum in azione. Lo Scrum manager non delega il lavoro che deve essere portato a termine. Questo viene fatto dal team di sviluppo stesso.

Scrum Master vs. Project Manager

Attraverso tutti questi diversi ruoli e team, ci si potrebbe chiedere quali siano le principali differenze tra uno Scrum master e un project manager. Quando si passa in rassegna i vari ruoli di uno Scrum, può sembrare che il ruolo di project manager sia ridondante. Tuttavia, l'intera premessa di Scrum è di gestire il processo di gestione del progetto in un modo completamente diverso. Tradizionalmente, i project manager erano responsabili del processo decisionale finale e colui che doveva assumersi la responsabilità dei fallimenti. In questo senso, un ruolo di project management tradizionale condivide la responsabilità con un project manager. Un project manager, per definizione di ruolo, prenderà decisioni sulle soluzioni dei problemi, mentre uno Scrum master fornirà coaching e guida ad un team di sviluppo nel problem-solving.

I project manager di solito seguono un approccio più tradizionale alla risoluzione dei problemi. Essenzialmente, Scrum lavora per distribuire i compiti solitamente intrapresi da un project manager, a vari membri del team Scrum. Questo può lasciare i project manager a sentirsi fuori posto, ma non li rende necessariamente ridondanti. I project manager hanno ancora un grande ruolo da svolgere nell'implementazione e nella transizione di un team nell'implementazione della metodologia Scrum. Un modo chiave in cui un project manager potrebbe farlo è attraverso la formazione dei dipendenti nella transizione e nella comprensione di Scrum. Potrebbero gestire loro stessi la formazione o assumere un formatore esterno.

Una volta che Scrum è stato implementato ed è in pieno svolgimento, è responsabilità del project manager assistere nelle questioni di reporting e di conformità relative a tutti i progetti. Devono assicurarsi che i team aderiscano agli standard industriali attraverso audit di conformità e l'identificazione dei rischi. Questi sono compiti cruciali che non vengono svolti dai membri di un team Scrum, e quindi il ruolo del project manager rimane pertinente al successo generale del team.

Il ruolo del project manager in Scrum

Dopo aver letto questa guida e i ruoli specifici di un team scrum, potresti aver iniziato a chiederti quale ruolo assume un project manager tradizionale durante Scrum.

A prima vista, può sembrare che questo ruolo diventi ridondante quando viene implementato Scrum. Il bisogno di un project manager in Scrum è spesso discusso, specialmente perché l'obiettivo finale dell'adozione di Scrum è che i team siano auto-organizzati e siano in grado di navigare in gran parte del loro sviluppo senza troppa guida.

Il ruolo del product owner e dello Scrum master, per definizione, includono responsabilità che sono tipicamente svolte da un project manager, ed è per questo che la funzione di un project manager all'interno di Scrum continua ad essere discussa. Sappiamo che un product owner è responsabile della comprensione dei bisogni del cliente, dell'analisi comparativa della concorrenza e dell'assicurazione che il team di sviluppo abbia un quadro chiaro delle aspettative del cliente. Lo Scrum master è un servant leader interno e lavora a stretto contatto con il product owner e lo sviluppo per sostenere il processo di sviluppo, mentre il team di sviluppo dà l'input su ciò che può essere raggiunto in tempi determinati, e una volta approvato, lavora per raggiungere gli output concordati. Questo sembra lasciare poco spazio ad un project manager, poiché i compiti tradizionalmente svolti dal project manager sono svolti dal team Scrum.

Molti dei ruoli e delle responsabilità di un project manager sono coperti dai tre ruoli principali in un team Scrum:

- Determinare e impostare il focus del progetto (Scrum Master)

- Assegnazione dei compiti (team di sviluppo)

- Affrontare eventuali ostacoli o problemi (Scrum Master/Product Owner)

- Dare priorità ai requisiti di un progetto (Product Owner)

- Gestire il rischio del progetto (tutti i membri del team Scrum)

Ridefinire il ruolo del project manager in Scrum

Mentre è vero che i team Scrum possono operare senza il ruolo di un project manager, un project manager esperto è ancora una risorsa per il processo di gestione Scrum. I project manager, attraverso un set di competenze diverse e preziose, possono svolgere un ruolo all'interno del team Scrum, sia che si tratti di un product owner, Scrum master, o del team di sviluppo.

Responsabile di progetto - Scrum Master

I project manager sono abili nel comunicare e negoziare con gli stakeholder, nell'implementare la gestione del cambiamento e nel gestire le scadenze e i termini previsti. Il ruolo di Scrum master è un ruolo popolare per un project manager, poiché i ruoli sono relativamente simili.

Se ci sono linee di reporting esistenti tra il project manager e il resto del team Scrum, lo Scrum master non sarebbe una buona soluzione per un project manager.

Questo è dovuto alla comunicazione e al feedback (e possibilmente al pushback) che può essere necessario tra i membri del team e al fatto che possono sentirsi a loro agio nel respingere il loro manager.

Project Manager - Scrum of Scrums Master

Le grandi organizzazioni possono avere molti team che lavorano su grandi progetti di sviluppo in più team, dove il coordinamento relativo alla pianificazione e ai test deve avvenire. Le dipendenze tra i team e i possibili blocchi stradali devono essere gestite attentamente. Uno Scrum of Scrums master ha la responsabilità di esaminare le dipendenze che possono esistere tra i team e coordinare le attività per evitare che queste ritardino il progresso dei team Scrum. Questo è un ruolo che richiede capacità di negoziazione e comunicazione avanzata e potrebbe essere ottimo per un project manager avanzato.

Responsabile del progetto - Responsabile dei programmi

Anche se i ruoli Scrum coprono un gran numero di aree e compiti necessari per lo sviluppo, ci sono un certo numero di decisioni o compiti, che sono spesso trascurati.

Questi includono la definizione del budget, l'assunzione e il licenziamento, e le revisioni delle prestazioni. Se dovessero sorgere delle controversie tra la squadra, una persona al di fuori dei tre ruoli principali può essere determinante per raggiungere delle risoluzioni.

Questo è un ruolo che un project manager potrebbe svolgere a sostegno del team Scrum.

Poiché i team Scrum sono costruiti per essere auto-organizzati e relativamente autosufficienti, la transizione a Scrum può lasciare un project manager che si sente fuori posto. Tuttavia, i project manager hanno spesso competenze preziose che completano un team Scrum e rendono il processo più fluido. Ci sono una serie di elementi di un progetto, che dovrebbero essere considerati nel determinare come un project manager potrebbe inserirsi in uno dei tre ruoli principali o in un ruolo di supporto aggiuntivo. Questi elementi includono la scala e la complessità del progetto, la dimensione del progetto, il profilo di rischio, la posizione geografica del team, la governance e la considerazione commerciale.

1. *Scala e complessità*

Se un progetto coinvolge un piccolo team che opera dalla stessa posizione su un progetto relativamente semplice, un project manager di solito non è ritenuto necessario. Come abbiamo detto, tutti gli elementi del progetto saranno coperti dai ruoli Scrum. Tuttavia, i progetti che sono più complessi e hanno più componenti pongono esigenze diverse al team, e un project manager potrebbe essere vitale per affrontare e intraprendere compiti di supporto che sono cruciali per il successo del team.

2. *Dimensione del progetto*

Quando un progetto diventa più grande per dimensioni e portata, diventa intrinsecamente più complesso. Alcuni progetti possono coinvolgere più team e richiedere un ulteriore livello di coordinamento e supporto. Per questi progetti più grandi, il supporto di un project manager è molto utile.

3. *Profilo di rischio*

Uno dei benefici dell'implementazione del framework Scrum è il modo in cui il rischio è diminuito attraverso l'approccio iterativo e le opportunità di correzione della rotta. Detto questo, ci sono ancora ulteriori rischi che possono presentarsi durante un progetto che richiedono di essere identificati, segnalati e gestiti attivamente. I rischi identificati all'inizio di un progetto devono essere monitorati per tutto il tempo, oltre a concentrarsi sull'identificazione dei rischi che appaiono man mano che il progetto procede. Questa visione d'insieme quando si tratta di rischio è ideale per un project manager.

Ruoli non centrali in Scrum

Proprio come ci sono ruoli fondamentali in Scrum, ci sono anche ruoli non fondamentali. Mentre questi ruoli non sono obbligatori per un progetto Scrum e potrebbero anche non essere coinvolti come gli altri ruoli, sono comunque molto importanti perché possono giocare una parte significativa nei progetti. Questi ruoli includono gli Stakeholder, i fornitori e l'organo di guida di Scrum.

Stakeholder

Stakeholder è un termine che include collettivamente clienti, sponsor e utenti che spesso collaborano con il Product Owner, lo Scrum Master e lo Scrum Team. Il loro lavoro consiste nel proporre idee e aiutare ad avviare la creazione del servizio o prodotto del progetto e fornire influenza durante lo sviluppo del progetto. Il cliente è la persona specifica che compra il prodotto o il servizio del progetto. È del tutto possibile che un progetto di un'organizzazione abbia clienti all'interno della stessa organizzazione (clienti interni), o clienti al di fuori di quell'organizzazione (clienti esterni). Un utente è un individuo o un'organizzazione che usa il servizio o il prodotto del progetto. Proprio come i clienti, ci possono essere sia utenti interni che esterni. E' anche possibile che i clienti e gli utenti siano la stessa persona. Lo sponsor è la persona o l'organizzazione che fornisce supporto e risorse per il progetto. Sono anche la persona a cui tutti devono rendere conto alla fine.

Venditore

I fornitori sono persone o organizzazioni esterne. Forniscono servizi e prodotti che di solito non si trovano all'interno dell'organizzazione del progetto. Aiutano a portare dentro cose che altrimenti non ci sarebbero state.

Organo guida di Scrum

L'organo di guida di Scrum è facoltativo ed è costituito da un gruppo di documenti o da un gruppo di individui esperti. Il loro lavoro consiste nel definire i regolamenti governativi, la sicurezza, gli obiettivi legati alla qualità e altri parametri visti nell'organizzazione. Sono queste linee guida che aiutano il Product Owner, lo Scrum Master e lo Scrum Team a svolgere il loro lavoro in modo coerente. Lo Scrum Guidance Body è anche un buon modo per l'organizzazione di sapere quali sono le migliori pratiche, e quali dovrebbero essere usate in tutti i progetti Scrum. E' importante notare che lo Scrum Guidance Body non prende effettivamente nessuna decisione relativa al progetto. E' invece usato come linee guida e un modo strutturale per tutti nell'organizzazione del progetto per consultare il portfolio, il progetto e il programma. È particolarmente utile per gli Scrum Team, che possono guardare o chiedere consiglio allo Scrum Guidance Body ogni volta che ne hanno bisogno.

Errori di gestione di Scrum da evitare

Anche se i principi di Scrum sono semplici e relativamente facili da capire, ci sono una serie di errori comuni che si verificano. Questi sono relativamente facili da evitare una volta che sono stati identificati.

1. ***Sottovalutare lo sforzo necessario per passare a Scrum/Agile***

Dopo aver ottenuto una comprensione iniziale di Scrum e dei suoi principi e strumenti chiave, un project manager può avere l'impressione che fare la transizione a Scrum possa essere un processo senza soluzione di continuità. Anche se Scrum è un quadro semplice da afferrare, una transizione di successo richiede più sforzo cosciente e determinazione del previsto. In situazioni più complesse, i problemi da superare possono richiedere maggiori livelli di competenza nella gestione di Scrum e l'impegno a proseguire fino al superamento degli ostacoli iniziali.

Il ritmo veloce di Scrum con un alto livello atteso di risultati può richiedere un po' di tempo a un team per adattarsi. Ci possono anche essere livelli più alti di stress associati al passaggio all'agile, che un project manager può non anticipare.

L'approccio raccomandato è quello di aspettarsi che la transizione sia disordinata e di permettere tempi prolungati a causa di ritardi e frustrazioni con il cambiamento.

I cambiamenti nel modo in cui un team collabora possono spesso nascondere problemi organizzativi sottostanti che devono essere risolti. Questi includono comunemente la scarsa comunicazione, la mancanza di fiducia e la mancanza di responsabilità.

Incontrare questi problemi e superarli può sembrare scoraggiante all'inizio, ma affrontandoli di petto, un team avrà più successo a lungo termine. La chiave per superare queste sfide è aspettarsi che possano sorgere e inizialmente ritardare gli effetti e l'implementazione di Scrum. Non lasciatevi scoraggiare, perché la natura di Scrum e il suo focus sul lavoro di squadra, la trasparenza e la responsabilità continueranno ad affrontare e sradicare i problemi comuni all'interno dei team che potrebbero essere già presenti.

2. *Attuazione senza rispettare le regole*

Molti team implementano Scrum sotto la direzione di un project manager, e inizialmente sono istruiti e ben preparati in tutti gli elementi chiave e le pratiche di Scrum, compreso l'uso degli artefatti Scrum, avendo Scrum quotidiani, e garantendo una comunicazione coerente tra i membri del team. Man mano che i progetti progrediscono e i team si stancano, è allettante per i team allentare lentamente le pratiche e l'uso degli strumenti, che inizialmente hanno rispettato. Molte organizzazioni non riescono a soddisfare il requisito di implementare coerentemente tutti gli elementi di Scrum.

Non solo è importante che le pratiche che sono parte integrante di Scrum siano seguite, ma è importante che i principi spiegati all'inizio di questa guida, che sono alla base di queste pratiche, siano costantemente discussi e compresi.

3. Creare complicazioni inutili

Quando si implementa Scrum e ci si abitua ad usarlo come framework generale, si può essere tentati di permettere ad altre pratiche e framework minori di insinuarsi nelle operazioni quotidiane. Mentre facilitare l'uso parallelo di altri framework con Scrum è uno dei suoi molti attributi positivi, è importante mantenere l'implementazione di Scrum il più semplice possibile.

Strumenti di collaborazione e di miglioramento vengono costantemente rilasciati per rendere Scrum più facile da implementare. Anche se si può essere tentati di addentrarsi direttamente nell'acquisto o nell'uso di questi strumenti, assicuratevi di non spendere tempo prezioso nell'implementazione di strumenti quando raffinare i semplici elementi di Scrum sarebbe un uso migliore del vostro tempo ed energia.

4. Usare lo Scrum Master come messaggero

Man mano che lo Scrum master comunica con il team nel suo insieme, e individualmente su base individuale, può accadere che i membri del team inizino a usare lo Scrum master come un messaggero, invece di esercitare il loro dovere di comunicare apertamente e onestamente con gli altri compagni di squadra.

Gli sviluppatori potrebbero anche, attraverso la loro interazione naturalmente più regolare con lo Scrum master, indirizzare qualsiasi domanda che hanno riguardo, per esempio, a una storia utente, allo Scrum master invece che direttamente al proprietario del prodotto.

Questo tipo di comunicazione dovrebbe essere evitato a tutti i costi perché mina uno dei principi chiave di Scrum che riguarda l'avere sempre canali di comunicazione aperti. Questa comunicazione indiretta può anche riguardare lo spreco di tempo perché, in questo esempio, lo Scrum master dovrebbe prima contattare il proprietario del prodotto e poi trasmettere la risposta allo sviluppatore. Un'opzione più efficiente sarebbe che lo sviluppatore contattasse direttamente il proprietario del prodotto. Se la comunicazione indiretta viene lasciata continuare, potrebbe causare una cattiva comunicazione tra tutto il team.

Risorse utili

Quindi, a questo punto, spero di essere riuscito a dipingere un quadro chiaro di ciò che è Agile, e come Scrum può diventare una metodologia efficace per voi e la vostra organizzazione. Quindi, questo implica abbracciare la mentalità Agile e fare cambiamenti nella vostra mentalità generale per abbracciare i punti più sottili di Scrum.

Tuttavia, potreste chiedervi da dove cominciare. Questo è particolarmente vero se non avete familiarità con Scrum o Agile. Se questa è la prima volta che avete scavato seriamente nella mentalità Agile, allora potreste essere desiderosi di saperne di più su come potete intraprendere il percorso verso l'abbraccio di Agile per sfruttare il suo pieno potenziale.

Potreste essere alla ricerca di risorse aggiuntive che possono aiutarvi a far partire il vostro viaggio in Agile in modo brillante. Sentitevi liberi di condividere le conoscenze che avete appreso qui con i vostri colleghi e compagni di squadra. Potete diventare un agente di cambiamento implementando queste conoscenze in modo tale che coloro che vi circondano possano imparare di più sulla mentalità Agile e sui punti più sottili di Scrum.

Potreste anche essere interessati a tenere alcune sessioni di formazione o riunioni in cui potete discutere come Agile può beneficiare la vostra organizzazione e se Agile è veramente giusto per voi e la vostra organizzazione. Mentre è vero che Agile ha un'applicazione trasversale in vari campi, ci possono essere valide ragioni per cui Agile potrebbe non essere adatto alla vostra organizzazione.

Tuttavia, sono sicuro che più si impara su Agile, più si vedrà come molti dei principi di base di Agile, e per estensione Scrum, possono essere applicati alla vostra organizzazione. Naturalmente, questo non è il tipo di processo che può avvenire da un giorno all'altro, ma vale la pena dare uno sguardo più profondo.

Prendendo Scrum in seria considerazione, aprirete la porta ad alcuni interessanti cambiamenti nel modo in cui il business viene condotto nella vostra organizzazione. Naturalmente, non ho dubbi che il vostro team sia attualmente impegnato a sfruttare al massimo la sua opportunità di fornire valore, potrebbe non essere pienamente consapevole del potenziale che si trova nell'abbracciare un framework, come Scrum, che può portare una certa "logica alla follia".

Tuttavia, potresti non sentirti del tutto sicuro nel condurre un processo orientato allo Scrum. Almeno non ancora. Quindi, potreste essere alla ricerca di altre fonti in cui ottenere ulteriori approfondimenti e prospettive sull'implementazione di Scrum nella vostra organizzazione.

Trovare un grande allenatore agile

Una delle migliori fonti di conoscenza ed esperienza nel mondo Agile è un Agile Coach esperto e rispettabile. Un buon Agile

Coach porterà voi e i vostri compagni di squadra attraverso i rigori di Agile, più specificamente Scrum, e vi aiuterà a vedere come l'implementazione di Scrum può aiutarvi a migliorare i vostri processi generali.

Inoltre, un Agile Coach lavorerà con voi e il vostro team per aiutarvi a migliorare la vostra conoscenza e comprensione generale di Agile. Nel fare questo, l'Agile Coach aiuterà tutti i membri coinvolti in questo processo di transizione a diventare acutamente consapevoli di come Agile può essere messo in pratica praticamente in tutti gli aspetti del funzionamento della vostra organizzazione. Pertanto, si può essere certi che si sarà in grado di fare un caso forte per l'attuazione di Agile all'interno della vostra organizzazione.

Inoltre, un buon Agile Coach è un tipo di persona che può tenervi per mano durante un intero progetto Scrum. Possono sedersi a bordo campo mentre la vostra squadra scende in campo. Quando accadono degli errori, l'Agile Coach sarà veloce ad aiutarvi a trovare la giusta soluzione alle mancanze che la vostra squadra ha fatto. Questo permetterà ai vostri compagni di squadra di trovare il loro giusto posto all'interno della mentalità Agile in modo tale da poter trarre pieno vantaggio dai loro punti di forza, permettendo loro di crescere fuori da qualsiasi limite che possono avere.

Naturalmente, un Agile Coach potrebbe non essere economico, ma l'investimento complessivo varrebbe certamente il tempo e il denaro. Tuttavia, la vostra organizzazione potrebbe non essere in grado di assumere un consulente a tempo pieno in questa veste.

Quindi, quali altre opzioni ci sono per il vostro team per diventare esperti in Agile e Scrum?

L'effetto moltiplicatore

Un espediente che le aziende e le organizzazioni usano quando non hanno i mezzi per portare consulenti a tempo pieno o costose società di formazione è quello di avere una manciata di membri del personale che vengono formati dagli esperti e poi moltiplicano le loro conoscenze ed esperienze.

Facendo questo, l'organizzazione può garantire che la crescita come risultato dell'implementazione delle metodologie Agile e Scrum possa nascere dall'interno dell'azienda. Considerando che gli esperti e i consulenti hanno il know-how per aiutare la vostra organizzazione a decollare, vale la pena menzionare che ci sono individui altrettanto qualificati all'interno della vostra organizzazione che possono anche imparare dai professionisti e poi diventare ottimi coach a loro volta.

Quindi, la vostra organizzazione potrebbe scegliere di mandare alcuni membri del personale a un corso di formazione, seguire un corso in un college locale, o fare un corso di formazione online. Queste opzioni aprono la discussione ad alcune possibilità interessanti.

In primo luogo, il vostro personale ha davvero bisogno di prendere del tempo libero dal lavoro per partecipare a un seminario di formazione o a un corso?

Se credete che valga la pena dare ad alcuni membri dello staff del tempo libero per partecipare alla formazione in persona, allora potete certamente seguire questa strada. Tuttavia, potreste scoprire che prendere del tempo libero dal lavoro potrebbe non essere il modo più saggio di agire. Dopo tutto, il tempo in cui il personale non lavora significa che è tempo in cui i compiti non vengono svolti.

Ora, si potrebbe chiedere al personale di andare nel loro tempo libero. Questo può, o non può, essere attraente per alcuni. Ma si può essere sicuri che se qualcuno segue un corso nel tempo libero, è perché è impegnato ad imparare. Ma questo ci porta ad un'altra interessante possibilità: i corsi online.

Ci sono diverse aziende che offrono corsi di formazione online in Agile e Scrum. Offrono una serie di corsi e certificazioni che si possono perseguire. Anche se non tutte le persone sono interessate a diventare ufficialmente certificate, possedere una di queste certificazioni è un ottimo modo per guadagnare alcune preziose credenziali. Di conseguenza, alcune persone sono interessate a diventare certificate nel campo di Agile e Scrum.

Ecco alcune delle aziende più rinomate nel business della formazione Agile online:

- **Scrumstudy.com.** Offrono tutti i tipi di corsi e programmi di formazione che vanno dai corsi introduttivi gratuiti alle certificazioni complete. Vi incoraggerei a controllare i loro corsi gratuiti e poi a guardare le loro opzioni a pagamento. Credo che troverete alcune opzioni interessanti per voi stessi e per i vostri compagni di squadra.

- **Scrum.org**. Questa azienda è molto simile a Scrumstudy. Offrono un percorso di apprendimento che porta alla certificazione, oltre a fornire alcuni contenuti gratuiti agli studenti. Questa azienda fornisce anche classi e seminari di formazione che puoi prenotare di persona a seconda della tua posizione.

- **Scrum Alliance.** Questo è uno dei più grandi attori nel mondo della formazione Agile. Hanno una serie di corsi e seminari di formazione che si possono frequentare sia online che di persona. Quindi, vi incoraggerei a dare un'occhiata più da vicino a come Scrum Alliance può essere in grado di offrirvi la giusta soluzione di formazione.

- **Istituto di gestione dei progetti (PMI).** PMI è l'azienda dietro la tradizionale certificazione Project Management Professional (PMP). Questa è la certificazione di gestione dei progetti più ampiamente rispettata. I titolari della certificazione PMP sono considerati dei professionisti nel loro campo. Tuttavia, il PMI è stato un po' lento nell'abbracciare il movimento Agile.

Tuttavia, il PMI ha il suo programma di formazione Agile che vale certamente la pena di controllare.

- **Alleanza Agile.** Proprio come la Scrum Alliance, l'Agile Alliance è focalizzata sul più ampio movimento Agile. Quindi, la loro attenzione non è solo su Scrum, ma su tutte le cose Agile. Questa è una grande fonte di informazioni che potete controllare. Hanno un repository molto ampio di informazioni che si possono consultare gratuitamente. Quindi, raccomando vivamente il loro sito web per le vostre esigenze di ricerca Agile.

Quindi, eccovi serviti. Spero che siate ansiosi di iniziare la strada che porta ad una mentalità Agile.

Come ho detto prima, Agile non è per tutti, e certamente non è per ogni organizzazione. Tuttavia, spero che darete ad Agile e Scrum una possibilità. Dopo tutto, non avete niente da perdere ma tutto da guadagnare in un nuovo e dinamico mondo Agile.

Conclusioni su SCRUM

Spero che questo libro sia stato in grado di aiutarvi ad acquisire una comprensione dei principi, delle pratiche e dei valori sottostanti di Scrum. Cogliendo l'opportunità di imparare di più su Scrum, state iniziando il viaggio verso opportunità più grandi mentre eseguite la consegna di progetti del più alto standard, facendo affidamento sui valori che sono alla base di Scrum. Dovreste avere le conoscenze non solo per insegnare ai membri del vostro team su Scrum e i suoi eventi e processi, ma anche avere le basi su cui continuare a costruire per la vostra carriera di Scrum e project management.

Se siete un individuo che sta cercando di diventare esperto nel regno del project management, allora avete fatto un grande passo verso l'essere un professionista esperto sull'esecuzione di agile, e più specificamente, Scrum. Il passo successivo è quello di continuare a conoscere Scrum attraverso il processo di implementazione e il continuo apprendimento e istruzione. Perseguire una certificazione formale è un modo per fare il passo successivo nella vostra carriera di project management. In alternativa, potreste semplicemente usare ciò che avete imparato leggendo questa guida per implementare i preziosi processi e le pratiche di Scrum in qualsiasi progetto su cui potreste lavorare in futuro.

Il quadro agile è un sostenitore dell'apprendimento continuo e del miglioramento dei team e di ciò che possono produrre.

Sia che seguiate rigorosamente le regole e le linee guida che avete letto qui per implementare Scrum, o semplicemente estrapolate solo quelle che sono applicabili a voi in modo specifico, farete un passo positivo verso la crescita e il miglioramento vostro e del vostro team. Ciò che è importante è che, in linea con il precetto dell'apprendimento agile, dovreste trasmettere il maggior numero di conoscenze ai membri del vostro team durante il processo Scrum.

Una volta che avete creato il vostro team Scrum e iniziato il processo di sviluppo, potete mettere a punto e modificare il processo per correggere qualsiasi incongruenza o sfida che voi o il vostro team potreste affrontare. Tenete a mente che potreste avere una serie di sfide diverse, che potreste affrontare nelle fasi iniziali dell'implementazione di Scrum. Questo è normale e con il tempo porterà il vostro team ad essere più affermato ed efficace nello sviluppo del prodotto. Ricordatevi di essere pazienti, fatevi aiutare da un coach agile se necessario, e godetevi il processo e le nuove competenze acquisite.

Il passo successivo, dopo la padronanza di questa guida, potrebbe essere quello di arruolarsi in una certificazione di gestione dei progetti Scrum, di cui ce ne sono molte. Queste sono più comunemente divise nei tre ruoli principali all'interno della struttura Scrum, a seconda del ruolo che si sceglie di perseguire, così come le qualifiche.

Per esempio, implementare Scrum e integrarlo con Kanban. Anche se l'implementazione di Scrum è relativamente facile, la padronanza di Scrum richiede più pazienza e sforzo. Perseguire una qualifica può fornirvi un'ulteriore sicurezza per guidare con fiducia un team Scrum e un processo di sviluppo complesso, nonché per scalare con successo il processo per progetti più grandi attraverso più team.

Se siete un project manager nel senso tradizionale, sarete ancora in grado di usare il vostro ampio set di competenze per completare qualsiasi team Scrum. Anche se continuano i dibattiti su come il vostro ruolo possa inserirsi in Scrum, a seconda delle vostre competenze chiave, sarete una risorsa preziosa per qualsiasi team Scrum.

www.ingramcontent.com/pod-product-compliance
Lightning Source LLC
Chambersburg PA
CBHW071801080526
44589CB00012B/643